大连海事大学"十四五"本科教材

# 船舶设计原理

(第3版)

刘寅东 编著

国防工业出版社

·北京·

# 内 容 简 介

本书阐述船舶总体设计的原理和方法,共分六章。第一章介绍船舶总体设计的概况,船舶设计阶段划分,船舶设计的方法及特点;第二章介绍船舶重量和容量确定的原理和方法;第三章介绍船舶主尺度和排水量确定的原理和方法;第四章介绍船舶型线设计的原理和方法;第五章介绍船舶总布置设计的原理和方法;第六章介绍船舶技术经济论证的原理和方法。

本书可作为高等院校船舶与海洋结构物设计制造专业本科生的教材,也可供船舶与海洋工程相关领域工程技术人员、研究生以及高等院校航海类、航运管理类等专业的师生参考。

**图书在版编目（CIP）数据**

船舶设计原理/刘寅东编著. --3版. --北京：
国防工业出版社,2024.8. -- ISBN 978-7-118-13434-6

Ⅰ. U662

中国国家版本馆 CIP 数据核字第 2024JV8542 号

※

*国防工业出版社*出版发行
（北京市海淀区紫竹院南路23号　邮政编码100048）
北京富博印刷有限公司印刷
新华书店经售

\*

开本 787×1092　1/16　插页6　印张 13¾　字数 317 千字
2024年8月第3版第1次印刷　　印数 1—2000 册　　定价 58.00 元

**（本书如有印装错误,我社负责调换）**

国防书店：(010)88540777　　书店传真：(010)88540776
发行业务：(010)88540717　　发行传真：(010)88540762

# 前　言

本书是在刘寅东编著的《船舶设计原理》(第 2 版,2019 年)基础上修订再版的。

本书第 2 版已被多所大专院校作为船舶与海洋工程专业本、专科生的专业课教材,也被一些培训班作为教材使用。本书以其系统阐述船舶总体设计理论和方法并密切联系实际的风格、丰富的例题、成熟的内容体系等特色而受到读者普遍好评。近年来,随着船舶与海洋工程科学与技术的进一步发展,书中的一些内容显得陈旧过时,还有些内容广度、深度不足,需要作补充、修改及完善,因此促成了本书的再版。

本次再版除了继承前版书的优点之外,还进一步优化了内容体系,精简了篇幅。主要作了以下改进:

1. 删除了第 2 版中的第二章(船舶相关公约和规范的基本内容),并将规范对载重线、船舶浮态稳性、防止船舶污染和船舶结构防火要求等重点内容穿插调整到船舶主尺度设计和总布置设计相关章节。避免了各章内容重复,也优化了对船舶总体设计原理和方法的阐述。

2. 关于型线设计原理和方法,调整了自行设计法、母型改造法、数学船型法的章节结构,使内容层次更合理、条理更加明晰;增加了破冰船线型的介绍;更新了型线设计例题。

3. 关于总布置设计原理和方法,对主船体和上层建筑设计、舱室设计相关内容作了进一步梳理,更新了一些例图,更加便于读者学习、理解。

4. 关于船型技术经济论证,调整了船价估算中一些过时的图表数据和船型技术经济论证例题。

本次再版由刘寅东完成全书的修订、增补和统稿。

本书由"大连海事大学'十四五'本科教材编写出版计划"立项资助。

虽经再次修订,本书不足之处恐仍存在,敬请读者批评指正。

作者
2024 年 1 月

# 目　录

## 第一章　船舶设计概述 …………………………………………………………… 1
第一节　船舶设计的特点和要求 ………………………………………………… 1
第二节　船舶设计阶段 …………………………………………………………… 6
第三节　船舶设计工作方法 ……………………………………………………… 7
习题 ……………………………………………………………………………… 11

## 第二章　船舶重量和容量 ………………………………………………………… 12
第一节　船舶重量 ………………………………………………………………… 12
第二节　船舶容量 ………………………………………………………………… 26
习题 ……………………………………………………………………………… 32

## 第三章　主尺度及排水量确定 …………………………………………………… 34
第一节　主尺度方案构思 ………………………………………………………… 34
第二节　确定船舶主要要素考虑的主要因素 …………………………………… 35
第三节　确定船舶主要要素的基本原理 ………………………………………… 45
第四节　载重量型船主要要素确定 ……………………………………………… 62
第五节　布置型船主要要素确定 ………………………………………………… 69
习题 ……………………………………………………………………………… 83

## 第四章　型线设计 ………………………………………………………………… 86
第一节　型线设计概述 …………………………………………………………… 86
第二节　主要型线要素 …………………………………………………………… 87
第三节　自行设计法 ……………………………………………………………… 102
第四节　母型改造法 ……………………………………………………………… 107
第五节　数学船型法简介 ………………………………………………………… 122
第六节　几种典型的船舶线型 …………………………………………………… 125
习题 ……………………………………………………………………………… 139

## 第五章　总布置设计 ……………………………………………………………… 142
第一节　总布置设计概述 ………………………………………………………… 142
第二节　主船体分舱设计 ………………………………………………………… 143
第三节　上层建筑设计 …………………………………………………………… 155
第四节　舾装设备布置 …………………………………………………………… 163
第五节　船舶浮态与稳性 ………………………………………………………… 169
第六节　船舶造型与内装设计 …………………………………………………… 174
习题 ……………………………………………………………………………… 177

V

## 第六章　船型技术经济论证 ································································ 179
　　第一节　船型论证概述 ···································································· 179
　　第二节　船价估算 ·········································································· 179
　　第三节　营运经济性 ······································································· 182
　　第四节　船舶主要经济指标 ······························································ 189
　　第五节　船型技术经济论证 ······························································ 196
　　习题 ··························································································· 213
**参考文献** ·························································································· 214
**附图** ······························································································· 215

# 第一章 船舶设计概述

## 第一节 船舶设计的特点和要求

### 一、船舶设计的特点

船舶是一种水上移动工程建筑物,具有使用环境特殊、技术含量高、投资大和使用期较长的特点。

船舶种类很多,从船舶用途角度,民用船舶就有运输船、工程船、工作船以及特殊用途船等类型。其中运输船主要包括油船、散货船、集装箱船、滚装船、客船、车客渡船、多用途船、冷藏船、化学品船、液化气船、驳船、半潜船等。工程船主要包括渔船、起重船、挖泥船、水下作业机器人等。工作船主要包括交通艇、引水船、拖船、海洋调查船、海事执法船、救助船等。由于不同类型的船舶用途各异,每种船舶的设计都有各自不同的特点。

一般而言,一艘船舶主要包括以下一些基本组成部分。

(1) 船体与结构:提供支持船舶重量的浮力,提供装载货物、安装设备、船上人员工作及生活所需的空间和容积,保证船舶具有安全、良好的航海性能(稳性、快速性、操纵性、耐波性等),保证船体结构完整性和所需的结构强度及刚性。

(2) 主机及动力推进系统:为船舶航行提供推进动力。包括主机及其配套系统、轴系、螺旋桨等。

(3) 船舶电站:为船上所有用电设备供电。包括发电机及其配套系统、配电系统等。

(4) 舵系统:控制船舶航向。包括舵机及其配套系统、舵杆、舵叶等。

(5) 通信与导航系统:确定船的位置,保证船舶航行航线准确,保持与船舶内部和外部的通信联络。包括卫星 GPS 定位导航系统、雷达系统、水深测量系统、通信系统等。

(6) 锚泊与系泊系统:使船具有在锚地、码头等处停泊的定位能力。锚泊系统主要由锚机系统、锚链、锚等组成。系泊系统主要由缆绳、缆桩、绳车等组成。

(7) 消防系统:提供及时快速扑灭火灾的能力。主要由探火系统、报警系统和消防系统组成。

(8) 救生系统:在船舶淹水倾覆等紧急情况下提供对船上人员救生的能力。包括救生艇系统、救生筏系统、救生圈、救生衣等。

(9) 防污染系统:控制油类和有害物质对海洋环境的污染。包括污油水处理系统、生活污水处理系统等。

(10) 货物装卸系统:提供装卸货物的能力。包括吊车系统、吊杆系统等。

(11) 生活设施:包括生活舱室设备、通风空调、餐饮、娱乐休闲等。

可见,船舶设计是典型的大型、综合性的工程设计,包括船体、轮机、电气等多个不同专业设计内容的协同与综合。其中船体设计又包括总体设计、结构设计、舾装设计等部分。总体设计与结构设计、舾装设计、轮机设计和电气设计等均有密切的联系,而结构设计、舾装设计、轮机设计和电气设计之间也有或强或弱的关联。

船舶设计的任务是依据相关法规、规范和设计任务书的要求,为船舶的建造和使用提供所需的全部技术文件,包括各类设计说明书、计算书和设计图纸等。

船舶设计包括总体设计和局部设计两个方面。总体设计解决设计中的一些最基本的问题,诸如确定设计船的建筑与结构形式,决定设计船主尺度及船型参数,确定航速和所需主机功率,进行总体布置,设计船体型线,进行船舶性能计算等。这些问题对船舶的各项技术性能和经济性能有决定性影响,对船舶质量好坏起决定性的作用。一艘船如果总体设计不合理,则局部设计时无论如何努力,一般也是难以改变这种不合理状况。所以,总体设计在整个设计工作中占据重要地位。局部设计是在总体设计的基础上完成船舶每个局部的设计,诸如船体结构分段设计、螺旋桨设计、舵设计、设备及系统的设计等。

## 二、船舶设计的基本要求

新设计建造的船舶成功与否的标准是什么?这是一个很难回答的问题。这是因为:船的种类多种多样,其使用任务各不相同;即使船种相同,其使用任务和技术要求也不尽相同;另外,对船的要求有些可用技术上或经济上的某一数量指标来衡量,而有些因素则很难用某种数量指标反映。再者,某些要求间关系错综复杂,相互影响。因此,要提出一个普遍适用的船舶设计要求标准是困难的。然而,对新船的设计有以下基本要求。

1. 适用

适用就是新船能够较好地完成任务书中规定的使用任务。这一目标应该是设计中处理一切技术经济问题的中心。对于民用运输船舶来说,保证和提高运输能力及运输质量是设计的着眼点。例如,在货船设计中,与这一任务密切相关的是,要保证新船载重量和适当的舱容,有高的装卸效率,能满足所载货物的理化性质和营运上理货方便而提出的要求,有良好的航海性能以及航线及港口对新船的主尺度(尤其是吃水)的限制等。因此,在主尺度的确定、型线的选择、建筑形式及总布置的考虑、起货设备的配置等方面,首先应围绕上述因素进行考虑分析,以保证和提高运输能力和运输质量。

2. 安全

船舶的安全性是船舶的一个基本设计质量指标。为了保证船舶的安全,由国际海事组织(IMO)、各国船检局、船级社颁布了各种技术法规,对建造、载重线、稳性、分舱、消防、救生、起重、信号设备、通信等方面都作了明确的规定,设计人员在船舶设计中必须贯彻执行,以保证船舶符合各种规范及公约的技术要求。有关船舶设计规范的内容,将在第三章中介绍。

还应指出,船上一些重要设备(如主机)和某些部件(如推进器、舵)的可靠与否,对船舶的安全性影响很大,在选定设备和进行局部设计时,也应该充分注意。

3. 经济

船舶完成规定任务时,资金的耗费和积累情况标志着船舶的经济性。显然,适用性是经济性的重要前提,不适用就谈不上经济。但在达到适用的前提下,不考虑经济效果,也是错误的。因为这会造成资金和物资的浪费,得不到应用的投资效果。对民用船舶,这个问题尤其重要。事实上,综观现代运输船舶的发展,新船型的出现,新技术的采用,无一不受经济因素的影响。经济是技术发展的基础和动力,技术是实现经济目的的手段和工具,两者互相渗透、互相推动。因此,设计中加强经济观念是十分重要的。

例如,对某一航线的货运进行船型论证时,即使采用常规船型,也可以建立不同的船型方案,如:载货量大些但航速低些的方案,载货量小些但航速高些的方案,两种船型方案能完成同样的年货运量。显然,两种船型方案在投资上和运输成本上会有所不同。选取哪一种方案有利,就要从技术及经济角度加以全面衡量。

针对某一具体设计技术任务书的要求,设计中必然也涉及经济性问题。例如,可采用主尺度小些但较丰满的船型方案,也可采用主尺度大些但较纤瘦的船型方案。显然,前者的造价要低些,与造价有关的营运开支也会低些;但后者可能在航速上有利些(假设用相同主机),因航速提高可使航次时间稍短些,年货运量会稍高些,且每个航次的燃料开支要省些。何者有利,须从总的经济效果并结合技术性能作综合分析才能决定。在研究采用某项新的技术装备的合理性时,也需从综合技术上的先进性和经济上的有利性加以考虑。

4. 节能环保

船舶的节能环保越来越受到重视。IMO 提出了船舶能效设计指数(EEDI)作为船舶节能环保的设计指标要求,并于 2013 年 1 月 1 日生效。EEDI 是在船舶最大载货状态下以一定航速航行所需推进动力以及相关辅助功率消耗的燃油计算出的船舶 $CO_2$ 排放量。对 EEDI 起决定作用的主要参数有船舶装载量或总吨位、航速、主机等相关设备的功率等。可见,EEDI 是衡量船舶能效水平的一个指标,表达了每单位运输量产生的环境成本($CO_2$ 排放量)。EEDI 对船舶设计方法、配套设备及工艺、新能源技术应用等提出了更高的要求。基于船舶节能环保的设计要求提出的绿色船舶设计理念,即在船舶全寿命期,使船舶能够节省资源、能耗低、无污染、效益高。

5. 美观

船舶造型是船舶建筑美学的一个方面,它包括船舶外观造型的美观和从建筑角度合理利用船舶舱室空间等问题。优美的船舶外观造型会给人以深刻的观感和印象,是一种创造性的艺术。

上述几个方面,既矛盾又统一,要结合具体情况,认真分析,抓住主要矛盾及矛盾的主要方面,妥善处理。

## 三、船舶设计遵循的基本原则

1. 贯彻国家的技术政策

设计船舶与其他工作一样,要认真贯彻国家在交通运输方面所制定的有关技术政策和具体规定,例如:能源政策,动力装置方面的政策,技术引进政策,国家在造船规划上船型、机型的系列化规定;尽量采用先进技术,赶超世界先进水平;追求经济效果的原则;标准化、系列化、通用化及重大项目要经过技术经济论证等规定。

2. 遵守国际、国内各种公约、规范和规则

有关船舶设计方面的国际和国内的规范和公约,大多数是基于保证船舶使用和航行

安全而制定的,它是人们根据船舶使用的历史经验和不断发展的科学技术水平总结的结果,是法令性文件,是设计、制造、验船的重要依据。船舶设计者必须熟悉和很好理解公约和规范的精神实质,在船舶设计中予以执行。

新技术的发展、对新船型的需求等因素都会引起公约和规范的不断改进和完善,因此国际和国内从事船舶设计公约和规范监督执行和研究的部门,在每隔一段时间之后,都根据发展变化的情况,对公约和规范的内容加以重新修订。设计者在遇到公约和规范无法解决的问题时,应会同公约和规范监督执行部门,结合新的情况加以解决。

3. 充分考虑船东的要求

船东作为船的所有者和使用者,可能会根据其使用经验和其特殊情况对船舶设计提出使用、技术指标、设备、材料等方面的要求。设计单位应充分考虑船东的要求,对技术上合理的设计要求应尽量满足。

### 四、船舶设计技术任务书

船舶设计技术任务书是船东对船舶设计的技术要求,是船舶设计的依据。它是由船东(或船舶设计单位协助船东)根据使用需要,考虑技术与经济条件等实际情况,经过技术经济论证工作之后编制的。

民船设计技术任务书主要包括如下几个方面内容。

1. 航区、航线

航区是指设计船航行的区域,对于海上航行船舶,规范规定的航区如下。

远海航区——国内沿海超出近海航区的海域。

近海航区——中国渤海、黄海及东海距岸不超过200n mile 的海区;台湾海峡;南海距岸不超过120n mile(台湾岛东海岸、海南岛东海岸及南海岸距岸不超过50n mile)的海域。

沿海航区——台湾岛东海岸、台湾海峡东西海岸、海南岛东海岸及南海岸距岸不超过10n mile 的海域和扣除上述海域外距岸不超过20n mile 的海域。距有避风条件且有施救能力的沿海岛屿不超过20n mile 的海域(若岛屿距岸超过20n mile,此范围适当缩小)。

遮蔽航区——在沿海航区内,由海岸与岛屿、岛屿与岛屿围成的遮蔽条件较好、波浪较小的海域。在该海域内岛屿之间、岛屿与海岸之间的横跨距离不应超过10n mile。

内河船舶航行区域,根据水文和气象条件划分为 A、B、C 三级,其中某些水域,依据水流湍急情况,又划分为急流航段,即 J 级航段。

不定航线船通常提出主要航行的航线或航区,定航线船通常给出停靠的港口等。

2. 用途

客船及客货船通常给出各等级旅客的人数、舱室标准,以及载货量等。规范规定,客船是指载客超过12 人的船舶。

货船通常给出货物种类、货物理化性质、载重量或载货量,以及对货物舱尺度的特殊要求(如装运特大件货对舱长的要求)。

货物的种类有多种多样,分类方法不尽一致,大致有散货(指粮食、煤炭、散装水泥、矿砂等)、液货(指原油、成品油及液态化学品等)、杂货(指件杂货等)和特殊货(指特大件货、液化气、危险品、冷藏货、滚装货等)。

3. 船舶使用限制条件

因航道、港口、船闸、码头前沿水深、码头装卸设备等因素对船舶尺度(如吃水、船长、船宽)的限制,航道上桥梁限高对船舶水上建筑高度的限制,以及其他特殊要求。

4. 船型

船型是指设计船上层建筑形式、机舱部位、甲板层数、货舱划分、推进方式、装卸方式及是否采用球鼻首等。

5. 船级

船级是指设计船应按何种规范设计和建造,符合何种国际公约要求、规定,以及船级符号等。

6. 船舶主尺度及型线

提出对设计船主尺度限制,如航道水深对吃水的限制,码头泊位对船长的限制,建造厂的船台对船宽的限制,桥闸尺度对船宽及上层建筑高度的限制等。

提出设计船首部和尾部形状及对采用球鼻首的要求等。

7. 船体结构

提出结构形式、材料,特殊加强(如冰区加强),甲板负荷,船舶振动要求等。

8. 动力装置

给出主机型号、额定功率(MCR)及台数,对轴系的要求;规定发电机组的型号及台数(对油船还包括货油泵机组);锅炉的型号及数量;机舱中主要辅机(为主机服务的各种辅机和设备等)的要求等。

9. 航速、续航力

船舶的试航速度 $v_t$ 是指在浦氏三级及以下风速的平静海况下,在满载排水量载况,主机发出额定功率时船舶所能达到的航速(kn 或 km/h)。船舶的服务航速 $v_s$ 是指在浦氏三级及以下风速的平静海况下,在满载排水量载况,主机发出持续功率(NCR)时船舶所能达到的航速(kn 或 km/h)。持续功率通常按主机额定功率85%~90%计算。

续航力 $R$ 是指在规定的航速或主机持续功率下船上所携带的燃料储备可供航行的距离(n mile 或 km)。

自持力是指船上所携带的淡水和食品可供使用的天数。

10. 船舶性能

对设计船稳性应满足的要求,对摇摆周期的要求,对船在压载航行状态的浮态要求,对船体振动和舱室噪声的控制要求等。

11. 船舶设备

对设计船的起货设备(油船的货油装卸设备)的能力和型号,以及安全、消防设备、救生设备、锚设备、舵设备、减摇设备、助航设备等方面提出的要求和希望。

12. 船员及旅客生活设施配套

提出船员编制,旅客人数,船员及旅客居住舱室及其他舱室的配备和标准,空调标准等。

以上所述为民用船舶设计技术任务书的大体内容。依据设计船类型、复杂的程度、编制任务书时进行论证工作的深入程度,设计技术任务书的具体条目可能有较大的差别。

## 第二节　船舶设计阶段

一条船从拟定设计技术任务开始,直到船舶建造完毕,绘制与制定出完工技术文件为止,要分阶段进行。目前,我国将新建船舶的设计阶段划分为制定产品设计技术任务书、报价设计、合同设计、详细设计、生产设计、编制完工文件等阶段。

### 一、制定设计技术任务书

以运输船舶为例,航运公司以设计技术任务书或询价单形式对船的类型、用途、载重量或载货量、货舱容积、航速、续航力,对船的尺度和登记吨位的限制,对国籍、入级的船级社、订购艘数和交船期等提出要求。此外,对船员定额、主机类型、动力装置与设备系统的自动化、旅客设备、货舱与起货设备也可能提出要求。设计任务书也可由设计单位提供咨询服务协助编制,但需有关航运公司审批确认。设计单位对船东提供的设计技术任务书要进行可行性分析研究,必要时可向船东提出合理的修改建议。

### 二、报价设计

报价设计也称投标设计,是根据用船单位提出的技术要求或招标说明书进行的。报价设计的主要内容为初步确定船的技术条件和形状,决定船的主尺度,进行载重量、货舱容积、稳性与航速估算,编制一份简要说明书,也称主要技术规格书,绘制一张总布置简图,编制船体、轮机与电气部分的主要设备供应厂商表,估算造价。报价设计是商谈造船合同之前的一项设计环节,船东接到报价单后,如认为满意,即与中标单位进行技术与商务谈判,明确设计船的技术细则,同时就船价、付款方式、交船日期等达成协议。

报价设计是商谈签订合同之前的一项设计环节,它不作为最终签订造船合同的技术附件。

### 三、初步设计

本阶段根据需方提出的设计技术任务书进行船舶总体的研究和简明设计。应对船舶总体性能和主要技术指标进行计算,对船舶动力装置和各种系统及原理进行设计。通过理论计算和必要的试验,确定产品的技术形态、工作原理、主要参数、主要设备选型和主要结构形式等重大技术问题。这一阶段要完成的主要技术文件有:①全船说明书;②总布置图;③型线图;④船中剖面结构图;⑤机舱布置图;⑥主要设备系统布置图;⑦航速、稳性、干舷、舱容、船体强度等计算书;⑧材料预估单,主要设备明细表。

合同设计属初步设计范畴,它是初步设计的先行部分。初步设计完成之后,就为签造船合同谈判提供了必要的图样和技术文件,又为进行详细设计提供了必需的技术条件和依据。

### 四、详细设计

详细设计的依据是造船合同及其技术文件和经审查修改后的初步设计技术文件。这个阶段的设计工作是在总体设计的基础上,对各个局部问题进行深入分析,并进行各个项目的详细设计计算和绘制图样,解决设计中基本的和关键性的技术问题,最终确定船舶全部技术性能、船体结构、重要材料、设备选型、订货要求等各项技术要求和标准。

详细设计阶段所提供的技术文件，应能满足验船部门审查，用船单位认可，造船单位订购材料、设备和进行生产准备，开展生产设计所需技术文件等方面的需要。在详细设计阶段船体方面所完成的主要图样和技术文件有：①船体设计说明书；②总布置图；③型线图；④船舶结构图，包括中剖面结构图、基本结构图、外板展开图、全船分段划分图、首柱图、尾柱图、肋骨型线图、甲板结构图、主横舱壁结构图等；⑤船舶舾装方面的相关图纸；⑥各系统原理图；⑦船舶各项性能的详细计算书、说明书和试验报告书；⑧详细的设备和材料规格明细表等。

## 五、生产设计

根据认可的详细设计绘制各项生产、加工工作图样，结合工厂建造工艺和生产组织管理编制建造工艺文件、生产计划文件及各项施工辅助图样，制定工艺技术指标以及管理指标的工作图表，提供施工信息等技术文件。

生产设计涉及的范围广，设计文件的深细程度高，其主要特点如下。

（1）把船舶设计、造船生产和生产管理有机地结合起来，通过设计文件（图、表或其他信息）体现出来，并以此作为组织生产的依据。

（2）把船体、轮机、电气及其他工程的纵向专业系统进行横向融合沟通，构成纵横结合的综合系统，使各专业、各工种、各施工阶段能协调平衡，均衡生产，提高综合生产能力。生产设计是促进船舶设计、工艺技术、生产管理现代化的有效措施之一。

（3）虽说生产设计在详细设计的基础上进行，但实际上都是贯穿在合同设计、详细设计这两个设计阶段的始终。从设计一开始就把"造什么样的船"同"怎样造船"一起考虑，把订船者的要求同承造厂的装备条件结合起来，真正体现了设计为建造服务的思想。

## 六、完工设计

船舶在建造施工中，往往会对原设计作一些更改，如房间设备布置变动、某一设备的更换，以及经倾斜试验测出空船准确的重心竖向高度。因此，原来的设计图纸和技术文件（如浮态与稳性计算等）就不能与实船完全相符。为反映真实情况，在船舶竣工之后，应按实际情况修改图纸及进行必要的修改计算。另外，还要完成各项实船试验并写出报告。制定完工文件的目的是供船员使用以及作为维修管理的依据，并为以后的船舶设计和研究提供可靠的资料。

上述设计工作的几个阶段，在船舶设计整个设计中既相对独立，又相互联系。每个阶段要求完成一定的计算、图样和说明书，前一段是后一段设计的依据，后一段是前一段设计工作的深入和发展。然而，船舶设计阶段的划分，并不一律如上所述，可以根据产品特点、资料的完整程度、设计人员的经验等具体情况的不同而有所不同。

## 第三节 船舶设计工作方法

### 一、设计调研

所掌握的设计资料、数据的准确和分析判断的正确，是保证设计结果正确的必要条件和前提,所以船舶设计者从接受设计任务时起,首先要进行调查研究工作。要明确和领会船东的意图和要求,广泛调查航道、港务、船厂等有关部门的意见和看法;搜集货源、航线、港口、船舶建造和现有营运船舶的资料,以及同类型船舶发展动向和趋势,技术政策方面的规定等。在对调查获得的实际资料进行分析、加工处理的基础上,便可形成一个对船舶设计要求、船型技术现状和发展趋势的较全面、完整的了解,为产生设计初始方案奠定基础。

## 二、综合分析与解决船舶的技术经济矛盾

船舶本身的内在技术矛盾错综复杂,确立正确的设计思想尤其重要,这就需要对船舶本身所具有的各种技术经济矛盾有全面的理解与认识。例如载重量的多与少,航速的快与慢,稳性的稳与不稳,造价的高与低,营运成本的高与低,等等。在不同的矛盾之间又存在着矛盾,如在排水量不变的情况下提高载重量与提高航速之间的矛盾,提高稳性与改善横摇缓和性之间的矛盾,航向稳定性与操纵灵活性之间的矛盾,在水密分舱上使用合理性与抗沉性之间的矛盾,增加船舶吃水与航道和港口水深限制之间的矛盾,降低造价与要求高航速之间的矛盾,采用先进技术与现实性之间有时有矛盾,等等。由此看来,船舶设计是一项充满着多项矛盾的复杂过程,正是由于这些内在矛盾的存在,由于这些矛盾之间互相依存又互相转化的辩证统一关系,才推动了一条船的设计工作由浅入深地一步步进行下去。

综合分析与解决船舶内在的各种技术经济矛盾是船舶设计所必须应用的方法。要想在错综复杂的多种矛盾中找到解决问题的合理途径,就必须首先找出其中起决定作用的主要矛盾,抓住了它,就抓住了设计的关键。抓主要矛盾的思想,应当贯穿在整个设计工作的始终。由于船舶的类型、用途、航区条件以及船东要求的不同,其设计中的主要矛盾也各不相同。在一条船设计之初,为确立一个正确的设计思想作为处理设计中各种矛盾的总原则,必须找出设计船的主要矛盾。在以后的设计全过程中,必须始终贯彻这一设计思想,并使其他矛盾的解决服从这一主线。

## 三、在借鉴与继承的基础上完成创新设计

现代船舶是在人们造船和用船经验的不断积累,科学技术的不断进步下发展起来的。创造性地吸收和利用前人的宝贵经验,可以缩小探索范围,使设计获得可靠与先进的结果。船舶设计中应用母型设计法和同类船舶的统计资料(统计公式和图表等)是借鉴与继承的重要方面。

所谓母型设计法,即在现有船舶中选取一条与设计船技术性能相近的优秀船舶作为母型船,将其各项要素按设计船的要求用适当的方法加以改造变换,即得到设计船的相应要素。由于有经过了实践考验的母型船作为新船设计中的借鉴,因此使新船的设计有了一个具体的实践基础。在此基础上,设计者能够比较准确地抓住设计船的主要矛盾,比较容易地确定设计船的改进方向及措施,比较有把握地选取设计船的各项技术参数,因而不但使设计工作大为简化,而且还可以提高准确程度,减少逐步近似的次数。

设计中所选用的母型,不必只限于一条船,可以在设计的不同局部选用不同的母型,

各取其长,以便更好地满足设计船的需要。

在设计中还经常应用一些同类船舶的统计资料,例如统计公式或统计图表,这些公式及图表是从一定类型的大量船舶的有关资料中统计归纳出来的,能反映出该类船舶的一般情况。公式和图表所给出的数据,大约相当于所统计船舶的平均值。因此,各种统计资料所反映的,都是一定类型船舶的一般规律,能够代表一个总的趋势或规律。应用与设计船同类型船舶的统计资料,可以使设计者了解到该类船舶的一般情况,便于选择设计船的各项技术参数,这个思想和做法体现在船舶设计的许多方面。

有时,设计者可能无法找到一条合适的或资料完整的母型船,设计中缺少一条具体的船作为借鉴。此时,只能依据逐次近似的原则,首先按设计船的主要要求完成一个初步方案,此方案既是第一次近似的结果,又是后一次近似的母型,然后在此方案的基础上经过若干次近似,逐渐修改完善,最后即可得到一个符合要求的设计船。

### 四、设计过程逐步深化

由于船舶设计的复杂性,设计工作不可能一次完成,而是循着一个逐步近似的过程。即经过一个逐步深化、逐步近似的设计过程,最后得到合理的结果。在设计时,确定任何一个问题时需考虑的影响因素都可能有多个,有些因素在设计之初,由于条件不具备是难以考虑到的,因此问题的真实解是通过逐步近似过程获得的。如船体钢料重量的准确结果是通过设计之初考虑少数主要因素进行估算,待基本结构图完成后进行较详细的计算,完成结构分段施工图后再详细计算几个步骤得到的。

按逐步近似过程进行船舶设计,就可以把复杂的设计工作分为若干个循环,初次近似时只考虑少数最主要的因素,后一次则计入较多的因素,反复进行几次近似,每后一次近似都是前一次结果的补充、修正和发展,因此经若干近似之后,总可以得到一个符合要求的设计结果。由此看来,这种逐步近似过程虽然是循环进行的,但却不是简单的重复,而是个螺旋式上升的过程。图1-1是表明这一过程的设计螺旋图,其特征是每下一个循环都提高了设计的详细程度,但减少了方案数量。在第一个循环时可从航线及设计要求出发,拟定多个不同的主尺度及船型特征方案,计算出它们的舱容、载重量、稳性、造价等。第一次循环之后方案即可大大减少,淘汰了大量造价高或性能不好的方案。第二次循环集中在可行方案范围内探索,得出较佳方案。第三次循环可集中在一个或几个较佳方案及其附近方案,进行更深入的计算分析,直到确定出最优方案。

### 五、设计过程并行协同

船舶设计具有典型的并行协同设计特征。船舶设计过程中的并行协同体现为船舶设计阶段的并行协同,船舶设计各专业之间的并行协同,以及基于设计要求、建造、设备及材料订货等因素的并行协同等。

首先是外部环境中多方关联因素的并行协同。船东对船舶用途和性能等提出要求,设计单位需将船东要求、船厂建造条件限制、材料和设备订货要求等外部要求因素综合考虑,完成满足多方要求的设计。在此过程中,设计单位与船东、船厂、设备生产厂、材料供应商等之间的技术交流、设计更改频繁,且贯穿于整个设计过程。

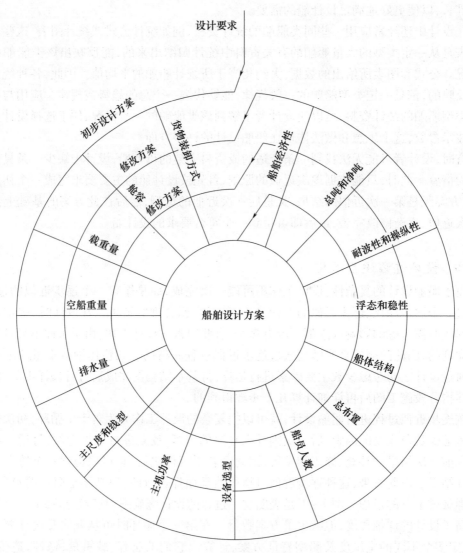

图1-1 船舶设计螺旋

其次是设计过程中各专业之间的并行协同。船舶设计是多专业的并行、协同设计。船舶设计包括总体设计、结构设计、舾装设计、内装设计、轮机设计、电气设计、通风、空调设计等多个专业方面的设计,设计过程中各专业同时进行且专业之间的技术交流、协调频繁,在每个设计阶段都不同程度地涉及各设计专业之间从设计内容到设计行为(如各单项设计完成次序的衔接)的协同一致。

还有船舶设计阶段的并行协同。在船舶报价设计、概念设计、初步设计、详细设计、生产设计和完工设计等阶段,各设计阶段按照设计内容由简略到详细逐次展开,后面的设计阶段对前面的设计阶段来说既是其设计内容的继承,也是设计的进一步细化和完善。为了缩短船舶设计、建造周期,某些设计阶段通常是并行展开或有交叉。

## 习 题

1. 船舶总体设计的主要内容及其重要性是什么？
2. 为什么说设计技术任务书是船舶设计的基本依据？民用船舶设计技术任务书主要包括哪些方面的内容？
3. 何为船舶的试航速度、服务速度？
4. 续航力和自持力对船舶设计方案有何影响？
5. 船舶设计阶段是怎样划分的？每个阶段的工作内容包括哪些？
6. 船舶设计工作方法是什么？
7. 何为母型船设计法？
8. 举例说明船舶设计过程是逐步近似深化的过程。
9. 船舶设计原理研究的主要内容是什么？
10. 进一步了解能效设计指数（EEDI）的要求，以及该项要求会对船舶设计有哪些影响。

# 第二章 船舶重量和容量

## 第一节 船舶重量

### 一、重量重心计算的目的

#### (一)浮力与重力的平衡

船在水中同时受到重力和浮力的作用,当浮力和重力相等,且作用在同一垂线上时,船舶才能在水面上达到重力和浮力平衡。这时船舶所受到的重力等于构成船舶所有重量之和,故有重量方程式:

$$W = \sum W_i \qquad (2-1)$$

式中:$W$ 为船舶所受的重力(t);$\sum W_i$ 为构成船舶的所有重量之和(t)。

船舶所受到的浮力,等于船所排开的水的重量,故有浮力方程式:

$$\Delta = \gamma k \nabla = \gamma k L_{bp} B d C_b \qquad (2-2)$$

式中:$\Delta$ 为船舶排水量(t);$\gamma$ 为水的重量密度(t/m³),淡水为 1.0t/m³,海水为 1.025t/m³;$k$ 为附体体积系数,通常取 $k=1.004$(大船),$k=1.01$(小船);$\nabla$ 为对应载况下的型排水体积(m³);$L_{bp}$、$B$、$d$、$C_b$ 分别为两柱间长、型宽、吃水及方形系数。

当船舶在水中达到平衡时,其浮力等于重力,可得浮性方程式:

$$\sum W_i = \gamma k L_{bp} B d C_b \qquad (2-3)$$

#### (二)重量重心计算的目的及其特点

为使设计船舶准确地漂浮在预定的吃水线上,就必须比较准确地估算船舶的重量与重心。重量计算的误差如果过大,船将不能漂浮在预定的吃水线上,影响船舶使用性能。特别是沿海船和内河船,航道对船舶吃水有限制,当重力大于浮力时,实际吃水将超过设计吃水,船舶就不能在预定航区中航行,或须减载航行,这势必影响船舶的使用性能和经济性。同时,由于实际吃水超过设计吃水,干舷减少,储备浮力减少,抗沉性难以满足,甲板容易上浪,结构强度也可能不满足要求。反之,船舶的重力预计过大时,则船的实际吃水必然要小于设计吃水,这样的设计既不经济又会对航行性能带来损害,例如螺旋桨可能会露出水面而影响推进效率;若在海上航行还可能因吃水变小而使耐波性变差。重心计算误差还会引起船的纵倾或横倾,造成初稳性高度不应有的减少或增加,从而改变船舶预定的稳性和摇摆性能。所以,重量重心计算如不准确,船就满足不了原定设计要求,各项技术性能变坏,经济性能变差,甚至会使船舶无法投入使用,后果严重。

船舶重量重心计算是贯穿于整个设计始终的逐步近似过程。所谓逐步近似,是指重量计算不可能一次完成,不可能在设计初始阶段估算到准确无误的程度。随着设计阶段的不断深入,重量计算由粗到精,由最初阶段参考母型船或统计资料的粗略估算,到最后按设计船的施工图纸或施工文件分项精确计算,是个逐渐深化、精确、多次循环、螺旋式上升的过程,每后一次计算都是对前次计算的检验和修正。所谓贯彻始终,就是在设计的各个阶段都须进行重量重心的计算。一条船的设计,通常由重量估算开始,而最后还必须经重量计算及倾斜试验确认重力和浮力达到平衡,重心位置适宜才能结束。

在不同设计阶段,重量重心计算的方法是不一样的。在设计初期即主尺度及排水量确定阶段,设计船的重量重心只能依据母型船或统计资料进行估算。在技术设计、施工设计阶段可以按图纸进行详细的分项计算,然后逐项累计,完工设计阶段经倾斜试验最后确认。本节主要介绍设计初期重量及重心估算方法。

## 二、船舶重量及排水量分类

### (一) 民船重量分类

船在某载况下的总重量即为此时的排水量 $\Delta$,它是空船重量与相应载况时的载重量之和,即

$$\Delta = LW + DW \tag{2-4}$$

式中:$LW$ 为空船重量(t);$DW$ 为载重量(t)。

其中,空船重量又可分为钢料重量 $W_h$、舾装重量 $W_f$ 及机电设备重量 $W_m$,即

$$LW = W_h + W_f + W_m \tag{2-5}$$

除上述三部分重量外,在设计过程中还要考虑一定的排水量储备,有些船上还要加固定压载,都算在空船重量中。

载重量包括货物、旅客及其行李、船员及其行李、燃油、滑油及炉水、食品、淡水、备品及供应品等重量。

上述重量常划分为若干个部,各部下面再划分成若干组。表 2.1 为民用船舶空船重量 3 个部的细目。应当指出,国内外设计民船的重量资料在某些具体项目的归属上也可能有些差别,在使用资料时要加以注意。

表 2.1  民用船舶空船重量分类表

| 项目分类 | 细 目 |
|---|---|
| 一、船体钢料部 | |
| 1. 首尾柱及轴包架 | 首柱,尾柱,轴包架,舵踵及其他 |
| 2. 船壳板 | 竖龙骨,底板,旁板,平板龙骨,舭龙骨,船壳板上覆板 |
| 3. 底部及舷侧构架 | 底部纵向构件,底部横向构件,舷部纵向构件,舷部横向构件,首尾尖舱结构,其他 |
| 4. 甲板结构 | 上甲板结构,主甲板结构,平台甲板结构,其他 |
| 5. 舱壁及围壁 | 横向水密隔壁,纵向水密隔壁,部分舱壁及舱室围壁,货舱及舱口围壁,围板,其他 |
| 6. 支柱 | 各层甲板下支柱,舱面机械及梯口加强支柱,其他 |
| 7. 船体钢料杂项 | 轴隧及推力轴承室,钢质护舷材,舱柜内制荡板及顶盖,扶梯平台,污水井,其他 |
| 8. 底座 | 主机底座,主锅炉底座,机炉舱辅机底座,轴承底座,舱面机械底座,其他 |

(续)

| 项目分类 | 细目 |
|---|---|
| 9. 上层建筑钢料 | 首楼,桥楼,尾楼,各层甲板室,舷墙及走廊边板,其他 |
| 10. 铆焊 | 焊料,铆钉头,板排搭边接头及垫料,其他 |
| 二、舾装部 | |
| 1. 船体木作 | 木甲板,舱底板及舱边护条,护舷木,栏杆上木扶手,木质上层建筑,其他 |
| 2. 船舶属具(金属) | 桅及龙门架柱,栏杆,扶梯,旗杆,外烟囱,钢质舱口盖,天窗,门窗及人孔,特种具,其他 |
| 3. 船舶设备及装置 | 操舵装置,锚装置,系缆装置,起货装置,救生装置,航行装置,消防设备,推进装置,特种装置和设备,其他 |
| 4. 舾装木作 | 木围壁,天花板,室内地板,木质门窗,家具,木质扶梯及舷梯,木质舱口盖,舾装木作杂项,其他 |
| 5. 生活设备及工作用具 | 厨房及餐室设备,卫生及洗涤设备,各种装饰及文娱设备,小卖部及庶务杂项设备,医疗用具,水手工具及备品,木工工具及备品,其他 |
| 6. 水泥及瓷砖 | 舱底水泥,舱柜水泥,甲板流水沟及舱面机械底座用水泥,起居室水泥及瓷砖,其他 |
| 7. 油漆 | 主船体部分,其他部分 |
| 8. 冷藏及通风 | 自然通风设备,机械通风设备,伙食冷藏库设备,制冷机及其与冷藏舱或空调器连接管系,冷藏货舱设备,制冰设备,其他 |
| 9. 船舶管系 | 舱底水系统,压载水系统,消防系统,卫生及日用水系统,暖气设备,测深管及注入管系统,舱面机械系统,航行设备系统,特种机械系统,货油装卸系统,其他系统 |
| 三、机电设备部 | |
| 1. 船舶电气 | 舱面机械电力设备,生活及照明用电,对外通信设备,船内通信设备,助航设备,机炉舱辅机电力设备,输电配电,特种机械电力设备,其他 |
| 2. 轴系 | 推力轴及轴承,中间轴及轴承,尾轴尾管,隔舱填料函,轴系附件,轴系备件,其他 |
| 3. 主辅机械设备 | 主机,减速齿轮箱及联轴器,电站发电机组,空气压缩机组,各种热交换器,各种泵,各种容器,各种滤器,锅炉抽风机及鼓风机,其他 |
| 4. 动力管系 | 蒸汽及蒸汽管系,凝结水泄水管系,燃油及滑油管系,压缩空气及废气管系,冷却水及循环水管系,冷藏或空调管系,其他 |
| 5. 机炉舱杂项 | 工具机,工作台,工具架及柜,工具备品,起吊设备,栏杆,格栅,花铁板,各种仪表,供应品及记录台,烟道,烟箱,锅炉鼓风及抽风管道,手提泡沫灭火机,其他 |
| 6. 机炉舱特种设备 | 遥控装置及联合操纵台,其他 |
| 7. 机炉及管系内液体 | 各种容器内液体,各种热交换器内液体,各种动力管系内液体,各项船舶管系内液体,各项机械内液体,其他 |

### (二) 典型排水量

船舶在营运及航行过程中，货物、油、水等载重量都会有变化。随着载重量的变化，船的排水量及其浮心和重心位置也不同，因而船的各种技术性能也就有差异。为掌握在营运过程中的船舶技术状况，须在无数装载情况中确定若干典型载况，当这些典型载况的性能指标满足要求时，则认为该船在使用过程中各种载况下的性能满足要求。

干货船的典型载况：

1. 空船排水量

空船排水量系指船建成后交船时的排水量，空船排水量就是空船重量。此时，动力装置管系中有可供主机动车运转的油和水，这部分油水重量包含在机电设备重量内，相应的机电设备重量称为湿重，但不包括航行所需要的燃油、滑油和炉水储备及其他载重。

2. 空载排水量

船上不载运货物、旅客及其行李的载况称为空载排水量。但在空船上已装载了航行所需的油水。船上的油水等重量为设计储备量的10%（不包括滑油），称为空载到港；油水等载重为设计储备量的100%，称为空载出港。

3. 满载排水量

船上装载了预定的设计载重量的载况称为满载，相应的排水量即为满载排水量。民船通常以满载排水量作为设计状态，因此也称为设计排水量。它是决定船舶主要要素的基础。针对油水100%及10%的不同储备量又分为满载出港和满载到港两种典型载况。

4. 最大排水量

有些载运轻货的货船，为加大载运重货时的载重量以提高其经济性，把吃水设计成可变的，在设计水线之上还加一重载吃水线，结构设计时要满足这种吃水状态对结构强度等的要求，此时的吃水称为结构吃水。这种典型载况称为重载，对应的排水量称为最大排水量，也称重载排水量。

在船舶的稳性规范中，针对不同类型船舶规定了若干必须核算稳性的典型载况，如对货船规定必须核算满载出港、满载到港、空载（或加压载）出港、空载到港4种典型载况。对客船又增加核算满客无货出港及到港两种情况。规范对渔船、拖船、运木船等的基本装载情况也做了具体规定。

### 三、空船重量计算

大多数船的空船重量占整个排水量的30%以上，有的船（如客船、拖船、渔船）此比例达70%～95%，可见空船重量的准确计算对保证设计质量的重要性。

在设计初期，可用载重量系数法、分项估算法、母型换算法及统计法来估算空船重量。

#### （一）载重量系数法

载重量与排水量之比称为载重量系数，即

$$\eta_{DW} = \frac{DW}{\Delta} \tag{2-6}$$

各类船舶载重量系数大致范围如表2.2所列。

表 2.2　各类船舶 $\eta_{DW}$ 的范围

| 船型 | $\eta_{DW}$ 范围 | 船型 | $\eta_{DW}$ 范围 |
|---|---|---|---|
| 中小型货船 | 0.70~0.57 | 驳船 | 0.80~0.70 |
| 大型货船 | 0.73~0.64 | 中小型客船 | 0.50~0.30 |
| 集装箱船 | 0.70~0.66 | 大型客船 | 0.55~0.40 |
| 中小型油船 | 0.75~0.60 | 拖船 | 0.15~0.05 |
| 大型油船 | 0.86~0.70 | 渔船 | 0.40~0.30 |

当设计船的载重量 DW 给定时,根据载重量系数定义式,得

$$\eta_{DW} = \frac{DW}{\Delta} = \frac{DW}{LW + DW}$$

则
$$LW = \frac{DW}{\eta_{DW}}(1 - \eta_{DW}) \tag{2-7}$$

可用式(2-7)粗估空船重量 LW。式中的载重量系数 $\eta_{DW}$,可参考同类型船舶的统计值选取,最好取自相近的母型船,也可按同类型船舶载重量系数 $\eta_{DW}$ 的统计公式计算。

对于排水量大的船舶,$\eta_{DW}$ 要大些。这是因为排水量 Δ 大的船,LW 在排水量 Δ 中所占的比例要小些,而 DW 所占的比例要大些。

对于一般货船或油船等载重型船舶,$\eta_{DW}$ 随 Δ 变化有相对稳定的范围,因此可用 $\eta_{DW}$ 来确定空船重量或初始排水量。因为它把船舶的各部分重量都假设与 Δ 成正比,因此用 $\eta_{DW}$ 来计算的 LW 及 Δ 是极为粗糙的。

$\eta_{DW}$ 表示船舶的载重量 DW 占有排水量 Δ 的百分数,它反映了运输船舶装载能力的大小,表示排水量 Δ 的利用率。对同样 Δ 的船来说,$\eta_{DW}$ 大者,表示其载重量多;反之,当 DW 和其他要求相同时,$\eta_{DW}$ 大者,说明 Δ 小些也能满足要求,故造价较低。因此 $\eta_{DW}$ 的大小是衡量运输船舶设计好坏的一个标志。当一条船设计结束后,常将其实际 $\eta_{DW}$ 值与相近船作比较,以判别设计质量。

(二) 分项估算法

根据式(2-5)估算船舶空船重量。在三部分重量中,比较容易估算准确的是机电设备重量 $W_m$;因为项目繁杂,规律性差,舾装重量 $W_f$ 容易产生较大的误差;占有空船重量 LW 比例最大的是船体钢料重量 $W_h$,规律性较强,如果图纸资料齐全,可以估算得比较准确。

1. 船体钢料重量 $W_h$ 的分析及估算

1) 影响船体钢料重量的因素

(1) 船舶主尺度及系数。船舶主尺度及系数($L$,$B$,$D$,$d$,$C_b$ 等)对船体钢料重量的影响程度可以从构件数量和强度条件两个方面来分析。

船长 L 的影响。从构件的几何尺度和数量上看,船上绝大多数构件都与船长有关。从强度要求看,船长越长,其所受的纵向弯矩越大,对船体总纵强度的影响越大。为满足强度要求,船体等值梁的剖面模数也应增大,从而船体纵向构件的强度、尺寸也增大。所以,船长对船体钢料重量的影响最大。

船宽 $B$ 的影响。从构件数量上看，横向构件与船宽有关；从强度上看，船宽对横向强度有较大的影响，但对船体总纵强度影响不大。综合来看，船宽的影响小于船长。

型深 $D$ 的影响。从构件数量上看，型深对船侧结构、舱壁、支柱等有影响。从强度上分析，对大船来说，型深较大，船体梁的剖面模数也大，对强度有利，纵向构件尺寸可以减小，从而抵消因型深增加所引起船侧舱壁等结构尺度加大的作用，即由于型深增加，重量不一定增加，有时甚至有利于减轻重量；而对小船，增加型深会导致 $W_h$ 的增加。

吃水 $d$ 的影响。吃水变化不影响构件的数量，但对总强度和局部强度有一定的影响。增加吃水则要求船体梁的剖面模数增加，这就需要加大纵向构件的尺寸。吃水增加，舷外压力也随之增大，从而需增强船底及船侧结构。所以，增加吃水也会引起重量的增加，但总的来说，吃水对 $W_h$ 的影响相对较小。

方形系数 $C_b$ 的影响。$C_b$ 的增减对船体构件的数量和尺度影响甚小，所以 $C_b$ 对 $W_h$ 的影响很小。

综上分析，可得如下两点结论。

① 船的各要素对 $W_h$ 的影响程度是不同的，按其影响大小来排列，其顺序是 $L$、$B$、$D$、$d$、$C_b$。如以函数表示，则有

$$W_h = C_h L^\alpha B^\beta D^\gamma d^\delta C_b^\tau \tag{2-8}$$

式中：$C_h$ 为钢料重量系数；指数 $\alpha \geqslant 1$，$\beta$ 应小于 1，$\gamma$、$\delta$、$\tau$ 则更小。它们的具体数值应随船舶尺度的大小、类型及具体建筑特征而变化。

② 对大船与小船，其主尺度对 $W_h$ 的影响程度也是不同的。小船的强度要求较低，其主船体的壳板厚主要是从使用年限、耐腐蚀及焊接工艺要求等几方面来考虑的。所以从 $L$ 的影响指数 $\alpha$ 看，小船 $\alpha \approx 1$；大船 $\alpha > 1$；超大型船 $\alpha$ 可达 2 左右。

（2）布置特征。船舶甲板层数、舱壁数、上层建筑的大小等对 $W_h$ 值都有影响。

（3）船级、规范、航区。设计船船级不同，使用规范不同，对船体结构要求有区别，因而对 $W_h$ 有影响。船舶尺度相同，航区不同，$W_h$ 也就不一样。如航行于冰区，结构还要加强。

（4）结构材料。船体使用材料不同，如用普通钢、高强度合金钢、铝合金或玻璃钢等，显然对 $W_h$ 会有很大影响。

对 $W_h$ 影响因素的分析，有助于对某些 $W_h$ 近似估算公式的理解。在利用母型船资料估算 $W_h$ 时，也可根据上述影响因素，找出新船与母型船的差别，进行修正，以使结果更加符合实际情况，提高 $W_h$ 估算的准确性。

2）船体钢料重量估算方法

船体钢料重量的估算方法很多，下面介绍的是在设计初始阶段，初步确定了排水量 $\Delta$ 或主尺度 $L$、$B$、$D$、$d$ 和系数 $C_b$ 后，而其他设计工作还没有深入开展的情况下，估算 $W_h$ 的方法。

（1）百分数法。此法假设船体钢料重量 $W_h$ 与满载排水量 $\Delta$ 成正比，即

$$W_h = C_h \cdot \Delta \tag{2-9}$$

式中：$C_h$ 为钢料重量占 $\Delta$ 的百分数，称为钢料重量系数，可根据母型船或按同型船的统计值选取，即 $C_h = C_{h0} = \dfrac{W_{h0}}{\Delta_0}$。下标带 "0" 者为母型船的相应数值。

本方法简便易用，缺点是把 $L$、$B$、$d$、$C_b$ 各要素对 $W_h$ 的影响看成是等同的，且估算式忽略了许多因素的影响，如布置特点等。因此使用时，如有相近的母型船才可能获得一定的精确度，通常只适用于货船、油船、散货船等载重量占排水量的比例较大且特点比较稳定的船。

应用式(2-9)时应注意，$C_h$ 随 $\Delta$ 的增大而减小，即船的 $\Delta$ 大，其 $W_h$ 占 $\Delta$ 的比例相对要小一些，其原因是主尺度加大导致船体空间的增加比主尺度加大引起 $W_h$ 的增加量要大。因此，如设计船 $\Delta$ 比母型船大，则应选择比母型船稍小的 $C_h$。

（2）立方模数法。此法假设 $W_h$ 正比于船的内部总体积，并以 $LBD$ 作为内部总体积的特征数，则有

$$W_h = C_h LBD \qquad (2-10)$$

式中：$C_h$ 为关于立方模数的船体钢料重量系数，可参考母型船选取；$LBD$ 为立方模数，其中 $D$ 为至最上层连续甲板的型深。

立方模数法是以主船体的内部体积为模数进行换算的。实船统计资料表明，$C_h$ 值随 $L$ 增加而减少的趋势比较稳定。本方法对大、中型船舶较适用。但是，由于影响 $W_h$ 的因素很多，因此 $C_h$ 值的大小与很多因素有关。选取 $C_h$ 时，应参考相近的母型船（船舶类型、船级、甲板层数及船体材料相同，主尺度、船型系数及尺度比、建筑和结构形式相近）选取，并尽量采用多艘型船分析比较后加以确定。

（3）平方模数法。此法假设 $W_h$ 正比于船体结构部件的总面积，而这总面积用 $L$、$B$、$D$ 的某种组合来表征。最常见的形式为

$$W_h = C_h L(B+D) \qquad (2-11)$$

式中：$(B+D)$ 可近似看成是单甲板从龙骨到甲板中心线的周长，所以式中 $L(B+D)$ 实际上是表征了船壳表面积及甲板表面积的一种面积特征数。

考虑甲板层数、内底及纵舱壁的影响，式(2-11)可改写为

$$W_h = C_h L(aB + bD) \qquad (2-12)$$

式中：系数 $a$、$b$ 根据船的建筑特征而定，取法很多，有人建议 $a$ 取为连续甲板层数加2，$b$ 取2。

平方模数公式认为船体钢料重量与面积成正比，把船看成空心结构，这样对纵总强度不突出的船计算结果比较准确，对内河船舶及小型船舶较适用。

（4）平方-立方模数法。此法也称混合模数法，其形式为

$$W_h = C_h \cdot [LBD + L(B+D)] \qquad (2-13)$$

对于吃水受限制的船舶（如内河船），由于型深 $D$ 相对较小而船宽 $B$ 相对较大，用这种方法估算 $W_h$ 可得到较好的结果。考虑相当型深 $D_1$ 和船体丰满度影响，其形式为

$$W_h = C_h [LBD_1 + L(B+D_1)] \times \left(1 + \frac{1}{2} C_{bD_1}\right) \qquad (2-14)$$

（5）分项细目换算法。若设计者有相近母型船船体钢料重量的详细资料，按设计船的总布置草图，利用分项细目换算法可得到较准确的设计船钢料重量。

换算模数可根据结构特点及其与各种因素的相应关系建立，一般从几何关系及强度关系两方面去分析。表2.3列出了各项的换算模数，设计者也可视具体资料情况进行修改，使之更合适。设计船的相应项重量为

$$W_h = W_0 \frac{M}{M_0} \qquad (2-15)$$

表 2.3 船体钢料各项重量换算公式

| 重量项目 | | 换算模数 $M$ |
|---|---|---|
| 一、金属船体 | | |
| 1 | 外壳板 | $L^2(B+4d)$ 或 $L^2(B+2D)$ |
| 2 | 内壳板 | $L^2 B$ 或 $L_m B$ |
| 3 | 双层底范围内的底部构架 | $L^2$ 或 $Ld(B+2D)$ |
| 4 | 双层底范围内的舷部构架 | $Ld$ 或 $Ld(B+2D)$ |
| 5 | 双层底范围外的舷部和底部构架 | $Ld(B+2D)$ |
| 6 | 首楼甲板及其构架 | $L^{1/2}B$ 或 $L_F B$ |
| 7 | 上甲板及其构架 | $L^2 B$ |
| 8 | 中间甲板及其构架 | $LB$ |
| 9 | 下甲板及其构架 | $LB$ 或 $BD(L-L_m)$ |
| 10 | 平台甲板及其构架 | $L^{1/2}B$ 或 $BD(L-L_m)$ |
| 11 | 主横舱壁 | $LBD$ 或 $nBD$ |
| 12 | 主纵舱壁 | $Ld$ 或 $LD$ |
| 13 | 次要舱壁、围井、升降道 | $(LBd)^{2/3}$ 或 $BD(L-L_m)$ |
| 14 | 烟囱和烟道 | $P$ 或 $\Delta^{2/3}$ |
| 15 | 上层建筑壳板和构架 | 与主尺度无关或 $\Delta$ |
| 16 | 桅杆 | 与主尺度无关 |
| 17 | 船体内的铸件和锻件 | $(LBd)^{1/2}$ 或 $\Delta$ |
| 18 | 舭龙骨 | $L$ |
| 19 | 铆钉头和焊缝 | $(LBd)^{2/3}$ 或 $LBD$ |
| 二、加强结构和基座 | | |
| 20 | 装置和系统下的加强结构 | $LBd$ 或 $\Delta$ |
| 21 | 设备下的加强结构 | $W_{设备}$ |
| 22 | 主机锅炉下的加强结构 | $(LBd)^{2/3}$ 或 $P$ |

注:$L_m$ 为机炉舱长度,$L_F$ 为首楼长度,$n$ 为主横舱壁数目,$P$ 为主机功率,$W_{设备}$ 为设备重量。

(6) 修差法。此法是根据设计船与母型船主尺度的差别进行修正得出新船的 $W_h$ 值,即

$$W_h = W_{h0} + \delta W_h \qquad (2-16)$$

式中:$\delta W_h$ 为设计船船体钢料重量的增量。

假定母型船的 $W_{h0}$ 与主尺度的关系式为

$$W_h = C_h L^{1.45} B^{0.945} D^{0.66}$$

若设计船与母型船的主尺度差值为 $\delta L、\delta B、\delta D$,则由于设计船与母型船的主尺度改变而

引起的 $W_h$ 增量 $\delta W_h$ 为

$$\delta W_h = \frac{\partial W_{h0}}{\partial L_0}\delta L + \frac{\partial W_{h0}}{\partial B_0}\delta B + \frac{\partial W_{h0}}{\partial D_0}\delta D$$

由此可得到

$$\delta W_h = 1.45\left(\frac{\partial W_{h0}}{\partial L_0}\right)\delta L + 0.945\left(\frac{\partial W_{h0}}{\partial B_0}\right)\delta B + 0.66\left(\frac{\partial W_{h0}}{\partial D_0}\right)\delta D$$

应用上述方法估算 $W_h$ 时，若能找到合适的型船，是相当精确的。如果设计船与母型船在其他方面有差别，如上层建筑大小、甲板层数、舱壁数目、首尾舷弧等不同，则应参考有关资料进行局部修正。

(7) 每米船长重量法。当设计船和母型船都具备船中横剖面结构图、型线图和总布置图时，可用本方法得出 $W_h$ 值。

本方法假定主船体构件的总重量正比于船中部每米长度 $\omega$ 和船长 $L_{PP}$ 并以 $C_b^{1/3}$ 考虑船体丰满度的影响。具体估算步骤如下。

① 计算单元长度的总重量 $W_0$ 和 $W$。单元长度，对横骨架式船来说，为一个肋骨间距；对纵骨架式船，则为相邻实肋板间的距离。单元长度应计入的重量包括：纵向构件——板、纵桁、纵骨等；横向构件——肋骨、甲板横梁、肋板、肘板等。

② 计算每米长度重量 $\omega_0$ 和 $\omega$。将母型船与设计船的单元长度内总重量 $W_0$ 及 $W$ 分别除以各自的单元长度 $l_0$ 及 $l$，则得每米长度重量 $\omega_0$ 和 $\omega$。

③ 计算新船的钢料重量。

$$W_h = W_{h0}\frac{\omega}{\omega_0}\cdot\frac{L_{PP}}{L_{PP0}}\cdot\frac{C_b^{1/3}}{C_{b0}^{1/3}} \qquad (2-17)$$

④ 局部修正。分析设计船与母型船主船体构件的差异，如舱口的大小、舷弧及特殊加强等进行修改；分析设计船与母型船主船体局部构件（横舱壁、首尾柱、轴支架、机座等）及上层建筑、甲板室等的差异，另行再加以换算，因为式(2-17)只反映了船中横剖面处的结构特点，所以要做局部修正。

本方法因考虑了船的具体结构特点，其结果一般比较精确。

(8) 统计公式估算法。统计公式是依据同类型船舶的大量资料，经过数理统计分析后，回归而得到的。按统计公式计算得到结果只能反映出该类型船舶的统计平均值，具体应用时，再按相近母型船资料修正一下公式的系数，得出的结果比较准确。

当设计进行到某一阶段，就可以根据该阶段的图纸及技术文件进行逐项计算。生产设计结束后，可按施工图纸计算每个部件、零件，包括肘板等的重量，计算的工作量非常大。这一工作可以由人工进行计算，也可以用电子计算机来完成，可以计算出精确的 $W_h$ 值。

2. 舾装重量 $W_f$ 的分析及估算

舾装重量 $W_f$ 包括船体木作、船舶属具、船舶设备及装置、舾装木作、生活设备及工作用具、油漆、水泥及瓷砖等。通常，这部分重量占大型货船、油船的空船重量 $LW$ 的百分数相对较小，而占小型船舶，尤其是渔船、客船、拖船等非货物运输船类的空船重量 $LW$ 的比例较大。舾装重量因船舶类型、用途、主尺度及设备标准的不同，其占空船重量的比例相差较大。因此，$W_f$ 按型船估算的相似性差，估算工作难度较大。

1) 影响舾装重量的因素

(1) 与船的排水量和主尺度有关的重量。船舶设备和船舶系统等的重量,诸如锚泊设备、系泊设备、舵设备、消防设备、船舶管系、油漆等与排水量和主尺度有关。

(2) 与生活设施的标准、船员或旅客人数有关的重量。这部分重量包括舱室木作(内衬板、天花板、地板敷料)、家具、卫生设备、救生设备等。对客船,这些项目重量占较大比例。

(3) 与船的使用特点有关的重量。如货船的起货设备及舱口盖,拖船的拖带设备,救助船的救助设备,渔船的渔捞及加工设备等。这些项目的重量常占相应类型船的木作舾装重量的相当部分,它们与船的大小有关,但随船舶尺度的变化又不甚敏感。

(4) 特殊要求的重量。如减摇装置、侧推装置等按船东要求和技术性能要求而配置的特殊装置。

2) 舾装重量估算方法

(1) 百分数法。

$$W_f = C_f \Delta \tag{2-18}$$

式中:$C_f$ 为舾装重量系数,按相近母型船取。

(2) 立方模数法。

$$W_f = C_f LBD \tag{2-19}$$

客船、渔船、拖船等可采用此式进行估算,但对其他运输船不及用平方模数法可靠,因为立方模数有些夸大了尺度的影响。

(3) 平方模数法。

$$W_f = C_f L(B+D) \tag{2-20}$$

式中,型深 $D$ 也可用相当型深 $D_1$ 代替,以提高估算的准确性。

(4) 分项换算法。

类似于估算船体钢料那样,当设计船已有总布置图,并对舾装项目的有关技术条件作了考虑后,就可按母型船对应的重量项目,根据其数量及技术条件进行比较,加以换算。分项换算的方法很多,下面仅介绍几项换算关系。

① 船体木作(木甲板、木铺板、木围壁及隔壁、货舱木护条)。其重量与 $L(B+D)$ 成比例,或根据总布置图按单位面积重量分别计算。

② 舱盖。其重量与舱盖面积成比例。可根据结构形式、舱口宽度和舱盖设计负荷相近的舱盖资料,确定每平方米的舱盖重量。

③ 起货设备。各起货设备的重量可根据它的形式、负荷及数量参考实船或产品目录加以计算。

④ 锚泊及系泊设备。其重量与 $Bd$ 成比例,或按舾装数相近的实船取值。

⑤ 救生设备。其重量按救生设备的装载人数参考相近的实船选取。无合适母型船时,可按救生设备的型号及数量用标准资料或产品目录分别算出它们的重量。

⑥ 舵设备。其重量与 $Ldv_k^2$ 成比例,其中 $v_k$ 为航速。

⑦ 舱室内舾装木作(天花板、内衬板)。其重量与所计算的舱室体积 $V$,或所计算的天花板、内衬板的面积成比例,这些均可根据总布置图确定,按隔热和隔音材料、装饰板材料均相近的母型船资料换算。

⑧ 油漆。其重量与$(LBD_1)^{2/3}$成比例。

⑨ 裕度。由于木作舾装估算的精度差一些,设计过程中也常有增添,计算时也难免有所遗漏,故其重量裕度应比钢料重量的裕度取得大些,一般约取 4% ~ 8%。

在实际设计中,除运用对应船型的统计公式计算外,往往采用比较法确定空船重量,即逐项比较设计船与相近母型船在重量上的差异,然后在母型船重量的基础上将这些差异重量计入,就得到设计船的重量。这种方法特别适用于舾装及机电设备重量的估算。

3. 机电设备重量 $W_m$ 的分析与估算

机电设备的重量包括主机、辅机、动力管系、电气设备等。

1) 机电设备重量分析

(1) 在民船设计中,绝大多数情况下主辅机都是预先选定的,即从产品目录上可以查得它们的重量。在民船中,通常这些重量占机电设备重量 $W_m$ 的大部分,机电设备重量主要取决于主机功率。

(2) 可以计算项目的重量。如轴系的重量,根据主机功率、轴的转速,计算出扭矩并确定轴径后,按主机位置就可以算出重量。

(3) 其他。如机舱中的管系、其他辅机、泵等的重量,可以根据排水量大小、用途及主机功率相近的母型船,将主机等可算部分重量减去,余下来就是其他部分重量。这部分重量一般变化不大,易于换算。

2) 估算方法

对同类型船舶,机电设备重量主要取决于主机功率,因此,设计初期各种近似估算机电设备重量的方法,大多数以主机功率和类型为基础。

(1) 根据主机功率估算。

$$W_m = C_m P_B \tag{2-21}$$

式中:$P_B$ 为主机的额定功率;$C_m$ 为机电设备重量系数,可按主机类型、功率及转速相近且机舱地位相当、船舶尺度大小相差不多的同类型船或有关图表资料取得。

(2) 逐项比较法。选用主机、辅机相近的母型船的 $W_m$ 资料,进行逐项比较,相同的照抄,不同的项目进行修正,没有的项目删去,这是最常用的方法,也是比较可靠的方法。

(三) 固定压载与排水量储备

1. 固定压载

固定压载是固定加在船上的载荷,通常采用生铁块、水泥块和矿渣块,一般在船下水前后加放在船底部。固定压载的作用主要在于降低船的重心以提高稳性;增加重量以加大吃水;必要时也用来调整船的浮态。

在设计中加固定压载有时是不可避免的,有时则是设计失误所造成的。拖船、渔船、调查船、客船、集装箱船等载重量较小,重心较高,为保证其稳性和良好的浮态,通常这类船上加一定数量的固定压载,其数值大小要根据使用要求,通过具体计算而定。但对一般船舶来说设计有固定压载则是不经济的,也是不合理的。

2. 排水量储备

设计时在估算的重量中,通常要加一定的排水量储备,也称排水量裕度。其原因大致有以下三方面。

（1）估算误差。从前面 $W_h$、$W_f$、$W_m$ 的估算知道，其方法是近似的，如若资料不充分或经验不足，误差是难免的，而且在多数情况下计算重量往往偏小，故需加一定的裕度。

（2）设备增加。船东常在船舶设计和建造过程中提出增加某些新设备，另外，船舶改装也可能增加设备。因此，计算重量时要视情况有意识地加一定裕度。

（3）采用代用设备和材料。在建造过程中，由于材料和设备规格的短缺，需采用代用品而造成的重量增加。

重量计算时，储备加多少，取决于设计者的经验、水平及对重量估算的把握程度。一般有下列两种取法。

（1）取空船重量 $LW$ 的某一百分数。在初步设计阶段，通常取 $2\%LW \sim 5\%LW$（大船取小的数字）。

（2）分项储备。即分别在船体钢料、舾装、机电设备各部重量加一裕度。初始设计阶段，一般常取它们各自重量的 $2\% \sim 4\%$，$4\% \sim 8\%$，$2\% \sim 5\%$。

考虑固定压载和排水量储备后，空船重量可以表示为

$$LW = (W_h + W_f + W_m)(1 + k_w) + W_s \qquad (2-22)$$

式中，$k_w$ 为排水量储备系数；$W_s$ 为固定压载重量。

### 四、载重量计算

船舶载重量 $DW$ 包括：①货物、旅客及其行李；②船员及其行李，食品和淡水；③燃油、滑油、炉水；④备品及供应品。

任务书有时给出总载重量，当计算上列②③④各项重量后，即可得载货量；当任务书规定了载货量或旅客人数时，则①项重量是已知重量。

**（一）燃油重量估算**

船上所携带的燃油，主要根据设计任务书规定的续航力要求来决定，以保证船舶从离港至下次重新补给期间的需要，具体公式为

$$W_o = 0.001 g_o P_s \frac{R}{v_s} k_o \qquad (2-23)$$

式中：$W_o$ 为总的燃油储备量（t）；$g_o$ 为包括一切用途在内的耗油率，通常取主机持续常用功率 $P_s$ 时的耗油率的 $1.1 \sim 1.15$ 倍，当主机型号选定后，$g_o$ 可从主机说明书中查得（kg/(kW·h)）；$P_s$ 为主机持续功率（kW）；$R$ 为续航力（n mile 或 km）；$v_s$ 为服务速度（kn 或 km/h）；$k_o$ 为考虑风浪影响而引起航行时间增加的储备系数，通常取 $1.15 \sim 1.20$。

应该注意的是，对辅机功率较大的船舶（如油船的加热油舱及洗舱，冷藏船的制冷，客船的照明及空调等），则应分别估算主机和辅机等各自所需的燃油储备量。

**（二）滑油重量估算**

船上所带滑油的储量应满足两方面的需要。

（1）补充主辅机工作时滑油的漏失及燃损，该部分正比于主机功率及续航时间。

（2）航行中对循环系统中的滑油进行更换，其更换量正比于主机功率，因而主机滑油储备量可用下式计算：

$$W_{\mathrm{t}} = 0.001(kg_{1}P_{\mathrm{s}} + g_{11}P_{\mathrm{s}}) \tag{2-24}$$

式中:$W_{\mathrm{t}}$ 为主机滑油储备量(t);$k$ 为储备系数,与燃油计算中的 $k_0$ 值相同或稍大;$g_1$ 为单位千瓦小时滑油消耗率(kg/(kW·h));$t$ 为续航时间或主机工作时间(h);$g_{11}$ 为单位主机功率所需滑油更换量(kg/kW)。$g_1$ 及 $g_{11}$ 应按设计船的主机说明书或相近母型船选取。

设计初始阶段粗估滑油总储备量,可取为燃油总储备量的某一百分数,即

$$W_1 = \varepsilon_1 W_o \tag{2-25}$$

式中:$\varepsilon_1$ 为比例系数,通常柴油机船取 3% ~ 5%,汽轮机船取 0.8% ~ 1%。

### (三) 炉水重量估算

民用船舶的机电设备重量中已计入锅炉及其动力系统内的正常循环水量,故这里要估算的炉水储备量是指为补充机器运转中的蒸汽漏失所需的炉水量,所以炉水储备量与蒸汽漏失量成正比,即

$$W_{\mathrm{bw}} = 0.001 \varepsilon_{\mathrm{bw}} Qt \tag{2-26}$$

式中:$W_{\mathrm{bw}}$ 为炉水储备量(t);$\varepsilon_{\mathrm{bw}}$ 为蒸汽漏失率,汽轮机约为 2% ~ 3%,柴油机船的辅锅炉为 5% ~ 6%;$Q$ 为每小时蒸汽产量,根据主机要求(汽轮机)和辅锅炉参数(柴油机)确定(kg/h);$t$ 为续航时间(h)。

远航程及大功率船通常都有制淡装置,所制淡水一般可以补足炉水漏失量,因此只需少量炉水储备以供应急时补充之用。

### (四) 人员及行李、食品、淡水重量估算

人员的重量通常按每人平均 65kg 计算,稳性规范规定,旅客重量取为每人 75kg。人员所携带的行李应根据航线的具体情况,经调查后确定。一般每人携带行李的重量约为:船员行李,40 ~ 60kg/人;长途旅客行李,40 ~ 60kg/人;短途旅客行李,15 ~ 35kg/人。

食品定量通常每人每天按 2.5 ~ 4.5kg 计。

淡水(包括饮用水与洗涤用水)定量与航程、航线的气候条件、舒适性标准等有关。远航程船通常只自带一部分淡水,不足部分利用制淡装置供应。在全部带足的情况下,通常每人每天用水定量为 50 ~ 100kg,《海船法定检验技术规则》中规定,船员至少每人每天提供 20kg 饮用水和 70kg 洗涤淡水,客船每人每天至少 75 ~ 100kg 淡水,其中饮用水至少占总淡水量的 30%。对于长江大型客船一般都有江水滤清装置,洗涤用水可只考虑在澄清水舱内有足够 1 天消耗的储备量即可。内河水系小型船舶的淡水定量标准,可参考该航区的同类型船舶的淡水定量标准分析计算决定。

### (五) 备品及供应品重量估算

备品是指船上备用的零部件、设备与装置,包括锚、灯具、损管器材、油漆等。供应品是指零星物品,如床上用品、炊具、信号旗、办公用品、医疗器材等。备品和供应品的重量一般较小,可取为 $0.5\% LW ~ 1\% LW$,或结合用船单位的要求,参考母型船取值。

## 五、重心估算

船舶重心坐标可由 $X_{\mathrm{g}}, Y_{\mathrm{g}}, Z_{\mathrm{g}}$ 表示。船的型线一般都是左右对称的,总布置设计时也总是要使左右舷的重量相平衡,故 $Y_{\mathrm{g}}$ 值等于零。通常船舶重心的估算主要是估算重心的

纵向坐标 $X_g$ 和重心高度 $Z_g$。$X_g$ 关系到船的浮态,即主要影响船的纵倾,这对于航行在浅水航道、船吃水受到限制的内河船舶尤其重要;$Z_g$ 主要影响船的稳性。为此,对船舶的重心估算应引起高度的重视。

**(一)重心垂向高度 $Z_g$ 的估算**

估算 $Z_g$,在最初阶段最常用的公式为

$$Z_g = \xi D \tag{2-27}$$

或

$$Z_g = \xi D_1 \tag{2-28}$$

式中:$D$ 为型深;$D_1$ 为相当型深,$\xi$ 为取自母型船的系数。

$\xi$ 的统计范围如表 2.4 所列。

表 2.4 $\xi$ 统计范围

| 船型 | 空船 | 满载 | 船型 | 空船 | 满载 |
|---|---|---|---|---|---|
| 最小干舷船 | 0.62~0.68 | 0.62~0.65 | 拖船 | 0.70~0.85 | 0.70~0.80 |
| 富裕干舷船 | 0.58~0.68 | 0.60~0.65 | 托网渔船 | 0.75~0.83 | 0.70~0.78 |
| 客船 | 0.65~0.80 |  | 油船 | 0.60~0.66 | 0.55~0.59 |

应用上述公式的条件是设计船的重量垂向分布与母型船相似。此法比较粗糙,通常仅用于设计初期。如果掌握有母型船的更详细的重量重心资料,则可按分项换算的办法确定设计船的重心高度。

设计初始阶段,空船重量通常除要有适宜的排水量储备外,对重心高度也应有一定的储备,特别是对于那些稳性要求比较高或者稳性不易满足的船舶更应加以注意。一般是将储备排水量的重心高度取在空船的重心处。有时考虑到重心估算的误差及将来可能发生的重量变化,从提高船的安全性考虑,往往将整个空船(包括排水量储备)的重心提高 0.05~0.15m,作为新船重心高度的储备。也可以根据 $W_h$、$W_f$ 及 $W_m$ 重心高度估算的结果,分别取各自的重心高度储备。

在设计初始阶段,载重量往往与空船重量合在一起,即为设计排水量 $\Delta$,根据相近型船的资料,与 $D$ 或 $D_1$ 成比例,求得全船的重心高度 $Z_g$。

当有了总布置图以后,$DW$ 各个项目的重心高度可据其在船上的位置进行估算。如人员的重心高度一般取在其所在甲板上 1m,双层底内的油水的重心高度可取为双层底高度 $h_d$ 的 2/3。货物的重心高度根据总布置图上的货舱位置而定,通常可按下式进行粗略估算:

$$Z_{gc} = \xi_c (D - h_d) \tag{2-29}$$

式中:$h_d$ 为货舱双层底高度;$\xi_c$ 为取自母型船的系数。

**(二)重心纵向位置 $X_g$ 的估算**

重心纵向坐标 $X_g$ 的粗略估算,可以认为与船长成正比,即

$$X_g = \lambda L_{PP} \tag{2-30}$$

式中系数 $\lambda$ 可取自母型船。

该式的应用条件同样是设计船与母型船的重量分布相似。如不相似,可按其差异将

母型船做修改后,取一个新的系数 $\lambda_1$ 用于设计船。例如,当设计船的尾楼相对长度 $l_A/L$ 小于母型船的尾楼相对长度 $l_{A0}/L_0$ 时($l_A$ 为尾楼长度),可以先把母型船的尾楼去掉一段,减小到 $l_{01}$ 使 $l_{01}/L_0$ 与 $l_A/L$ 相等,然后计算出母型船被改造后的重心纵向位置 $X_{g1}$ 及系数 $\lambda_1$,$\lambda_1$ 即可用来估算设计船的重心纵向位置。

当有母型船的详细重量重心资料时,重心纵向位置也可分项换算。

## 第二节 船舶容量

### 一、船舶容量的基本知识

#### (一) 容量

船舶容量是船舶舱室容积和甲板面积的总称。设计任何一艘船舶,除满足重力与浮力平衡外,还必须保证必要的内部容积及甲板面积,以使用来装载货物和油水,安放机械和各种设备,布置各种工作舱室和生活舱室等。

容量是船舶的一项重要的技术数据。如容量不足,则满足不了使用要求;反之,容量太大则造成浪费。因此,在设计初始阶段,根据设计船的主尺度和船型系数或利用设计船的总布置草图、型线草图来估算其所能提供的容积和甲板面积是必要的;另外,在总布置设计时,也需要按拟定的布置方案估算各舱柜的容积及形心位置,以便进行纵倾调整;当进入技术设计阶段,为准确计算船舶重量重心,也需根据所提供的图纸资料更准确地算出各种舱室的容积及形心位置。

要求设计船提供的容积和甲板面积,应根据装载货物和油水等的要求以及布置机械、设备、人员及作业等方面的需要而定,并通过选择适宜的船舶主尺度来保证。

#### (二) 货物积载因数

货物的积载因数 $\mu_c$ 是每吨货物所需的货舱容积,其单位为 $m^3/t$。积载因数随货物种类及包装方式不同而异。常见货物积载因数见表2.5。船舶设计中总是根据航线的货源情况,选取有代表性的货物来确定积载因数,且在技术任务书中指明。设计船的积载因数达到任务书要求则满足了装载容量的要求。

表2.5 常见货物的积载因数 $\mu_c$

| 货物种类 | 包装形式 | 积载因数 $\mu_c/(m^3/t)$ | 货物种类 | 包装形式 | 积载因数 $\mu_c/(m^3/t)$ |
|---|---|---|---|---|---|
| 铁矿石 | 散 | 0.33~0.42 | 机器 | 箱 | 约0.139 |
| 磷矿石 | 散(块) | 1.11~1.25 | 小麦 | 散 | 1.22~1.34 |
| 水泥 | 袋 | 0.89~1.06 | 羊毛 | 包 | 1.60~1.95 |
| 水泥 | 散 | 0.67~0.78 | 黄麻 | 包 | 1.53~1.81 |
| 煤 | 散(粉) | 1.17~1.34 (1.39~1.48) | 豆类 | 袋 | 1.31~1.75 |
| | | | 食盐 | 散 | 约1.03 |
| 砂 | 散 | 0.56~0.64 | 茶叶 | 箱 | 2.50~2.79 |
| 钢材 | 型材 | 0.56~0.84 | 大米 | 袋 | 1.34~1.45 |
| 钢材 | 钢板 | 0.22~0.45 | 花生 | 袋 | 3.34~4.18 |

重质货物的积载因数小,对船舶的货舱舱容要求低,对船舶主要要素起控制作用的因素是重量(载重量)。重质货船的干舷满足载重线要求的最小干舷,其所对应型深使船舶具有的货舱舱容能够满足货物对容积的要求。重质货物船属于"载重量型"的最小干舷船,对应的积载因数在 $1.4 \text{m}^3/\text{t}$ 以下。

轻质货物的积载因数大, $\mu_c$ 在 $1.4 \text{m}^3/\text{t}$ 以上,对船舶的货舱舱容要求高,船的主要尺寸相对也大,如果此类船的型深按最小干舷确定,则其货舱舱容不容易满足货物对容积的要求。因此,轻质货船的干舷通常大于最小干舷,属于"容积型"的富裕干舷船。

### (三)包装容积和散装容积

#### 1. 包装货与散装货

船舶所运输的货物种类较多,按运输过程中的包装形式可分为两大类。一类是包装货,在运输中是用箱子、桶和袋子等包装起来的。如成箱装运水果、食品、家具、五金等;装在桶里的酒、油类;袋装最常见的是化工产品、面粉、水泥、食糖等。还有一些货物虽然运输时不用包装,但它们本身已进行了整理,如装配好的机器、汽车等,有类似包装货的性质。另一类货物如矿石、煤炭、谷物、散装水泥等,运输时不用包装,而直接装在货舱里,此类货物称为散装货。同一类货物有时既可采用包装,也可采用散装运输,如谷物、食盐、水泥等,应视具体情况而定。

#### 2. 包装货舱容积和散装货舱容积

由于装运的货物分为包装货和散装货,由此货舱容积也分为包装货舱容积和散装货舱容积。

实际船舶的容积小于按船舶型线图所量得的型容积,这是显而易见的。散装货舱容积必须从型容积中减去舱内构件本身的体积,一般占型容积的 $1.0\% \sim 1.5\%$。而包装货舱容积要从型容积中扣除舱底木铺板结构、舱内护条、甲板结构等所占去不能用于堆放成包、成捆、成箱的包装货的空间,一般占型容积的 $8\% \sim 12\%$。

### (四)冷藏货舱与液体货舱容积

冷藏舱的绝缘和冷气管路装置占去较多容积,可达型容积的 $20\% \sim 30\%$。

液货舱的容积除扣除舱内构件所占型容积的约 $1.5\%$ 外,另外还需考虑液货受热膨胀的特性,尤其是油类,一般留 $2.5\% \sim 3.0\%$ 的型容积作膨胀空隙。

### (五)型容积利用系数

货舱、油舱、水舱的有效装载容积与其型容积之比称为型容积利用系数 $k_c$。$k_c$ 的大小表示舱容利用率的高低。由前面讨论可知,包装货舱 $k_c$ 为 $0.88 \sim 0.92$;散装货舱 $k_c$ 为 $0.98$ 左右;货油舱 $k_c$ 通常可取为 $0.95 \sim 0.96$;冷藏货舱在 $0.70 \sim 0.80$ 之间;燃油舱为 $0.95$;水舱为 $0.97$ 左右。

设计时 $k_c$ 值可参考相近母型船,并作比较分析加以确定。

## 二、所需容量的确定

### (一)载重型船所需型容积 $V_n$ 的确定

货船是典型的载重量型船舶,其上甲板以下的舱室主要包括货舱、机舱、首尾尖舱、舵机舱、压载水舱、淡水舱以及燃油舱、滑油舱、污油水舱等。其中,压载水舱、淡水舱以及燃油舱等液体舱可能分布于货舱区的边舱、双层底舱、机舱内及首、尾部等处,如图 2-1 所示。图中,$L_a$ 是尾尖舱长度;$L_m$ 是机舱长度;$L_c$ 是货舱区长度;$L_f$ 是首尖舱长度。

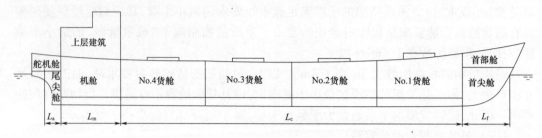

图 2-1 货船主船体舱室示意图

1. 货舱所需型容积 $V_c$

$$V_c = W_c \cdot \mu_c \cdot \frac{1}{k_c} \quad (2-31)$$

式中:$W_c$ 为载货量(t);$\mu_c$ 为货物积载因数($m^3/t$);$k_c$ 为型容积利用系数。

2. 油水舱所需型容积 $V_{ow}$

$$V_{ow} = \sum_{i=1}^{n} \frac{W_i}{\gamma_i k_i} \quad (2-32)$$

式中:$W_i$ 为油、水重量(t);$\gamma_i$ 为相应燃油、滑油、淡水的密度($t/m^3$),通常重油为 0.89~0.90,轻油为 0.84~0.86,淡水为 1.0;$k_i$ 为液体舱型容积利用系数。

3. 专用压载水舱所需型容积 $V_b$

油船、散装货船、多用途货船,空载返航时常需加载水,其理由是如下。

(1) 空载返航过程中,由于油、水和备品的消耗,船舶重心提高,致使初稳心高度 $\overline{GM}$ 降低。为保证稳性,常须加压载水。

(2) 保证必要的浮态。空载返航时,吃水太小,桨叶不能充分浸入水中,螺旋桨的推进效率和推力就会减少,且由于桨叶交替变化而引起桨叶的严重振动。空载时首吃水太小,船舶在海浪中易引起拍击和砰击,以致损坏首部的结构,而极度尾纵倾会缩小驾驶室的视野,在横向风浪中会给操舵增加困难。因此,需加压载水,以保证耐波性要求的浮态。压载水量多少,因船而异,幅度变化很大,通常在 $1/3DW \sim 1/2DW$。

由于环境保护和防污染的规定,目前大型油船已不允许油舱兼作压载水舱,因而设专用压载水舱。压载水量(或舱容)根据压载航行状态的浮态要求确定。对货物船,根据航行实践经验,一般要求压载航行时首吃水 $d_f = 2.5\% L_{pp} \sim 3\% L_{pp}$;尾吃水要求尽可能全浸螺旋桨或至少 $d_a = 0.8D_p$,其中 $D_p$ 为螺旋桨直径。

设计初期,压载水量可按下式估算。

$$W_b = k_b DW \quad (2-33)$$

式中:$k_b$ 为系数,一般取 0.2~0.5,也可取自相近母型船。

压载水舱型容积 $V_b$ 可按下式计算。

$$V_b = \frac{W_b}{\lambda k} \quad (2-34)$$

对于海船,通常用海水作压载水,其密度 $\lambda = 1.025$,而型容积利用系数 $k = 0.975$,$\lambda$ 与 $k$ 相乘接近 1。故式(2-34)可写为

$$V_b = W_b = k_b DW \qquad (2-35)$$

**4. 机舱所需型容积 $V_m$**

$$V_m = K_m L_m B(D - h_d) \qquad (2-36)$$

式中：$h_d$ 为双层底高，按建造规范或相近型船确定；$K_m$ 为系数，中机型无舷边水舱和顶边水舱 $K_m = 1.0$，尾机型 $K_m < 1.0$，可参考相近母型船确定；$l_m$ 为机舱长度，$l_m = l_{m1} + C$；其中 $l_{m1}$ 为主机长度；$C$ 为根据机舱部位、主机类型和功率、螺旋桨数目及船舶主尺度相近的母型船确定的长度。对低速柴油机船：中机型 4~5，中尾机型 4~6，尾机型 10~12。

**5. 其他舱所需型容积 $V_a$**

其他舱是指首、尾尖舱和轴隧室等。如果是中机型船，机舱后的轴隧相当长，人可进去观察主轴运转情况，检查轴承，加润滑油等。轴隧后端一般还有逃口，直通露天甲板，也占有一定的容积。

此外，还有油船的泵舱；机舱和油舱之间、油水舱之间、轻油与滑油及重油舱之间的隔离空舱等都占有一定空间。$V_a$ 一般为主体总型容积的 2%~4%。

综上所述，船主体各种舱室所需要的总型容积 $V_n$ 为

$$V_n = V_c + V_{ow} + V_b + V_m + V_a - V_h \qquad (2-37)$$

式中：$V_h$ 为上甲板以上装货的容积，如上甲板货舱口围板部分可用来装货的容积。

**（二）布置地位型船所需的甲板面积**

对于客船、渔船、推拖船、科学考察船、汽车运输船、集装箱船等布置地位型船舶，其主尺度受布置地位的约束很大。这类船有的要求有大量的内部舱室甲板面积和露天作业面积，有的要求装载单元货物，如车辆、集装箱、标准货驳，有的则需满足主机、装备及舱室布置的要求。因此，确定这类船的主尺度时，除了满足布置机舱、油水舱、压载水舱、货物、邮件及行李所需的内部容积外，还应提供一定的甲板面积装载单元货物和满足总布置的要求。

客船是典型的布置地位型船之一。为满足布置旅客、船员生活居住舱室，要有相应的主体内部的甲板面积和上层建筑内的甲板面积。所需的甲板总面积与各等级的旅客人数、客舱标准有关。为了估算设计船所需的甲板总面积，先需对相近母型船的各类舱室面积标准进行统计分析。通常应作下述的统计计算工作。

（1）不同等级旅客的舱室标准（房间数、每室人数、每人占用面积数）。
（2）旅客居住舱室的面积及公共处所的面积，以及它们的比值。
（3）用于旅客娱乐、活动场所（文娱休息室、咖啡室、舞厅、阅览室等）的总面积，及其与旅客人数的比值。
（4）每位旅客占有的散步甲板面积。
（5）每层甲板的主要通道的面积及能容纳的旅客人数。
（6）用于布置旅客的甲板面积与总的甲板面积（$L_{pp} \cdot B$）的比值。
（7）各等级船员住室的人数及面积。
（8）船员公共处所的面积及其与船员数的比值。
（9）用于布置旅客及船员的总面积与（$L_{pp} \cdot B$）的比值。
（10）餐厅的人数及每人占有的面积。
（11）其他有关布置地位的标准。

根据统计出的数值,再结合设计船的具体要求,即可确定设计船所需的甲板面积。

集装箱船运送的货物单元是集装箱,其甲板面积必须满足装载规定数量的集装箱的要求。因此,集装箱总数及其布置方式对船舶甲板面积及尺度选择具有决定性的影响。拖网渔船的设计通常应根据起网、理鱼、落舱作业的要求,结合鱼舱容积、绞网机的地位及生活舱室所需的上层建筑地位等,综合分析确定所需的最小船长与船宽。推拖轮的长和宽的选择对船舶的操纵、推进、稳性、摇摆等性能均有影响,但首先是按布置要求选取船长和船宽。

对布置地位型船的设计,先应从甲板面积入手,可在参考型船大体确定一组尺度后,构画总布置草图,核算是否满足甲板面积要求,再确定合适的主尺度,确定有关系数及排水量,继而进行重量与浮力的平衡,最后核算各项性能等。

### 三、提供容积估算及容积校验

本节只对载重量型船舶的提供容积估算及校验进行讨论。布置地位型船舶的提供容积校验,结合后面的主尺度排水量确定相关章节及例题予以详细讨论。

**(一) 可提供容积估算**

容积估算是指在船舶设计初始阶段,选择某种方法估算该设计方案的容量。估算容积的主要目的是验证所拟定的主尺度方案能否满足所需容积的要求,以便从容积的角度选择船舶主尺度的合理方案。

估算提供容积的方法有多种,如用统计资料和统计经验公式的估算方法、结合布置草图进行估算的方法等,应根据具体的情况和资料的占有程度选用。估算提供容积,可分全船容积估算和局部区域容积估算。

1. 按主尺度估算提供容积

1) 主体总型容积估算 $V_{tk}$

$$V_{tk} = C_{bD} L_{pp} B D_1 \qquad (2-38)$$

式中:$D_1$ 为只计入首尾舷弧影响的相当型深,$D_1 = D + S_m$(其中 $S_m$ 为平均舷弧高度);$C_{bD}$ 为计算到型深的方形系数。

2) 局部区域提供的容积估算

局部区域主要指货舱区域,货舱区域的容积占主体内总容量的比例很大,它是影响船舶主要要素的一个主要方面。从船舶设计的实际情况来看,首尾尖舱、机(炉)舱、深油舱、油船货油泵舱等的地位都可通过布置加以确定,通过调整各舱的长度来控制容量,因此,容积校验只校验货舱区容量。

(1) 干货船货舱提供容积估算。

$$V_{cl} = k l_c B(D - h_d) = k[L_{pp} - (l_a + l_f + l_m)]B(D - h_d) \qquad (2-39)$$

式中:$V_{cl}$ 为货舱区提供的货舱容积;$l_c$ 为货舱长度;$l_a$、$l_f$ 分别为首、尾尖舱长度;$l_m$ 为机舱长度;$h_d$ 为双层底高度;$k$ 为系数,可参考相近的母型船选取。

(2) 油船货油区提供容积估算。

① 货油区总容积:货油区范围型线所包围的容积。

$$V_{co} = k_t k_c L_{pp} B D C_{MD} \qquad (2-40)$$

式中

当 $30000t \leq DW < 200000t$ 时,$k_t = 0.5268 + 0.8586C_b - 0.1387K_c - 0.2216C_b \cdot K_c$

当 $200000t \leqslant DW < 300000t$ 时，$k_t = 0.6596 + 0.6747C_b - 0.3022K_c$

$$C_{MD} = 1 - (1 - C_m)d/D \qquad (2-41)$$

式中：$V_{co}$ 为货油区提供的总容积；$k_t$ 为总容积系数；$k_c$ 为长度利用系数；$C_{MD}$ 为型深高度下中剖面面积系数；$C_m$ 为中剖面面积系数。

② 货油舱容积：货油区范围，由内壳板、内底板、主甲板围成的空间容积。

$$V_o = k_t L_c (B - 2b)(D - h_d) \qquad (2-42)$$

$$K_t = (0.4C_b + 0.561)(9.5b \times 10^{-3} + 0.981), 30000t \leqslant DW < 200000t \qquad (2-43)$$

$$K_t = (0.25C_b + 0.7015)(0.0177b + 0.9469), 200000t \leqslant DW \leqslant 300000t \qquad (2-44)$$

式中：$V_o$ 为货油舱提供的型容积($m^3$)；$K_t$ 为货油舱容积系数；$L_c$ 为货油区长度(m)；$b$ 为双层壳宽度(m)；$h_d$ 为双层底高度(m)。

2. 按初步绘制的型线图和总布置图计算舱容。

按初步绘制的型线图和总布置图计算舱容的步骤如下。

(1) 由型线图求出各理论站上甲板、平台甲板、双层底下的横剖面面积 $A_i$、面积对基线的静矩 $m_{zi}$ 及面积对船中的静矩 $m_{xi}$，并绘出 $A_i$、$m_{zi}$ 及 $m_{xi}$ 曲线。

(2) 根据总布置图上机舱位置、货舱位置及双层底、油水舱等诸舱的划分，画在 $A_i$、$m_{zi}$ 及 $m_{xi}$ 曲线的相应位置上。

(3) 根据各舱位置及 $A_i$、$m_{zi}$、$m_{xi}$ 曲线上的数值，分别进行积分，即可求出各舱的型容积 $V$、体积矩 $M_z$ 及 $M_x$，并可计算出各舱型容积的形心位置：

$$Z_v = \frac{M_z}{V} \qquad (2-45)$$

$$X_v = \frac{M_x}{V} \qquad (2-46)$$

式中：$Z_v$ 为各舱形心距离基线高；$X_v$ 为各舱形心距船中的距离，中前为正，中后为负。

**(二) 舱容校验**

对载重量型船舶，设计船所能提供的主体型容积应等于或略大于所需的主体型容积，即

$$V_{tk} \geqslant V_n \qquad (2-47)$$

式(2-47)称为容量方程式。在船舶设计初期，按此方程式，可验证所确定的主尺度和船形系数是否能满足所需容量的要求，反之也可根据容量的要求来确定设计船的有关要素。

实际上，对船舶容积的校验还有另一种方式，即只校验船舶货舱区的容积是否满足要求。当货舱区能够提供的容积大于或等于所需要的容积时，则满足设计要求。货舱区包括货舱、压载水舱、燃油舱和淡水舱等。

经容量校验后，若容量不足或过大，则应采取措施改善容量。设计者应该了解采取哪些措施对船舶性能影响较小且能有效改善容量。

要提高船舶货舱区的容量，通常有两个途径：①减少 $l_a$、$l_f$、$l_m$、$h_d$；②增大 $L_{PP}$、$B$、$D$ 和 $C_b$。船舶首尾尖舱瘦窄，且受规范要求的制约，$l_a$、$l_f$ 的减小不会对增加货舱容积有多大效果。双层底高度是根据使用要求及工艺条件确定的，实际上难以有大幅度的变动。机舱长度 $l_m$ 随选定的主机，由机舱布置确定，设计中力求缩短机舱长度。方形系数的增加影

响较小。增加船长 $L_{pp}$ 将增加船体钢料重量,造价会相应提高。增加船宽 $B$,可提高舱容积载因数,但 $B$ 的选择受制于船舶稳性和摇摆的要求,一般散货船的 $L/D=10\sim14$,$B/D=1.6\sim2.0$。从此数量关系,可见增加型深 $D$ 是提高船舶容量的最有效措施。且对大船来说,加大 $D$ 对总纵强度有利,从而对船体钢料重量影响很小。当然,增加 $D$ 后,船的重心将升高,受风面积加大,对稳性有影响,但这些问题可采取其他措施来弥补。

由上述讨论可知,增加 $D$ 或 $D/d$ 是提高船舶积载因数或舱容的最常用的有效措施。当然,如果在设计中发现浮力偏小,稳性不足,快速性也不尽理想等情况,则在解决容量问题的同时,还应权衡各方面的因素,全面合理地调整主尺度,而不是局限于仅仅改变型深。

## 习 题

1. 船舶在静水中漂浮平衡的充要条件是什么?
2. 民船空船重量由哪几部分组成?
3. 载重量由哪些重量组成?
4. 民船典型的载况与排水量有几种?为什么要规定典型载况?
5. 何谓载重量系数,如何用载重量系数估算空船重量?
6. 船体钢料重量与哪些因素有关?排水量相同的甲乙两艘船,$B$、$d$ 基本相同,甲船的 $L$ 大 $C_b$ 小,乙船 $L$ 小 $C_b$ 大,问哪艘船的 $W_h$ 大,为什么?
7. 试分析 $W_h$ 不同估算公式的适用性。当新船与母型船在排水量、甲板层数、上层建筑等方面不同时,如何加以修正?
8. $W_h = C_h LBD$ 的估算方法有什么不足?如何改进?
9. 用分项换算法估算船体钢材重量 $W_h$ 的条件是什么?请写出上甲板、舷侧板、横舱壁等重量的估算式,并说明模数的合理性。
10. 舾装重量由哪些重量组成?有哪些估算方法?
11. 机电设备重量由哪些重量组成?有哪些估算方法?
12. 船舶方案设计阶段在重量计算中为什么要加排水量储备?在什么情况下船舶需加固定压载?一般货船上加固定压载是否合理?
13. 载重量包括哪些部分?它们分别是怎样估算的?
14. 为什么通常用载重量系数 $\eta_{DW}$ 来比较相近的载重型船的载货能力?
15. 船舶方案设计阶段,如果船舶重心估算误差较大,会对船舶的浮态、稳性造成哪些影响?
16. 设计初期如何估算船舶的重心?
17. 船舶方案设计阶段估算排水量时,排水量储备是必需的吗?
18. 何谓船舶容量、积载因数、包装货舱容积、散装货舱容积及液体货舱容积?
19. 何谓型容积利用系数,该值大小意味着什么?
20. 载重型船与布置地位型船所需的容量有什么区别?
21. 设计船载货所需的舱容如何估算?
22. 船舶的燃油、淡水舱所需舱容如何估算?
23. 船上为什么设立压载水舱?压载水量根据哪些条件确定?

24. 设计船主体内各舱所需的总型容积包含哪些项目？

25. 方案设计阶段根据母型船估算设计船空船重量时，选择合适的母型船的原则是什么？

26. 初步确定主要要素后，如何估算主船体所能提供的总型容积？

27. 为了较精确地估算设计船的舱容，如何选择合适的母型船？

# 第三章 主尺度及排水量确定

## 第一节 主尺度方案构思

　　船舶的排水量、主尺度(船长、型宽、型深、吃水等)、船型系数(方形系数、棱形系数、水线面系数、中剖面系数等)、浮心位置、航速及主机功率、载重(货)量等统称为船舶主要要素。这些要素对船舶的主要技术性能诸如快速性、稳性、适航性、容量、总布置以及船舶的经济性等都有重要影响,对船舶设计质量的好坏有决定性作用。因此,恰当地确定船舶主要要素,是船舶设计中的一项最基本、最重要的工作。

　　主尺度方案构思的特点是综合性强,涉及面广,头绪繁杂。设计一条新船,既要保证船舶具有良好的技术性能,又要满足可能存在的对设计船特定的限制条件,还要得到最佳的经济和社会效益,考虑的因素是很多的;这些因素又都错综复杂地交织在一起,相互影响,一项性能或指标的改善往往会带来其他性能或指标的恶化。主尺度设计的任务就是在这种错综复杂的关系中寻找解决问题的办法,确定设计方案。主要包括以下几方面的内容:

　　(1) 根据设计要求,明确设计任务。根据任务书要求,设计者必须明确该船设计要达到的首要要求是什么,哪些性能和要求是要争取最优的,哪些要求是要确保达到的,哪些要求只要适当照顾即可,哪些是可以放弃的。只有明确了这些基本设计思想,才能对设计中所遇到的各种问题有清楚的处理原则,得到成功的有特色的设计方案。

　　(2) 了解规范、法规对设计船的各项要求。

　　(3) 分析现有同类型船的资料。通过对现有典型同类船型的分析,了解船型特点和船舶技术发展现状,进一步明确设计船技术指标的先进性和设计难点。

　　(4) 限制条件及需要特殊考虑的问题。限制条件主要包括船坞、船台、航道、码头等限制条件,这些因素在设计中必须予以满足。此外,设计中需要考虑的重要方面还包括船舶主要技术装备的选择等。例如主机选型问题,包括主机类型、功率、转速、外形尺寸和重量、耗油量、振动与噪声、价格等。这些因素对船舶航速、机舱布置、船体线型、螺旋桨直径和推进效率、船舶经济性和舒适性都有重要影响。

　　(5) 船型特征和总布置设想。对设计船的造型、总布置特征、线型、分舱、结构形式等进行构思。

　　(6) 初步选择主尺度及相关要素。分析设计船各主要参数的可能选择范围,采用适当的技术手段和估算方法,初步确定设计船的总体设计方案,以此作为设计初始点展开总体方案构思与设计。

　　(7) 主要性能分析与估算。对设计方案的主要技术和经济性能进行分析与估算,据此判断方案的可行性。

应该指出的是,以上内容在船型总体方案构思和设计中,不是各自独立的,而是相互关联的,必须统一综合考虑。

## 第二节 确定船舶主要要素考虑的主要因素

船舶主要要素受到一系列因素的制约,航道、码头泊位和建造修理条件对主尺度有限制;船舶的各项技术性能对主要要素有各种要求;船东的要求和设计者所采取的技术措施也影响主要要素的选择;货源、运费、造价和油价等经济因素也对设计船主要要素有影响。选择设计船主要要素时,必须首先对影响主要要素的各种因素进行综合分析研究。

### 一、选择船长考虑的主要因素

#### (一)船长对阻力的影响

在保持排水量不变时,改变船长必然引起 $L/B$ 及 $L/\nabla^{1/3}$ 的变化,当排水量一定时,选用较大的船长 $L$,则 $B$、$d$、$C_b$ 必然要做适当的减小及 $L/B$、$L/\nabla^{1/3}$ 随之增加。随着 $L/B$ 或 $L/\nabla^{1/3}$ 的增加,船体变得瘦长,船体型线的纵向曲率变小,船体兴波区域的型线变得平直,兴波作用趋于和缓,波高变低,兴波作用所消耗的能量减少,所以兴波阻力随着变小。同时由于船长增加以后,尾部型线变平顺减少了旋涡的产生,从而降低了旋涡阻力。剩余阻力等于兴波阻力与旋涡阻力之和,所以剩余阻力随船长的增加而减少。

与此相反,摩擦阻力却随船长的增加而增大。这是因为,摩擦阻力与船的湿表面面积 $\Omega$ 成正比,在排水量不变时,随船长 $L$ 的增加,$\Omega$ 随 $\sqrt{L}$ 增加,虽然船长增加时雷诺数也增加而使得摩擦阻力系数稍有下降,但下降很小,抵消不了增加。所以当船长增加时,摩擦阻力随之加大。

由于不同航速时,摩擦阻力和剩余阻力占总阻力的比例是不同的,所以船长对阻力的影响随船速不同而不同。傅汝德数 $Fr$ 是衡量船舶快速性的常用指标之一。

$$Fr = \frac{v}{\sqrt{gL}} \quad (3-1)$$

式中:$v$ 为船舶航速(m/s);$g$ 为重力加速度(m/s²);$L$ 为船长(m)。

对低速船(通常 $Fr<0.18$)来说摩擦阻力占总阻力比例很大,所以总阻力随船长增大而增加,较短的船长可以获得较低的摩擦阻力,其最低阻力船长较短。高速船($Fr>0.3$)因剩余阻力占总阻力的比例很大,所以总阻力随船长的增加而减少,较长的船长可获得较低的剩余阻力,其最低阻力船长较长。基于上述原因,通常低速船都设计为船长较短而方形系数较大,而高速船设计得较为瘦长。

对中速船($0.18 \leq Fr \leq 0.3$),在排水量不变的情况下,随着船长的变化,对应一定航速可以得到总阻力最低的船长 $L_{opt}$,同时也可找到使总阻力开始显著增加的最短船长(称临界船长)。

由于增大船长,船体钢料重量将显著增加,从而引起船的造价及与造价相关的营运开支增加,对经济性不利。因此,民用运输船从营运经济角度出发,常选用阻力稍有增加的较短船长,称其为经济船长 $L_e$。不言而喻,船长不能缩小到总阻力开始显著增加的临界船长,否则为保证航速将使主机功率增加,耗油量及燃料开支增加,对经济性也是不利的。

经济船长通常受到各方面因素的影响,它包括不同国家在不同时期的船舶造价、燃料价格、运费、船体型线研究、船舶动力装置的发展等。例如,在1973年石油危机前,运输船设计时,$L_e$比$L_{opt}$小得较多,以使造价大幅度下降,虽然营运中耗油量及燃料费用增加,但总的经济性还是有利的。石油危机以后,船价的影响没有油价上涨的影响大,因此减少阻力,降低燃油消耗量就成了主要矛盾,$L_e$又有加大趋势。

### (二) 使用条件及建造条件对船长的限制

确定设计船的长度,首先必须调查该船预定航线上码头、船闸及航道具体条件,因为船长往往要受到这些具体条件的限制。对于进入运河或内河的船舶,要考虑航道最小曲率半径对船长的限制,如进入长江口和黄浦江航道的船舶,其总长不能超过200m。航道上如设船闸,船进入船闸后,船闸两端应有富裕长度,对船舶最大长度有限制,如巴拿马运河船闸长295m,限制通航船舶最大长度为不能超过274.32m(客船、集装箱船船长允许289.56m)。

确定船长时应考虑与航线各港的码头的泊位长度相适应。为方便系缆及节省靠泊费,一般不希望船长大于泊位长度。为此,有的船东在设计任务书中往往对船长提出限制。

其次,从建造角度来说,应考虑船坞及船台对船长的限制。船进坞后首尾应留操作间隙;当船体建造采用整体式纵向下水时,选定的船长应保证尾部的装配及焊接工作。

### (三) 应考虑总布置对船长的要求

船长应满足舱容和甲板面积的要求,满足布置要求的船长可以作为设计船船长的下限值。对客船和推拖船等布置地位型船舶在选取船长时,往往参照相近型船绘出布置草图,以确定设计船满足布置要求的最小船长的数值。

### (四) 船长对操纵性、耐波性、抗沉性的影响

船长增加对船的回转性不利,因此对回转性要求高的船舶,应尽量使其船长短些。从航向稳定性来说,则与回转性相反,适当增加船长则容易保持航向。

船长主要影响船的纵摇和升沉,增大船长可以使纵摇减轻。当船长大于海上常见波长的1.3倍时纵摇幅值及加速度将不会很大;且增加船长后,$L/\nabla^{1/3}$增加,在海上也较易保持航速。因此,增加船长对耐波性有利。

增加船长对改善抗沉性有利,包括可浸长度增加和海损时稳性损失相对下降。

### (五) 船长对重量及造价的影响

一般地,增加船长将使船体钢料及舾装设备的重量增加,船的造价就要增加。船长对重量影响最大,其次是船宽,再次是型深,对吃水及方形系数的影响较小。因此,从造价方面考虑,应尽可能减小船长,这可获得造价上较大收益。但也应注意船长过短,可能使经济性不利。当船价的影响没有油价上涨影响大,船长过短使阻力和主机功率增大,引起燃料费用大幅度增加,可能使经济性不利。

### (六) 船长应满足浮力要求

任何船舶均应满足浮力与重力平衡的条件,选择船长时,应满足浮性方程式。

从以上论述可知,选择船长时要考虑多方面因素,要解决的矛盾很多,但对具体船舶

来说,必有起主导作用的主要矛盾,这个主要矛盾对船长起着决定性作用。在选择设计船的船长时,针对具体情况及使用特点,找出影响船长的主要矛盾。例如港作推拖轮的主要任务是在港区内及锚地拖带顶推其他船舶,要求操纵灵活,回转性能好,故设计时通常取满足布置要求的最小船长。客船的载客舱室、生活舱室多,总布置是影响船长主要因素,船长通常是按各类等级旅客舱室及公共性舱室的布置确定的。集装箱船在满足总载箱量布置要求的前提下,力求选取的船长对快速性有利。对大型油船,保证货油舱舱容及专用压载水舱舱容所需船长,力求取经济船长,对提高经济性有利。

## 二、选择船宽考虑的主要因素

### (一) 船宽对稳性及耐波性的影响

1. 船宽对稳性的影响

1) 船宽对初稳性的影响

初稳性高度 $\overline{GM}$ 受稳心半径 $\overline{BM}$ 影响很大,由于 $\overline{BM}$ 正比于 $B^2$,所以,增加船宽 $B$,$\overline{BM}$ 将迅速增加,因此,船宽 $B$ 增加 $\overline{GM}$ 也将迅速增加。可见,增加船宽 $B$ 对改善初稳性有显著效果。

2) 船宽对大角稳性的影响

增加船宽除可增加初稳性高度外,还对增加大倾角时的恢复力臂起很大作用。船宽增加时出水及入水楔形体积静矩也增大,因而使船的形状稳性臂增大。此时如重心及浮心高度基本保持不变,因而重量稳性臂也保持不变,则恢复力臂将显著增加。但船宽增加,甲板边缘的入水角减小,因而使恢复力臂的最大值所对应的横倾角减小,如图 3-1 和图 3-2 所示。另外,如果由于船宽增加而引起进水角减小,则会使稳性曲线提前中断,稳性范围减小。因此,船宽对大角稳性的影响是:在横倾角较小阶段,增加船宽对大角稳性是有利的,但在横倾角较大时是否仍然有利,则需经过具体计算才能确定。

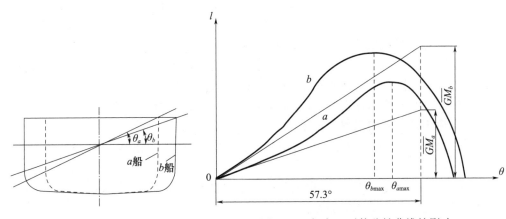

图 3-1 不同船宽的 $a$ 船和 $b$ 船　　　图 3-2 船宽 $B$ 对静稳性曲线的影响

2. 船宽对耐波性的影响

船宽对耐波性的影响主要反映在对横摇的影响。船的横摇周期与初稳性高度的平方根成反比,增加船宽,横摇周期减小,引起横摇剧烈。增大船宽对横摇不利,为此,对船宽应加以控制。

## (二) 船宽对阻力的影响

船宽对阻力的影响没有船长那么大,通常在实用范围内改变船宽对阻力不会造成重大影响。

就摩擦阻力来说,在 $L$、$C_b$、$\Delta$ 不变的情况下,改变船宽 $B$ 也就是改变宽度吃水比 $B/d$。试验研究表明,$B/d$ 在实用范围内改变,船的湿表面面积变化较小,对摩擦阻力不会产生太大的影响。图 3-3 所示为最小浸水面积与 $B/d$ 关系图,可见 $B/d$ 可在一个相当大的范围内变动,而湿表面面积变化并不大。

对剩余阻力来说,在 $L$、$C_b$、$\Delta$ 不变的情况下,增加 $B/d$,会使设计水线变肥,进流角及去流角均增大,一般情况下会加大兴波阻力和旋涡阻力。所以,对剩余阻力来说,$B/d$ 小一些较为有利。

对 $Fr>0.30$ 的高速船,在 $\Delta$、$L$ 基本不变的情况下,减小 $C_b$ 以增加 $B$,对阻力是有利的。特别是对中高速船舶,当 $C_b$ 与 $Fr$ 配合偏大的情况下,宜增大 $B$、减小 $C_b$,以改善快速性。

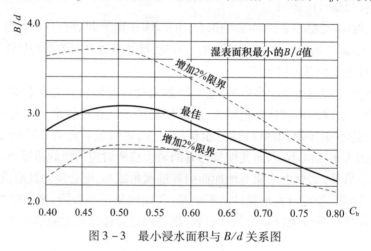

图 3-3 最小浸水面积与 $B/d$ 关系图

## (三) 使用条件和建造条件对船宽的限制

船宽的大小受到航道、闸门、桥孔、船坞、船台等宽度的限制,通航巴拿马运河的船舶,船宽≯32.3m,通航圣劳伦斯河道的船舶,限宽为 22.86m。

设计大型船时,要考虑造船厂船台和船坞的具体尺度对船宽的限制。

## (四) 应考虑总布置对船宽的要求

增加船宽,可增大舱室宽度,加大甲板面积,增加货舱口的宽度,对船舶的布置及使用一般是有利的。

对于客船及推拖船、滚装船、集装箱船等布置型船的船宽,往往都是通过总布置确定下来的,将满足总布置要求的船宽作为船宽的下限。

## (五) 满足浮力的要求

船宽应满足浮性方程式,船宽对于调整重力与浮力平衡也有作用。由于船宽 $B$ 对船体钢料重量和舾装重量的影响低于船长(尤其对大型船舶),故对保证浮力和增加船的载重量,以减小船长,增大船宽有利。

## (六) 船宽对造价的影响

船宽 $B$ 对船体结构重量影响小于船长的影响,减小船长以增加船宽,对降低造价有利。

从以上分析可以看出,影响确定船宽的因素也很多,而不同因素之间又有矛盾,例如稳性和横摇。因此,确定 $B$ 和确定 $L$ 一样,这些矛盾不能处于同等地位,对于一定的船舶来说,必然能找到一个影响确定船宽的主要矛盾。

确定 $B$ 的首要任务,就是找出影响设计船宽 $B$ 的主要矛盾。随着设计船具体情况不同,其主要矛盾是不同的。

拖船在工作过程中,往往受到被拖船舶的急牵,其稳性要求较高,所以船宽通常按稳性要求选用较大船宽。

有些船舶,布置要求往往在确定 $B$ 时起决定性的作用。集装箱船的 $B$ 是按货箱的列数、每列的货箱之间的间隙以及甲板的最小宽度决定的。海洋客船、客货船及工作船,由于载运旅客的要求以及在恶劣海况下仍须保持良好工作条件的要求,应当有良好的耐波性,要求横摇尽量和缓。因此,对这一类船舶就应在保证稳性下限值的前提下,尽可能减少 $B$,以增大横摇周期,使横摇尽量和缓。

### 三、选择吃水考虑的主要因素

**(一) 吃水对快速性的影响**

从提高螺旋桨性能来说,选择尽量大些的吃水是有好处的。这是因为增加设计吃水可加大螺旋桨直径,提高其效率;吃水增加可加大螺旋桨的埋水深度,降低空泡,有利螺旋桨工作。在 $\Delta$ 一定时,保持 $L$、$B$ 不变,增加吃水 $d$ 以减小 $C_b$ 及 $B/d$,将使剩余阻力有所降低。因此吃水不受限制的船舶,选用大一些的吃水对螺旋桨工作性能有利。同时,加大吃水,可加大螺旋桨的埋水深度,还能在纵摇时减小螺旋桨出水的可能性,对耐波性也有好处。

一般海洋船舶,螺旋桨轴的埋水深度至少等于螺旋桨直径。一些小型船舶,如拖船和渔船,由于功率相对较大,螺旋桨直径也相对较大,为增大桨轴埋水深度,设计成尾倾斜龙骨,以加大尾吃水。

**(二) 吃水对其他性能的影响**

(1) 吃水对初稳性影响:在 $\Delta$ 一定时,增加吃水 $d$,浮心竖向坐标将提高。但由于 $B/d$ 减小,稳心半径 $r$ 减小较大,总的说来初稳性高度将减小。

(2) 吃水对大角稳性及抗沉性影响:在型深 $D$ 不变情况下,增加吃水降低了干舷,使储备浮力减小,大角度横倾时,甲板边缘提前入水,对抗沉性及大角稳性都是不利的。

吃水深的船航行时不易产生砰击和漂移,吃水浅的船在海上航行时耐波性较差。

**(三) 满足浮力要求**

吃水是构成浮力的因素之一,选择吃水应满足浮性方程式。从满足浮力角度来说,增加吃水 $d$ 时可降低 $C_b$ 或 $L$ 及 $B$,有利于减少船体重量和造价,也有利于快速性。

**(四) 航道及港口水深对吃水的限制**

大型船舶和内河船舶吃水常受航道及港口水深的限制。确定船舶受限制的吃水时,应考虑船底与水底间留有一定间隙,以防搁浅及水底砂石触及船体。水底为泥沙质者间隙可小些,石质者间隙须大些;该处风浪小间隙可小,风浪大则间隙须大些;船小间隙可小,船大间隙须大些;船舶载况稳定,吃水及纵倾变化小的船间隙可小些,载况经常变化,吃水及纵倾变化大的船间隙也应大些。航道水深与船舶吃水之间关系为

$$d = H - \delta H \quad (3-2)$$

式中：$H$ 为航道水深；$\delta H$ 为富裕水深。

综上所述，确定吃水主要从限制条件、浮力及螺旋桨的适宜直径几个方面考虑。

### 四、选择型深考虑的主要因素

#### (一) 型深对稳性的影响

在 $L$、$B$、$d$ 均不变的情况下，加大型深 $D$，使船的干舷 $F$ 增加了，当船舶大角度横倾时，形状稳性臂将增加。此时若船的重心高度 $Z_g$ 不变，如图 3-4 所示，最大静稳性臂及其对应角度和稳性消失角均相应地增大，对稳性有利。但在一般情况下，船的型深加大时，其重心也要相应提高，因而静稳性曲线不可能增至图 3-4 中曲线 $b$ 那样大。当型深增加，船的重心高度相应提高为 $\delta_{z_g}$，则改变后的恢复力臂为

$$l_b = l_{b1} - \delta_{z_g} \sin\theta_1 \quad (3-3)$$

式中，$l_b$ 是否仍比原恢复力臂 $l_{a1}$ 大，则视 $\delta_{z_g}$ 大小而定。但多数情况下，在实用范围内增加型深，对大角稳性一般是有利的，对初稳性是不利的。

小型沿海船在波浪上的稳性损失对安全性极为不利，而干舷对保证最大复原力臂、甲板边缘入水角及稳性消失角有显著的作用。因此，对海洋小型船舶常按保证大角稳性要求来确定 $D$。

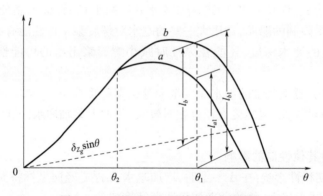

图 3-4　型深及重心对静稳性曲线影响

#### (二) 型深对其他性能的影响

(1) 对淹湿性的影响：吃水 $d$ 一定时，增加型深 $D$，即加大干舷 $F$，对减少甲板上浪，保持甲板干燥等起重要作用。为了使船舶有较好的淹湿性以保证船舶的安全，《海船法定检验技术规则》(1992) 第六篇载重线对船舶的最小干舷作了规定。受该规则约束的船舶其干舷不得小于规范规定的数值。这一点，在确定设计船的型深时，特别是设计最小干舷船的型深时必须给予考虑。

(2) 对抗沉性的影响：吃水 $d$ 一定时，型深 $D$ 大，则干舷 $F$ 大，船舶储备浮力大。当船舱破损淹水时，型深 $D$ 大的船下沉后，还可保留一定量的干舷（剩余干舷），而且具有足够的生存力和安全性。对有抗沉性要求的船舶，在按该规则计算出要求的许可舱长不能满足总布置的需要时，需将许可舱长加长，就需加大型深。型深是提高抗沉性极为重要的因素。

### （三）型深对总强度及造价的影响

提高型深,可使船体结构的剖面模数迅速加大,有利于船体的纵向强度。对大型船舶,其结构构件尺度是按强度计算确定的,增加型深 $D$,船体钢料重量一般不会增加,甚至会有下降。按工艺及构造要求（强度不起控制作用）的小型船舶,随型深 $D$ 的加大,船体重量将增加,造价也有所提高。从保证船体结构强度角度出发,船舶建造规范对船舶的 $L/D$ 和 $B/D$ 的最大值做出规定,若超出规定,即 $L/D$ 及 $B/D$ 过大,船过于长扁,抗纵向弯曲强度及扭转强度差,则不符合设计要求。

### （四）型深对容量、布置及使用性能的影响

型深 $D$ 的大小,直接影响船舱容积,增加型深是提高舱容的最有效措施。型深的大小直接影响舱室高度,对小型船舶选择型深时,要注意机舱及生活舱室高度对型深的要求。

当 $d$ 一定时,$D$ 的大小反映了干舷 $F$ 的大小,因此在选择 $D$ 时必须考虑和艇船干舷的配合,内河短程客船、港内渡船应特别注意,否则会影响使用效果。某些工作船的型深大小还影响作业的效果。

明确了选择型深应考虑的主要因素之后,在确定型深时,应按船舶类型和用途不同,从不同的角度去处理。

对于载重型船舶、积载因数 $\mu_c$ 小的重货船,按满足载重线规范最小干舷来确定其型深,此时一般也能满足舱容及其他要求;而对积载因数大的轻货船（$\mu_c > 1.4\text{m}^3/\text{t}$）,$D$ 按舱容要求来决定。

对于布置地位型船舶,其型深主要取决于上甲板以下各层甲板间高度及舱室高度的要求。例如内河中小型客船,为了能在干舷甲板下布置舱室,或为了机舱布置,需有一定的舱深,型深常根据住舱和机舱所需的高度决定。

### 五、选择方形系数考虑的主要因素

方形系数是一个反映船体水下部分肥瘦程度的系数,是排水量和各主尺度间的纽带,在选择主尺度时,也同时选择方形系数。

#### （一）浮性方程式

据浮性方程式,方形系数应满足 $C_b = \dfrac{\Delta}{k\gamma L_{bp}Bd}$。方形系数 $C_b$ 是调节重力与浮力平衡的一个常用的因素。

#### （二）对布置的影响

从保证布置地位的观点来看,大的 $C_b$ 有利于货船的舱容的合理利用;对船体内部的舱室布置、机舱布置也是有利的。$C_b$ 过小会给布置带来困难,特别是尾机型船舶,因 $C_b$ 过小尾部太尖瘦,不利机舱的布置,对双桨船还可能导致轴出口过于靠前。

#### （三）对船体重量及载重量的影响

当 $\Delta$ 一定时,增大 $C_b$,船的主尺度即可减小,船体重量也可减轻,钢料消耗减小,造价降低,同时由于空船重量减轻,载重量可相应提高。

#### （四）方形系数对阻力的影响

对一般船舶来说,选择方形系数主要考虑它对阻力的影响。一般来说,$C_b$ 对摩擦阻

力影响较小,对剩余阻力的影响较大。图 3-5 是由船模试验所得的中低速船的单位排水量总阻力 $R_t/\Delta$ 与方形系数 $C_b$ 的关系曲线,由该图可见:

(1) 当 $Fr$ 一定时,在 $Fr$ 等值曲线上可找到一个 $R_t/\Delta$ 最小即阻力最低的方形系数,称为最佳方形系数 $C_{bopt}$。各 $Fr$ 下的最佳方形系数所连成的曲线(如图上曲线①)表明 $Fr$ 与 $C_{bopt}$ 的对应关系。另外,在 $Fr$ 等值曲线上还可找到一个阻力显著增加的方形系数,称为临界方形系数 $C_{bk}$。图 3-5 曲线②表明 $Fr$ 与 $C_{bk}$ 的对应关系。

(2) 随着 $Fr$ 增加,方形系数对 $R_t/\Delta$ 的影响加剧,且 $C_{bopt}$ 和 $C_{bk}$ 值减小。这表明随着航速提高方形系数应相应减小。

所以,从快速性角度出发,对中低速船选取的方形系数值不应超过对应的临界方形系数。赛维尔雷夫分析大量资料后得出估算临界方形系数值的关系式为

$$C_{bk} = 1.216 - 2.4Fr \tag{3-4}$$

显而易见,当 $\Delta$ 一定时,选用接近于临界的 $C_b$,主尺度可适当减小,对降低造价有利,但阻力会有所增加。特别是当 $C_b$ 超过临界值时,因阻力剧增,以致为达到规定的航速不得不增大主机功率,燃油消耗及燃料开支都要增加,对经济性反而不利。若选用最佳方形系数,虽因船体尖瘦,剩余阻力可望减小,但为保持一定的 $\Delta$,主尺度将增大,这将使湿表面面积增大而导致摩擦阻力 $R_f$ 增加,而且船体钢料重量增加,以致造价增大。这就需根据具体情况进行综合分析,得出经济上有利的 $C_b$ 值,该方形系数称经济方形系数 $C_{be}$。

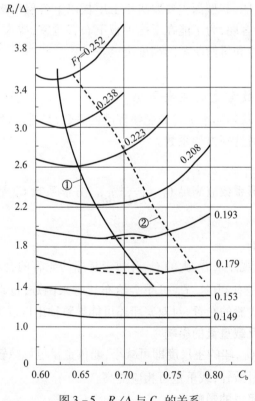

图 3-5　$R_t/\Delta$ 与 $C_b$ 的关系

对于中速以上,尤其是高速舰船,因 $L/B$ 或 $L/\nabla^{1/3}$ 对阻力影响十分显著,一般 $C_b$ 小些对快速性总是有利的,故通常选用最佳 $C_b$。傅汝德数 $Fr$ 与方形系数 $C_b$ 的关系如图 3-6 所示。

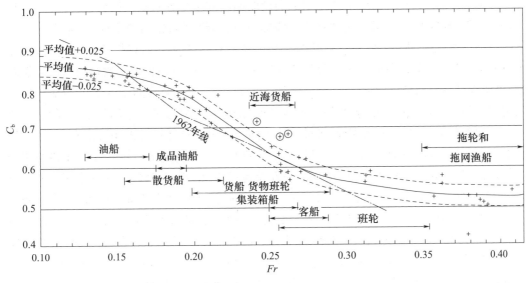

图 3-6 傅汝德数 $Fr$ 与方形系数 $C_b$ 的关系

上面分析了选择 $C_b$ 时应考虑的主要因素。一般来说,$C_b$ 主要根据浮力、快速性两个基本条件,再结合总布置地位(舱容和舱内地位的合理利用)和经济性等因素来选择。设计时应根据设计船的具体情况,采用不同的处理方法。

对于载重型船舶,从经济角度考虑,为减小 $L$ 及 $B$,常选用不引起阻力显著增加的经济方形系数。大的 $C_b$ 也有利于装货和机舱的布置。但应注意 $C_b$ 过大对耐波性的不利影响。尤其是中小型船舶,$L$ 相对较小,在波浪中运动幅度较大,$C_b$ 不宜取得过大,一般 $C_b$ 不大于 0.75。

对于布置地位型船舶,如客船、海洋调查船,因 $L$ 及 $B$ 受布置地位条件所限制,通常其主尺度较大而排水量相对较小,因而 $C_b$ 的确定主要是满足重力与浮力相平衡的要求,并考虑 $C_b$ 和 $Fr$ 的配合。有时还须考虑螺旋桨直径对吃水的要求、舱内布置等因素,适当调整 $C_b$ 和 $d$。

对于航行浅水或经常出入河港的小型运输船,如港口供水船及供油船,因航线较短,停港时间相对较长,且吃水受限制,适当加大 $C_b$ 以便减小主尺度,适应停靠小港的要求,提高营运效率,在经济上也较有利,故其 $C_b$ 可取接近临界的值。

拖船和其他工作船,因船长小,$Fr$ 较高,有时邻近兴波阻力的"峰区",而 $L/B$ 通常又较小。为了降低阻力,利用其不载货的特点,一般取较小的 $C_b$。

### 六、主尺度与船舶性能的联系

综上所述,影响船舶主要要素确定的因素很多,关系复杂,现用表 3.1 来综合表达各影响因素与主要要素间的关系。

确定船舶主尺度时,既要考虑不同尺度要素间的互相影响,又要考虑不同性能间相同或相反的要求。对表 3.1 来说,就是要纵向横向都考虑,决不可片面考虑个别性能要求而不照顾全局的变化。如稳性与横摇二者之间的关系就是如此。稳性和横摇,都直接关系到船舶的安全性,稳性不足或横摇过剧都会使船舶的安全受到威胁。因此,从稳性角度来说,虽然增大船宽加大初稳性高度会使稳性提高,从而提高船舶的安全性,但是也并不是无限制地增大船宽对安全性总是有利的。当船宽增加过大而使初稳性高度过大时,横摇将极度加剧,一些由激烈横摇所引起的严重后果就可能发生,如舱内货物移动引起船舶倾覆;机械设备工作失常而使船舶在风浪中失去控制;船员的工作条件过于恶劣造成工作失误引起事故;等等。这说明,船宽如果不适当地过分增加,超过了一定的数量界限以后,反倒会使船舶的安全性下降,事物就向相反的方向转化了。从适航性的角度来看也一样,虽然适当减小船宽减小初稳性高度可以使船舶的横摇和缓,会提高人员的舒适性和船舶的安全性,但过分减小初稳性高度,使船的稳性储备过小,稍遇不利情况,就可能使船濒于险境。例如当船的初稳性高度过小而船中处于波峰时,由于首尾水线面积的大量减少,初稳性高度可能下降到负值,此时如正在顺浪航行,这种负值状态可能持续很长时间,如果该船的大角稳性储备也不足,船就将倾覆。因此,船宽的过分减小是不能允许的,因其会使船的安全性下降,会使事物向相反的方向转化。因此,从安全性角度来说,任何船舶的宽度确定,都不可孤立地考虑稳性,也不可孤立地考虑横摇,而必须考虑二者既矛盾又统一的关系,再联系其他方面要求,综合权衡,才能合理地确定下来。

从表 3.1 还可以看出,船长与船宽是对各项性能影响最大也是决定船舶设计质量的最重要的主尺度,在船舶主尺度确定时应予特别重视。

表 3.1　船舶主要要素与船舶性能的联系

| 主尺度及系数 | 航道尺度 | 码头尺度 | 船台及船坞的尺度 | 总布置要求 | 浮力 | 快速性 | 稳性及横摇 | 纵摇升沉及失速 | 抗沉性 | 最小干舷规定 | 重量及造价 | 操纵性 | 强度 |
|---|---|---|---|---|---|---|---|---|---|---|---|---|---|
| $L$ | * | ** | 大型船舶 ** | *** | *** | *** | — | ** | ** | *** | *** | *** | 大型船舶 ** |
| $B$ | * | — | 大型船舶 ** | *** | *** | *** | *** | — | — | — | ** | ** | 大型船舶 ** |
| $D$ | * | — | — | *** | — | — | ** | — | *** | *** | * | — | 大型船舶 ** |
| $d$ | *** | ** | — | — | *** | ** | — | — | — | — | — | * | * |
| $C_b$ | * | — | — | * | *** | *** | * | ** | * | — | * | * | — |
| $C_w$ | — | — | — | — | — | — | * | * | * | ** | — | — | — |
| $L/B$ 或 $L/\nabla^{1/3}$ | * | — | — | — | — | * | — | * | — | — | — | * | * |
| $B/d$ | * | — | — | — | — | * | ** | * | *** | — | — | * | — |
| $B/D$ | * | — | — | — | — | — | — | — | — | — | — | — | ** |

(续)

| 主尺度及系数 | 航道尺度 | 码头尺度 | 船台及船坞的尺度 | 总布置要求 | 浮力 | 快速性 | 稳性及横摇 | 纵摇升沉及失速 | 抗沉性 | 最小干舷规定 | 重量及造价 | 操纵性 | 强度 |
|---|---|---|---|---|---|---|---|---|---|---|---|---|---|
| D/d | * | — | — | — | — | — | — | — | *** | ** | — | * | * |
| L/D | * | — | — | — | — | — | — | — | — | — | 大型船舶 ** | — | *** |

注：*** 表示密切相关，** 表示较密切相关，* 表示相关，— 表示不相关。

## 第三节 确定船舶主要要素的基本原理

### 一、确定主尺度要素的基本步骤

从船舶主尺度确定方法的不同特点来看，可分为两类问题：①主尺度确定的主要影响因素是船舶的总布置，称为布置型问题；②影响主尺度确定的主要因素是重量、容量或其他要求，称为非布置型问题。

任何船舶为完成其功能，都必须有必要的空间（包括舱室容积和甲板面积），以装载货物、载运旅客及安装设备。有些船舶不仅要求舱容或甲板面积要达到一定数值，而且由于载运货物具有特定的较大外形或所装设备具有较大尺寸，同时还要求舱室或甲板具有一定形状，因而影响其主尺度的确定，一般来说这些船舶的主尺度确定就是布置型问题。像集装箱船、滚装船、载驳船、拖船、客船、工程船、某些小型运输船、某些大件货运输船、军舰等船舶的主尺度，就主要是靠布置确定的。

另一些像油船、散装货船、杂货船等船舶，货物无一定外形，容量只要足够，即可满足要求，货舱形状并无特定限制。这类船舶的主尺度确定，就是非布置型问题。

还有一些特种型式船舶，如滑行艇、水翼艇、气垫船等，其主尺度确定在很大程度上受水动力特性影响，这也属非布置型问题。

解决布置型船主尺度确定问题的一般思路是：首先根据总布置要求初步拟定船长、型宽及型深的最小值，然后根据尺度比的适宜值对其做适当调整，计算重量，选择吃水，计算方形系数，调整各有关数值，使尺度绝对值、尺度比及方形系数相协调，然后进行各项主要性能校核，若满足要求则得到一个可行方案，否则需要修改主尺度重新构思方案。重复上述步骤可以得到若干满足设计要求的可行方案，从中选择最佳方案。图 3-7(a) 所示是解决这类问题的流程。

解决非布置型船舶主尺度确定问题的一般思路是：首先从重量入手，选取载重量系数，然后通过载重量估算排水量，再按适宜尺度比及限制件等确定出与排水量匹配的主尺度要素，重量与浮力平衡，进行各项主要性能校核，若满足则得到一个可行方案，否则需修改主尺度重新构思方案。重复上述步骤可以得到若干满足设计要求的可行方案，从中选择最佳方案。图 3-7(b) 所示是解决这类问题的流程。

船的主尺度及船型系数是相互联系相互制约的，船长、船宽、吃水、方形系数及排水量之间既以浮性方程式相联系,又以重量方程式相联系,重量与浮力还应平衡,确定下来的一组主要要素最终要满足对设计船的各项要求,所以船舶各主要要素并不是孤立的,而是通过综合分析和逐步近似的过程,把各要素同时确定下来的。

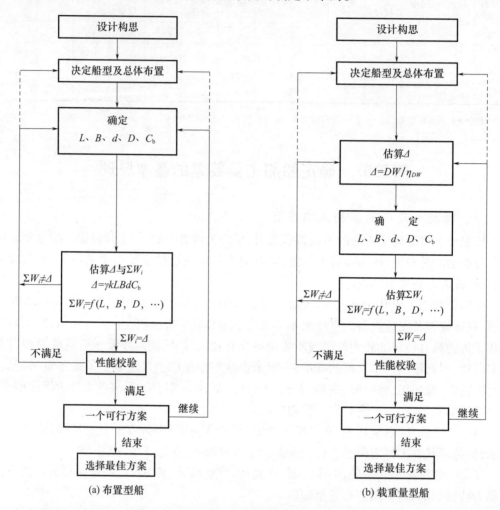

图 3-7 船舶主尺度确定基本步骤

在船舶设计中仅得出满足要求的可行方案还不够,因为船舶设计中可行方案不是唯一的,初步得到的方案虽然满足了设计要求,却不一定是最佳方案。因而应当通过适当方法寻求最佳方案。

图 3-7(a)、(b)中的基本步骤,尽管其具体作法有所不同,但几个基本环节是相同的:①在分析设计要求的基础上找出设计船的主要矛盾,确立设计的基本指导思想;②初步拟定主尺度及船形系数;③使 $\sum W_i = \Delta$,即重力与浮力相平衡;④性能校核。下面具体讨论这几个问题。

## 二、确定主尺度要素初始值的方法

在排水量及主尺度确定的最初阶段,一般总要对设计船的排水量及长、宽、型深、吃水、方形系数等要素有个初步估计,以作为逐步近似过程的第一次近似值或作为最优化过程的初始出发点。初始估计值的准确度会影响逐步近似过程的循环次数,但一般对最后结果影响不大,初始估计值与最后结果相差越大,循环次数就越多些。估计值越准确则会越快得到最后结果。

**(一)排水量估算**

1. 以排水量为变量的重量方程式

1)以载重量系数表达的重量方程

将船的各部分重量看做与排水量成正比关系,即

$$\Delta = LW + DW$$
$$= W_h + W_f + W_m + DW$$
$$= C_h\Delta + C_f\Delta + C_m\Delta + DW$$

则

$$\Delta = \frac{DW}{1-(C_h+C_f+C_m)} = \frac{DW}{\eta_{DW}}$$

该方法又称载重量系数法。

2)以排水量表达的重量方程

可将船各部的重量以如下关系式表示,即

船体钢料重量　　$W_h = C_h\Delta$

舾装设备重量　　$W_f = C_f\Delta^{2/3}$

机电设备重量　　$W_m = C_m\dfrac{\Delta^{2/3}v^3}{c}$

燃料重量　　　　$W_r = kg_r\dfrac{\Delta^{2/3}v^3}{c}\cdot\dfrac{R}{v}$

其他已知重量　　$DW_r = DW - W_r$

将上述各部重量相加,得重量方程式为

$$\Delta = C_h\Delta + \left[C_f + C_m\frac{v^3}{c} + kg_r\frac{v^3}{c}R\right]\Delta^{2/3} + DW_r$$

按照设计任务书给定续航力 $R$ 和航速 $v$,根据母型船确定各部重量系数 $C_h$、$C_f$、$C_m$ 及海军系数 $c$,并计算出已知重量,解此方程即可求得设计船排水量 $\Delta$。

2. 以主要要素为变量的重量方程式

这种形式的重量方程式,由于船体钢料重量和舾装重量以主尺度为变量的表达式的不同,也有多种形式。如钢料重量 $W_h$ 和舾装重量 $W_f$ 的表达式分别以立方模数 $LBD$ 为函数:

$$W_h = C_h(LBD)$$
$$W_f = C_f(LBD)^{2/3}$$

则以主要要素为变量的代数形式的重量方程式为

$$\Delta = C_h(LBD) + C_f(LBD)^{2/3} + \left(C_m + kg_r\frac{R}{v}\right)P_B + DW_r$$

可以看出式中含有 $L$、$B$、$D$ 及主机功率 $P_B$ 等未知量,为了求解它,就必须引入补充条件组成补充方程,使方程式的数目与未知量的数目相同。

## （二）主尺度及方形系数初步拟定

主尺度确定的最初阶段,通常采用母型船修改法或统计法确定主要要素初始值。

母型船修改法通过分析设计船与母型船在性能要求及限制条件等因素上的区别,根据这些区别决定设计船与母型船相比的修改方向,确定出设计船的尺度比、方形系数等无因次系数,再考虑到排水量的变化即可定出主要要素的初始估计值。

统计法根据以往设计建造的船舶,对同型船的相应数据进行统计分析,得出适当的统计公式或图表,可以用来估计主要要素的初始近似值。

1. 船舶主尺度初始值确定

1）油船

油船主尺度的统计公式：

$L_{pp} = 60.473 \ln DW - 456.6$ （m），适用于 3.5 万 t ≤ DW ≤ 13 万 t

$L_{pp} = 9.55 \times 10^{-3} \ln DW + 151.1$ （m），适用于 12 万 t ≤ DW ≤ 22 万 t

$B = 10.853 \ln DW - 84.9$ （m），适用于 3.5 万 t ≤ DW ≤ 13 万 t

$B = 0.75 DW^{1/3} + 5.05$ （m），适用于 12 万 t ≤ DW ≤ 22 万 t

$d = 6.546 \times 10^{-5} DW + 8.127$ （m），适用于 3.5 万 t ≤ DW ≤ 13 万 t

$d = 0.84 + 0.46 DW^{0.3}$ （m），适用于 11 m ≤ d ≤ 16 m

$D = 1.2d + 3.3$ （m），适用于 3.5 万 t ≤ DW ≤ 13 万 t

$D = 7.75 DW^{0.15} - 22.2$ （m），适用于 12 万 t ≤ DW ≤ 22 万 t

2）散货船

预报 1 万 t 级 ~ 10 万 t 级散货船主尺度统计公式：

$$L_{pp} = 8.545 DW^{0.2918} \quad (\text{m})$$

$$B = 0.0734 L_{pp}^{1.1371} \quad (\text{m})$$

$$d = 0.0441 L_{pp}^{1.051} \quad (\text{m})$$

3）多用途船

预报 0.5 万 t 级 ~ 2.5 万 t 级多用途船主尺度统计公式：

$$L_{pp} = 29.4 \left(\frac{DW}{100}\right)^{1/3} - 17 \quad (\text{m})$$

$$B = 4.1 \left(\frac{DW}{100}\right)^{1/3} \quad (\text{m})$$

$$d = 1.9 \left(\frac{DW}{100}\right)^{1/3} - 1 \quad (\text{m})$$

$$D = 2.9 \left(\frac{DW}{100}\right)^{1/3} - 3.1 \quad (\text{m})$$

4）拖船

预报柴油机港作拖船主尺度统计公式：

$$L_{pp} = 22.8 + 5.57 \times 10^{-3} P_B \quad (\text{m})$$

$$B = 0.225 L_{pp} + 2.04 P_B \quad (\text{m})$$

$$d = 0.1 L_{pp} \pm 0.1 \quad (\text{m})$$

式中:$P_B$ 为主机额定功率(kW)。

2. 方形系数初始值确定

1) 按浮性方程式计算

当初步选定了主尺度和初始排水量后,满足浮力要求的 $C_b$ 为

$$C_b = \frac{\Delta}{k\gamma LBd}$$

式中符号意义同上。

2) 根据母型船统计资料或统计公式确定

目前提出的统计式,一般形式为

$$C_b = A - B\frac{v}{\sqrt{L}} \tag{3-5}$$

式中:系数 $A$、$B$ 值如表 3.2 所列。

表 3.2 方形系数统计式中系数 $A$、$B$

| 作者 | $A$ | $B$ | 备注 |
| --- | --- | --- | --- |
| 上海船研所 | 0.943 | 0.208 | 大型油船及散货船 |
| 诺吉德 | 1.002 | 0.432 | 适于 $v/\sqrt{L} \leq 0.874$ |
| Nawaoki | 1.210 | 0.73 | |
| 亚历山大(Alexander)($Fr \leq 3.0$) | 1.080 | 0.50 | |
| | 1.04~1.06 | 0.50 | 快速货船,集装箱船 |
| | 1.01~1.12 | 0.50 | 大型油船.散货船 |
| 蒋乾伟 | 1.35 | 0.80 | 适于 $v/\sqrt{L} \geq 0.7$ 的货船 |
| | 1.00 | 0.30 | 适于 $v/\sqrt{L} < 0.7$ 的货船 |
| | 0.995 | 0.30 | 适于 $v/\sqrt{L} < 0.7$ 的油船 |
| 大连理工大学 | 0.912 | 0.145 | 上限值,适于 $0.5 \leq v/\sqrt{L} \leq 0.7$ 的油船 |
| | 0.907 | 0.165 | 中值,适于 $0.5 \leq v/\sqrt{L} \leq 0.7$ 的油船 |
| | 0.915 | 0.215 | 下限值,适于 $0.5 \leq v/\sqrt{L} \leq 0.7$ 的油船 |
| 泰勒公式 | 1.08 | 0.50 | 拖船,$v$ 为自由航速(kn) |

注:① $L$ 可用垂线间长(英尺);除拖船用自由航速,其他式中速度可用服务速度(kn)。

② 1 英尺 = 0.3048m。

3. 根据主尺度比估算主尺度的初始值

选择出 $L/B = K_1$,$L/B = K_2$ 及方形系数 $C_b$,当已知排水量 $\Delta$ 后,根据浮性方程式:

$$\Delta = k\gamma LBdC_b$$

得

$$L = \sqrt{\frac{\Delta K_1^2 K_2}{k\gamma C_b}}, B = \frac{L}{K_1}, d = \frac{B}{K_2}$$

当已知排水量 $\Delta$,选择好方形系数 $C_b$,吃水受航道限制为已知的,根据选择的 $L/B = K_1$,可计算出 $L$、$B$。表 3.3 所列为各种船舶长宽比和宽度吃水比的一般范围。

表3.3　L/B 及 B/d 的一般范围

| 船型 | L/B | B/d | 备注 |
|---|---|---|---|
| 客船 | 7.0~8.0 | 2.6~3.0 | |
| 普通干货船 | 6.5~7.5 | 2.3~2.5 | |
| 集装箱船 | 6.7~7.5 | 2.7~3.4 | |
| 中小型油船 | 6.5~7.5 | 2.2~2.6 | DW≤10万t |
| 大型油船 | 5.8~6.8 | 2.2~3.0 | DW>10万t |
| 沿海船 | 5.0~6.0 | 2.5~2.8 | |
| 拖船 | 3.4~3.9 | 2.6~3.2 | |
| 渔船 | 3.5~5.5 | 2.3~2.7 | |
| 浅吃水肥大船 | 4.5~6.5 | 3.0~4.5 | |

4. 按限制条件估算主尺度

根据航道水深及曲率半径对吃水及船长的限制、港口水深及泊位长度对船的吃水及长度的限制、修造船厂的船台及船坞尺度对船长及宽度的限制等来估算主尺度。

5. 按总布置估算主尺度

根据集装箱船集装箱布置所需船宽、船长、型深，客船总布置所需要的甲板面积对 $L\times B$ 或 $L$ 最小值的限制，推拖船、渔船及其他小型船舶所要求的最小船长，机舱布置所需最小船宽及型深等来估算主尺度。

三、重力与浮力平衡方法

当初步拟定船舶主尺度 $L$、$B$、$d$、$D$、$C_b$ 和排水量 $\Delta$ 之后，对应这一组初步拟定的尺度，可以计算出设计船的各项重量之和 $\sum W_i$，这个最初的排水量（浮力）$\Delta$ 与重力 $\sum W_i$ 不一定相等，因此需要进行平衡，使它们相等。重力与浮力的平衡有以下几种方法。

（一）改变载重量法

保持浮力不变，也就是保持 $L$、$B$、$d$、$C_b$ 不变，改变船舶的载重量，从而改变 $\sum W_i$，使其与浮力达到平衡。当设计船对载重量的要求不严格时，使用这种方法进行重力浮力平衡是最方便的。

（二）固定载重量法

这种方法不改变 $DW$，而通过改变 $L$、$B$、$d$、$C_b$ 等主要要素进行重力与浮力平衡。当主要要素被改变后，与浮力相关各部分重量也发生变化，即 $\sum W_i$ 中空船重量相应也发生变化，这要通过若干次逐步近似，使重力与浮力达到平衡。

1. 改变方形系数法

按重力等于浮力求出 $C_b$，即 $C_b = \sum W_i/(LBd\gamma k)$，当 $C_b$ 对设计船来说数值大小恰当时即完成了重力浮力平衡调整。这种方法简单易用但较为粗糙，因为有的重量也与方形系数有关，完全不考虑方形系数对重量（如船体钢料重量）的影响是不恰当的。

2. 诺曼系数法

根据初步拟定的主尺度，求出排水量 $\Delta$ 和空船重量 $LW$，则 $DW' = \Delta - LW$。当 $DW'$ 不

等于 $DW$ 时,重力浮力不平衡。假设 $DW' < DW$,为了达到载重量要求,需增大主尺度使 $\delta\Delta = DW' - DW = \delta DW$,但同时会导致空船重量 $LW$ 也增加。因此,为了保证新的重力浮力平衡,则 $\delta\Delta > \delta DW > 0$。同理,当 $DW' > DW$ 时,$\delta\Delta < \delta DW < 0$。即排水量 $\Delta$ 变化后,与排水量相关的空船重量也相应发生变化,这又引起排水量的进一步变化,所以必然是

$$|\delta\Delta| > |\delta DW|$$

令

$$\delta\Delta = N \cdot \delta DW \tag{3-6}$$

式中:$N$ 为诺曼系数,也称为排水量增量系数。该系数恒大于 1.0,即排水量的增量大于已知重量(与排水量变化无关)的增量。

诺曼系数 $N$ 的具体表达式是由以排水量 $\Delta$ 为变量的代数形式的重量方程式求排水量增量 $\delta\Delta$ 得出的。由

$$\Delta = W_h + W_f + W_m + DW$$
$$= C_h\Delta + C_f\Delta^{2/3} + C_m\frac{\Delta^{2/3}v^3}{c}10^{-3} + DW$$

求全微分

$$\delta\Delta = \frac{\partial W_h}{\partial\Delta}\delta\Delta + \frac{\partial W_f}{\partial\Delta}\delta\Delta + \frac{\partial W_m}{\partial\Delta}\delta\Delta + \delta DW$$
$$= \frac{W_h}{\Delta}\delta\Delta + \frac{2}{3}\frac{W_f}{\Delta}\delta\Delta + \frac{2}{3}\frac{W_m}{\Delta}\delta\Delta + \delta DW$$

得

$$\delta\Delta = \frac{\delta DW}{1 - \left[\frac{W_h}{\Delta} + \frac{2}{3}\left(\frac{W_f}{\Delta} + \frac{W_m}{\Delta}\right)\right]}$$

根据诺曼系数定义式(3-6),知

$$N = \frac{1}{1 - \left[\frac{W_h}{\Delta} + \frac{2}{3}\left(\frac{W_f}{\Delta} + \frac{W_m}{\Delta}\right)\right]} = \frac{\Delta}{\Delta - \left[W_h + \frac{2}{3}(W_f + W_m)\right]} \tag{3-7}$$

上述诺曼系数 $N$ 表达式是在考虑船体钢料重量正比于 $\Delta$,舾装设备重量正比于 $\Delta^{2/3}$,机电设备重量正比于 $\Delta^{2/3}$,燃料重量与排水量无关的假设下得出的。

在民船设计中,对各重量项与排水量间的幂次关系作如下假设大致符合实际情况。

(1)船体钢料重量 $W_h$ 正比于排水量的一次方。

(2)木作舾装重量 $W_f$:$3/5 W_f$ 正比于 $\Delta^{2/3}$,$1/5 W_f$ 正比于 $\Delta^{1/3}$,$1/5 W_f$ 与排水量无关,即正比于 $\Delta^0$。

(3)机电设备重量 $W_m$,$3/5 W_m$ 正比于 $\Delta^{2/3}$,$2/5 W_m$ 与排水量无关。

则得诺曼系数 $N$ 为

$$N = \frac{\Delta}{\Delta - W_h - \frac{2}{3}\left[\frac{3}{5}(W_f + W_m)\right] - \frac{1}{3}\cdot\frac{1}{5}W_f} \tag{3-8}$$
$$= \frac{\Delta}{\Delta - W_h - 0.467W_f - 0.4W_m}$$

按上面公式计算,诺曼系数 $N$ 的一般范围如图 3-8 所示。

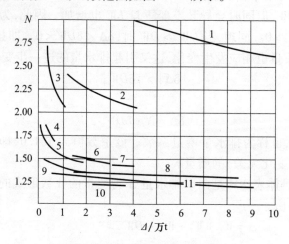

图 3-8 各类船舶的诺曼系数
1—快速客船;2—低速客船或客货船;3—客货船;4—渔船;5—冷藏船;6—快速货船;
7—鲸鱼加工船;8—矿砂船;9—货船;10—散装货船;11—油船

诺曼系数 $N$ 确定后,即可按 $\delta\Delta = N \cdot \delta DW$ 确定排水量增量 $\delta\Delta$。

诺曼系数既可用于排水量确定时的重量与浮力平衡计算,也可以用于按母型船考虑重量变化时直接确定设计船排水量。

下面讨论在船舶初步设计阶段确定船舶主尺度要素时诺曼系数的应用方法。

在设计初期,当确定了主尺度和方形系数初始值后,可选择合适的空船重量数学模型,计算出空船重量第一近似值 $LW_1$,则第一近似载重量 $DW_1$ 为

$$DW_1 = \Delta_1 - LW_1$$

设要求载重量精度为 $\varepsilon$。

若 $|DW_1 - DW| \leq \varepsilon$,则载重量合乎要求。

若 $|DW_1 - DW| > \varepsilon$,则载重量不合乎要求,需进行重力与浮力平衡。可采用诺曼系数法。

首先,求出排水量增量 $\delta\Delta$。

$$\delta\Delta = N \cdot \delta DW$$

$$N = \frac{\Delta_1}{\Delta_1 - \sum_{i=1}^{n} K_i W_i}$$

式中:$\Delta_1$ 为前一次近似排水量(t);$W_i$ 为前一次近似钢料、舾装设备、机电设备重量(t);$K_i$ 为 $W_i$ 与排水量成函数关系的幂指数。

得到 $\delta\Delta$ 后,可按浮性方程式 $\Delta = krLBdC_b$,调整主尺度和方形系数。其原理为

$$\delta\Delta = \frac{\partial \Delta_1}{\partial C_{b1}}\delta C_b + \frac{\partial \Delta_1}{\partial L_1}\delta L + \frac{\partial \Delta_1}{\partial B_1}\delta B + \frac{\partial \Delta_1}{\partial d_1}\delta d$$

$$= \frac{\Delta_1}{C_{b1}}\delta C_b + \frac{\Delta_1}{L_1}\delta L + \frac{\Delta_1}{B_1}\delta B + \frac{\Delta_1}{d_1}\delta d$$

得

$$\frac{\delta \Delta}{\Delta_1} = \frac{\delta L}{L_1} + \frac{\delta B}{B_1} + \frac{\delta d}{d_1} + \frac{\delta C_b}{C_{b1}} \quad (3-9)$$

式中：$\Delta_1$、$L_1$、$B_1$、$d_1$、$C_{b1}$ 为前一次近似结果。

可根据设计船的技术要求确定应改变哪几个尺度，例如保持 $C_b$ 不变，取 $\frac{\delta L}{L_1} = \frac{\delta B}{B_1} = \frac{\delta d}{d_1}$，得

$$\frac{\delta L}{L_1} = \frac{\delta B}{B_1} = \frac{\delta d}{d_1} = \frac{1}{3}\frac{\delta \Delta}{\Delta_1}$$

再如只要方形系数不变，则 $\delta C_b = 0$；吃水又有限制，则 $\delta d = 0$，若取 $\frac{\delta L}{L_1} = \frac{\delta B}{B_1}$，从而可得到

$$\frac{\delta L}{L_1} = \frac{\delta B}{B_1} = \frac{1}{2}\frac{\delta \Delta}{\Delta_1}$$

则新的主尺度及方形系数为

$$L_2 = L_1 + \delta L, B_2 = B_1 + \delta B, d_2 = d_1 + \delta d, C_{b2} = C_{b1} + \delta C_b$$

得到新的主尺度和方形系数后，重新计算空船重量、校核载重量，直到满足要求为止。

### 四、设计方案性能分析与估算

排水量和主尺度要素确定后，需对设计方案进行主要性能分析与估算，以便全面、准确地把握船舶的性能。一般包括稳性校核、航速校核、干舷校核、容量校核，如有需要，还要进行耐波性、操纵性、船体结构振动与噪声等方面的校核。干舷校核和容量校核的内容已经在前面的章节作了介绍，下面就其他的性能分析与估算方法进行简要讨论。

#### （一）稳性

稳性校核包括初稳性校核和大角稳性校核，在主尺度确定时通常只做初稳性校核，因为在初稳性校核之后，按初稳性高度的大小，根据母型船的大角稳性情况，一般可以判断出设计船的大角稳性如何，只有当把握不大时才做大角稳性校核。

在船舶设计阶段初稳性校核的内容通常是估算初稳性高度，并检查其是否符合设计船所要求的数值。

初稳性高度的估算按初稳性方程进行。

$$\overline{GM} = Z_b + r - Z_g - \delta h \quad (3-10)$$

式中：$\overline{GM}$ 为所核算载况下的初稳性高度；$Z_b$ 为浮心高度；$r = i_x/\nabla$ 为横稳心半径，其中 $i_x$ 为设计水线面对 $x$ 轴的惯性矩，$\nabla$ 为船的排水体积；$Z_g$ 为重心高度；$\delta h$ 为自由液面对初稳性高度修正值，一般可直接取自母型船或按实际情况估算。

重心高度 $Z_g$ 的估算已在第二章中介绍，这里就 $Z_b$ 和 $r$ 值的近似求法介绍如下。

**1. 按相似母型船资料换算**

设计船的静水力要素，可按表 3.4 所列换算公式换算得到。表中 $l = L/L_0$，$b = B/B_0$，$t = d/d_0$，各分子为设计船的各项数据，分母带有角标"0"者为母型船的各项数据。

表3.4  按型船换算静水力要素表

| 要素 | 换算公式 | 要素 | 换算公式 |
|---|---|---|---|
| 排水量 | $\Delta = \Delta_0 lbt$ | 纵稳心半径 | $R = R_0 l^2/t$ |
| 水线面面积 | $A_w = A_{w0} lb$ | 浮心竖坐标 | $Z_b = Z_{b0} t$ |
| 水线面横向惯性矩 | $I_x = I_{x0} lb^3$ | 浮心纵坐标 | $X_b = X_{b0} l$ |
| 水线面纵向惯性矩 | $I_y = I_{y0} bl^3$ | 漂心纵坐标 | $X_f = X_{f0} l$ |
| 横稳心半径 | $r = r_0 b^2/t$ | | |

2. 利用近似公式估算

浮心竖向高度 $Z_b$ 和横稳心半径可用近似公式估算。

$$Z_b = a_1 d, \quad r = a_2 \frac{B^2}{d}$$

式中，系数 $a_1$、$a_2$ 与船型系数 $C_b$、$C_w$ 及型线有关，可分别按表3.5、表3.6所列近似公式计算。

表3.5  $a_1$ 的近似公式

| 序号 | 公式名称 | $a_1$ | 适用情况 |
|---|---|---|---|
| 1 | 诺曼 | $\frac{1}{3}\left(2.5 - \frac{C_b}{C_w}\right)$ | 适用于 U 形及 V 形之间中间剖面 |
| 2 | 波兹秋宁 | $\frac{C_w}{C_w + C_b}$ | 适用于 U 形横剖面，有时结果偏低 |
| 3 | 阿希克 | $0.858 - 0.37 \frac{C_b}{C_w}$ | 适用于 $C_b/C_w = (0.6 \sim 0.9)$，$C_b/C_w$ 大时偏低 |
| 4 | 诺吉德 | $\frac{1}{2}\left(\frac{C_w}{C_b}\right)^{1/2}$ | 适用于 $C_b/C_w > 0.65$，有时结果偏高 |
| 5 | 方－杰－佛里特 | $\frac{1.5 C_w - C_b}{2 C_w - C_b}$ | 适用于极 V 形横剖面 |
| 6 | 薛安国 | $0.948 - 0.68 \frac{C_b}{C_w} + 0.23\left(\frac{C_b}{C_w}\right)^2$ <br> $0.5\left(\frac{C_b}{C_w}\right)^{0.473}$ | 适用于我国海洋干货船、散货船、油船、客货船 |
| 7 | 王彩当 | $0.85 - 0.372 \frac{C_b}{C_w}$ | 适用于我国内河船 |

表3.6  $a_2$ 的近似公式

| 序号 | 公式名称 | $a_2$ | 适用情况 |
|---|---|---|---|
| 1 | 诺曼 | $\frac{0.008 + 0.0745 C_w^2}{C_b}$ | 当 $C_w < 0.7$ 时，偏小 |
| 2 | 方－杰－佛里特 | $\frac{1}{11.4} \frac{C_w^2}{C_b}$ | 广泛应用于普通形状的满载水线 |

(续)

| 序号 | 公式名称 | $a_2$ | 适用情况 |
|---|---|---|---|
| 3 | 霍天格德 | $\dfrac{0.0106C_w + 0.0727C_w^2}{C_b}$ | 适用于军舰 |
| 4 | 薛安国 | $\dfrac{0.083C_w^{1.81}}{C_b}$ | 适用于海船、单桨 |
| | | $\dfrac{0.083C_w^{1.9}}{C_b}$ | 适用于海船、双桨 |
| 5 | 王彩当 | $\dfrac{0.1363C_w - 0.0545}{C_b}$ | 适用于内河船 |
| | | $\dfrac{0.1363C_w - 0.0505}{C_b}$ | 适用于喷水船及尾隧道船 |

3. 初稳性高度的上下限

由于不同船舶对稳性的要求是不一样的,因此其适宜的初稳性高度数值也不一样,只有针对具体的船舶,才能确定具体的数值。尽管如此,各类船舶对初稳性高度的要求在以下两方面的考虑是一致的。

1) 初稳性下限值

使船具有足够的初稳性下限值 $\overline{GM}_{\min}$,以保证船舶航行和使用安全。

(1) 在较小的静横倾力矩作用时,船的横倾角也尽量小,从而使船有较为稳定的正浮状态。

(2) 有抗沉性要求的船舶在海损后有足够的剩余初稳性高度。

(3) 船顺浪航行,船中较长时间处于波峰时,初稳性高度长时间的减少可能会危及船舶的安全,因此减少后的初稳性高度应为正值。

(4) 客船旅客集中一舷时或全速回航时,船舶的静倾角不得超过极限静倾角,为此船舶初稳性高度应具有足够值。

(5) 对起重船起吊时的极限静倾角、集装箱船在横风作用下的静倾角的限制,也要求具有足够初稳性高度值。

(6) 大角稳性的复原力臂曲线在原点处的斜率不应太低,以免曲线下所包围的面积过小,使稳性储备和稳性范围不能满足有关要求。

由此可见,从船的安全性与使用性要求考虑,设计船的初稳性高度应大于或等于下限值。我国海船法定检验技术规则对各种船的最低初稳性高度规定举例如下。

客船、货船、油船　　$\overline{GM} \nless 0.15\text{m}$
集装箱船、渔船　　$\overline{GM} \nless 0.3\text{m}$
运木船(出港)　　$\overline{GM} > 0.1\text{m}$
起重船(航行状态)$\overline{GM} \nless 0.16B$

同时还对客船旅客集中一舷或全速回航时、集装箱船在横风作用下时、起重船作业及避风时的船的横倾角加以限制。

2) 初稳性上限值

初稳性上限值 $\overline{GM}_{\max}$ 是保证船舶横摇和缓的最大初稳性高度值。设计船的初稳性高

度应小于或等于初稳性上限值。船舶横摇自摇周期可近似为

$$T_\theta = 0.58f\sqrt{\frac{B^2+4Z_g^2}{\overline{GM}}} \quad (3-11)$$

式中：$f$ 为与 $B/d$ 相关的系数，$1.0 \leqslant f \leqslant 1.30$，$B/d \leqslant 2.5$ 时，$f=1.0$；$B/d \geqslant 7.0$ 时，$f=1.30$；$T_\theta$ 为船的横摇自摇周期(s)。

显然，$T_\theta$ 随 $\overline{GM}$ 增大而减小。横摇周期短、摇幅大，影响船舶安全和作业，因此设计中总是在保证初稳性下限的条件下力求使船舶的横摇和缓。

通常，为使 $T_\theta$ 不太低，摇幅不过大，希望不发生谐摇，即

$$\Lambda = \frac{T_\theta}{T_\omega} \geqslant 1.3 \quad (3-12)$$

式中：$\Lambda$ 为调谐因数；$T_\omega$ 为航区常见的大波浪周期，$T_\omega \approx 0.8\sqrt{\lambda}$。

我国沿海波浪情况，波长 $\lambda$ 多为 $60\sim70\text{m}$。为避免谐摇，则沿海船的 $T_\theta$ 应大于 $8\sim9\text{s}$；远洋波浪波长按 $150\sim160\text{m}$ 计算，则 $T_\theta$ 大于 $13\text{s}$ 为宜。上述数值，对大型船舶较易满足，而对中小型船舶尤其是小型船舶则难以满足。

为了船舶的横摇和缓并避免谐摇，希望设计船 $\overline{GM}$ 不宜过大。如预期到 $T_\theta = 1.3T_\omega$ 时，允许的最大初稳性高度（上限值）为

$$\overline{GM}_{max} \leqslant (0.58f)^2 \frac{B^2+4Z_g^2}{T_\theta^2}$$

船舶安全性和横摇和缓性所要求的初稳性高度值是相互矛盾的，处理这一矛盾的原则是在保证安全和使用要求的前提下，为使横摇和缓，尽量减小初稳性高度。

4. 实船稳性数据

根据设计实践，各种实际船舶的 $\overline{GM}$ 或 $\overline{GM}/B$ 的实际数据与规范要求的上下限值并不相同，且根据其用途特点稳性数据有一定规律性。

1）干货船

这类船在满载到港时的稳性最差。

（1）对 $B>12\text{m}$ 的船，如果满载出港时 $\overline{GM}/B$ 为 $0.04\sim0.05$，一般可保证到港时仍有必要的初稳性值（$\overline{GM}>0.25\text{m}$），且不必在航行中途加压载水。但对油水储备占载重量的比例较大，又不考虑在中途加压载水的船，宜取较大的 $\overline{GM}/B$ 值。

（2）对中小型船，由于初稳性下限值的要求，其 $\overline{GM}/B$ 比大型船舶大，$\overline{GM}/B$ 为 $0.05\sim0.07$。

（3）设计船如考虑中途加压载水，则设计状态的 $\overline{GM}/B$ 可相对取小些。

（4）干舷较低的船，$\overline{GM}/B$ 值不宜过大，否则不能满足稳性规范对稳性消失角的要求。

（5）对矿砂船，应控制 $\overline{GM}$ 的值，选取较小的 $\overline{GM}/B$ 为宜。

2）客船及客货船

（1）大、中型海洋客船，海损稳性是主要矛盾，通常 $\overline{GM}/B$ 为 $0.045\sim0.055$；小型沿海客船，尤其是载客数相对较多者，其主要矛盾是旅客集中一舷对横倾角的限制，要求的初稳性下限值较大。且因短途船一般不宜在中途加压载水（船员不欢迎，且压载水量不能很多从而效果不大），故满载出港时 $\overline{GM}/B$ 应相应大些，通常 $\overline{GM}/B$ 为 $0.05\sim0.07$。

(2) 内河船的 $\overline{GM}/B$ 比海船大。内河船上层建筑较为发达,受风面积较大,且载客相对较多,常受到较大的定常风压力矩和旅客集中一舷力矩的作用。另一方面重心较高,排水量较小,干舷与宽度的比值也很小,对倾角的限制较严。在这种条件下,为维持必要的复原力矩就必须有较大的 $\overline{GM}/B$ 值。由于内河船舶的摇摆极其轻微,所以也不会对舒适性带来危害。通常长江中下游客货船 $\overline{GM}/B$ 为 0.13～0.14,中上游客货船约为 0.20,内河客货船为 0.20～0.25。表 3.7 列举一些内河客船的 $\overline{GM}/B$ 值。

表 3.7  内河客船 $\overline{GM}/B$ 的数值

| 船 名 | 主要尺度 $L \times B \times D \times d$ /m | 满载出港时初稳性高度 $\overline{GM}$/m | 相对稳性高度 $\overline{GM}/B$ |
|---|---|---|---|
| 申汉线客货轮(东方红 11 型) | 108×16.4×4.7×3.6 | 2.878 | 0.175 |
| 申渝线客货轮(东方红 38 型) | 72×13.0×3.4×2.4 | 2.600 | 0.200 |
| 渝宜线客货轮(东方红 119 型) | 64.3×12.0×3.5×2.4 | 2.020 | 0.168 |
| 下游短途客货轮(东方红 411 型) | 75×13.3×3.8×2.75 | 2.082 | 0.157 |
| 中游短途客货轮(东方红 256 型) | 42×8.2×2.9×2.1 | 1.768 | 0.216 |
| 上游短途客货轮(东方红 118 型) | 30.97×6.0×2.4×1.4 | 1.360 | 0.227 |
| 吉林 160 客位客轮 | 23.8×5.0×1.7×1.05 | 1.335 | 0.267 |
| 黑龙江 250 客位客轮 | 48×8.0×2.6×1.3 | 1.600 | 0.200 |
| 广东 400 客位客货轮 | 33.6×6.0×1.95×1.2 | 1.028 | 0.171 |
| 云南 300 客位客货轮 | 29×5.4×1.6×0.9 | 1.260 | 0.234 |
| 湖南 450 客位客货轮 | 33×6.8×2.1×1.4 | 1.780 | 0.262 |
| 江苏 300 客位客货轮 | 28×5.5×1.85×1.1 | 1.080 | 0.197 |

3) 运木船

运木船满载时,甲板上堆放大量木材,整个船的重心很高。为避免船在回程中仅在舱内装货或空载,初稳性过大使横摇过剧,通常只要求在满载且甲板装货时的 $\overline{GM}$ 为正即可。这是考虑到甲板上木材的浮力有助于大倾角稳性,当甲板上浪时不会影响船的安全性。

4) 油船

通常,油船在修正自由液面影响后的 $\overline{GM}$ 值大于 $0.1\sqrt{\Delta/L}$ 即可。

5) 拖船

由于作业特点的要求,选择拖船的初稳性值,通常都以在拖索急牵力矩作用下,船舶横倾角不超过甲板边缘入水角为衡准,按此要求初稳性的下限值为

$$\overline{GM}_{\min} \geq \frac{F_t l}{\Delta \sin\theta} \qquad (3-13)$$

式中:$F_t$ 为拖索作用力,与主机功率 $P_B$ 或 $(P_B \times D_P)^{2/3}$ 成比例,其中:$D_P$ 为螺旋桨直径;$l$ 为横倾力臂,即水压力作用中心到拖力 $F_t$ 的作用中心的距离;$\theta$ 为横倾角,取甲板入水角,通常取 $\sin\theta \approx \tan\theta = \dfrac{2F}{B}$,其中 $F$ 为干舷。

港内拖船的 $\overline{GM}/B$ 值较大,我国港作拖船为 0.12～0.13,内河拖船 $\overline{GM}/B$ 可达 0.15

或更大。表3.8列举一部分港作拖船、内河拖船和推船的$\overline{GM}/B$值。设计拖船时最好参照母型船选取$\overline{GM}/B$值。

表3.8 典型拖船、推船的$\overline{GM}/B$值

| 船　　名 | 主要尺度<br>$L \times B \times D \times d$<br>/m | 满载出港时初<br>稳性高度<br>$\overline{GM}$/m | 相对稳性<br>高度<br>$\overline{GM}/B$ |
|---|---|---|---|
| 400马力港作拖轮 | 24.5×6.8×3.2×2.3 | 0.86 | 0.1264 |
| 900马力港作拖轮 | 27.0×8.0×3.8×2.8 | 1.028 | 0.1284 |
| 1670马力港作拖轮 | 29.7×8.2×4.2×3.0 | 1.03 | 0.1256 |
| 4000马力长江推轮 | 47×10×3.8×2.5 | 1.73 | 0.173 |
| 2640马力长江推轮 | 44×10×3.7×2.5 | 1.346 | 0.1346 |
| 1960马力长江推轮 | 40×9.0×3.3×2.1 | 2.260 | 0.252 |
| 800马力长江拖轮 | 32×7.6×2.6×1.8 | 1.780 | 0.234 |
| 540马力长江拖轮 | 31×7.8×2.6×1.8 | 1.91 | 0.245 |
| 湖北2×120马力拖轮 | 21×5.8×1.6×0.85 | 2.68 | 0.462 |
| 广西2×135马力拖轮 | 21.9×5.0×1.45×0.85 | 1.69 | 0.338 |
| 湖南2×150马力拖轮 | 25×5.0×1.4×0.72 | 2.150 | 0.430 |
| 江苏1×250马力拖轮 | 22×4.9×2.05×1.5 | 1.14 | 0.232 |
| 1.2m吃水,2×135马力拖轮 | 21.265×5.0×1.7×1.2 | 0.974 | 0.195 |
| 1.1m吃水,1×135马力拖轮 | 18.27×4.3×1.75×1.1 | 0.635 | 0.148 |
| 0.8m吃水,1×135马力拖轮 | 18.50×4.0×1.2×0.8 | 0.909 | 0.217 |
| 四川2×240马力拖轮 | 25.65×5.8×2.2×1.5 | 1.10 | 0.190 |
| 1.2m吃水,2×240马力拖轮 | 24.00×5.08×1.8×1.2 | 0.965 | 0.194 |
| 湖北370马力分节船队推轮 | 20×7.6×1.9×1.3 | 4.4 | 0.58 |

**(二) 快速性**

航速校核实质就是航速估算或功率估算。其目的是：①初步估算设计船在给定主机情况下的航速；②初步确定在所要求航速下需要的主机功率；③检查在给定主机情况下所要求的航速是否合理；④在方案比较时，通过对各方案的航速估算，为选择最佳方案提供航速方面的依据。

估算航速$v$或主机功率$BHP$的主要工作有两项：一是估算设计船的阻力，即有效功率曲线（$EHP$—$v$曲线）；二是估算总推进系数$C_t$，有如下关系：

$$C_t = \frac{EHP}{BHP} \tag{3-14}$$

当设计船的$EHP \sim v$曲线和总推进系数$C_t$确定之后，可在主机功率$BHP$给定的情况下求出设计船的航速，或者在给定航速条件下求所需的主机功率$BHP$。

1. 有效功率的估算

目前，确定设计船有效功率的最可靠的方法仍然是船模拖曳试验，因此，一般船舶设计中如要比较有把握地确定其有效功率，除非用成熟的系列试验资料，否则船模阻力试验是必不可少的。但是在设计的最初阶段，一般需对多种尺度方案的航速进行分析比较，如

每个方案都做船模试验,是很难办到的,经济上和时间上也不允许,所以此时船舶的有效功率一般是用近似方法估算。

估算船舶有效功率的方法很多,如海军系数法公式为

$$BHP = \frac{\Delta^{2/3} v^3}{c} \quad (3-15)$$

式中:$c$ 为海军系数,可取自母型船。

表 3.9 介绍了其他一些估算有效功率的近似方法,使用这些方法的条件是设计船的船型及型线与各方法的适用范围相符,否则误差较大。

表 3.9 各种有效功率估算方法的概况

| 序号 | 方法名称 | 制定依据 | 适用范围 | 计算结果 |
|---|---|---|---|---|
| 1 | 爱尔法 | 实船试航结果及船模试验结果 | 适用于 $L = 20 \sim 150$m 的中、低速商船及正常尺寸的拖轮 | 已包括 8% 的附体阻力 |
| 2 | 莱普法 | 船模试验结果 | 适用于 $C_p = 0.60 \sim 0.85$ 的单螺旋桨商船 | 已考虑到粗糙度影响和附体及空气阻力 |
| 3 | 陶德法 | 按 60 系列船模试验结果得出 | 适用于 $C_b = 0.60 \sim 0.80$ 的单螺旋桨商船。横剖面形状偏 U 形 | 所得结果为裸船体有效功率 |
| 4 | 泰勒法 | 船模试验结果 | 适用于相对速度较高的双桨船舶 | 所得结果为裸船体有效功率 |
| 5 | Holtrop 法 | 实船及船模试验资料 | 适用于一般运输船 | |

2. 推进系数的估算

船舶推进系数 $C_t$ 表征了船舶推进系统的效率。

$$C_t = \eta_0 \eta_r \eta_H \eta_S \quad (3-16)$$

式中,$\eta_0$ 为螺旋桨敞水效率,$\eta_r$ 为相对旋转效率,$\eta_H$ 为船身效率,$\eta_S$ 为轴系效率。

在设计初期,可以近似地认为设计船的总推进系数与母型船相等,按此选取设计船的总推进系数。这在设计船与母型船的主尺度及船型系数相差不大、主机功率及转数相近、螺旋桨直径差不多的情况下,能够给出较为准确的结果。但如果这些要素相差较大时,直接取用母型船的总推进系数,则可能造成较大误差。在这种情况下,较好的做法是用图谱设计法,按设计船主机及船型要素的各有关数据,实际估算设计船的总推进系数。这样估出的数值较为可靠,计算工作量也并不太大。

根据推进系数定义,船舶设计时可以从以下几方面考虑提高船舶推进效率。

1)提高螺旋桨敞水效率 $\eta_0$

(1)减小螺旋桨负荷,增大螺旋桨直径。

螺旋桨敞水效率 $\eta_0$ 与螺旋桨的负荷有关,其上限为理想效率 $\eta_{0i}$。

$$\eta_{0i} = \frac{2}{1 + \sqrt{1 + c_F}} \quad (3-17)$$

$$c_F = \frac{F}{\frac{1}{2}\rho V_A^2 \cdot \frac{1}{4}\pi D_P^2} \quad (3-18)$$

式中:$F$ 为螺旋桨推力,$V_A$ 为螺旋桨进速,$D_P$ 为螺旋桨直径。

可见,$c_F$ 越小,效率越高。故增大螺旋桨直径以降低 $c_F$ 是提高推进效率的一个重要途径。

(2）降低螺旋桨转速，增大螺旋桨直径。

日本门井弘行对2000t及4000t船舶进行研究后提出，螺旋桨转速和最佳直径之间存在如下关系：

$$D_P/D_0 = (n_0/n)^{0.56} \tag{3-19}$$

式中：$n_0$ 为原螺旋桨设计转速（r/min）；$n$ 为减速后的螺旋桨转速（r/min）；$D_0$ 为原螺旋桨直径（m）；$D_P$ 为降低转速后的螺旋桨直径（m）。

螺旋桨转速降低后，敞水效率将显著增加，船身效率略有下降，相对旋转效率基本不变。大直径、低转速螺旋桨的设计正是基于以上思想。

实际船舶的敞水效率与理想效率并不一致，还需要考虑水的黏性和尾流旋转的影响。为此采取的措施包括减小螺旋桨盘面比，采用某些水动力节能装置（如对转桨、自由旋转叶轮、反应舵、桨毂帽鳍等）等。

2）提高相对旋转效率 $\eta_r$

由于伴流不均匀性对推力和转矩的影响系数分别为 $i_1 = F/F_0$ 和 $i_2 = Q/Q_0$，其中 $F$、$F_0$、$Q$、$Q_0$ 分别为船后和敞水时的推力和转矩。而相对旋转效率 $\eta_r = \dfrac{1}{i_2}$，故使伴流分布均匀是提高 $\eta_r$ 的决定因素。除了在船型设计时要充分考虑外，桨前的一些附加装置也可以起到整流作用。

3）提高船身效率 $\eta_H$

船身效率 $\eta_H = \dfrac{1-t}{1-w}$，其中 $t$ 和 $w$ 分别为推力减额分数和伴流分数，伴流分数 $w$ 越大，效率越高。利用伴流主要是利用摩擦伴流，因此低速船一般采用U形尾型。桨前的一些水动力节能装置也可以改变伴流的大小。螺旋桨、船体及附加装置的合理配合可以减少推力减额分数，从而提高推进效率。

4）提高轴系效率 $\eta_S$

轴系效率 $\eta_S$ 是指船舶主机轴系的机械传送效率。

应该指出，在讨论船舶快速性时，船舶线型是不能回避的重要问题，它对决定船舶快速性优劣的船舶阻力、船舶推进性能均有决定性影响。船舶线型对船舶性能的影响，将在第四章详细介绍。

（三）耐波性

耐波性是决定船舶在一定的海况下航行或作业能力的一项重要指标。船舶在波浪中的运动和加速度会引起船体砰击、甲板上浪、阻力增加和螺旋桨飞车，会导致船体结构破坏、设备仪器损坏、航行失速以及人员疲劳和工作效率低下。在方案构思及设计阶段应对此作认真考虑。

不同类型的船舶，由于其使用特点不同，对耐波性的要求也有所不同。一般来说，客船、海洋调查船以及海上作业船对耐波性的要求较高。对于货物运输船，小型船舶耐波性问题较严重，大型船舶耐波性问题并不突出，故各有侧重。

在方案设计阶段，耐波性主要涉及以下一些主要方面：

1. 横摇

改善横摇性能主要是提高船舶固有横摇周期和减小横摇幅值。关于横摇周期的考虑在前面讨论船舶稳性时已作了介绍,对于减小横摇幅值,主要是从增加横摇阻尼方面考虑。

可以通过选择合适的减摇装置改善船舶横摇,目前使用的主要减摇装置有舭龙骨、减摇鳍、被动式减摇水舱、可控式减摇水舱以及舵减摇系统等。

2. 纵摇与升沉

减小纵摇与升沉对船舶的正常使用和提高乘员的舒适性有重要意义。但船舶纵摇与升沉难以通过采用减摇设备等措施来改善,主要从主尺度选择及线型设计方面考虑改善。

就主尺度而言,通常船长(或 $L/\nabla^{1/3}$ )越大,越有利于控制船舶纵摇和甲板上浪,尤其是对于耐波性重要的高速小型船,增加船长是改善耐波性的有效手段。保证船舶空载或压载航行时一定的首尾吃水也对减小船首砰击和螺旋桨飞车有利。另外,增大水线面系数 $C_w$ 对改善耐波性有益。在船体线型方面,V 形对改善耐波性有利,V 形线型还可以与较大的 $C_w$ 相配合,V 形线型还有利于减轻船体砰击。

3. 风浪中的失速

船在风浪中航行时阻力增加、推进效率降低,造成船舶航速降低,称为失速。一般来说,在方案设计时为了减小船舶失速,选取小的方形系数和型宽,采用 U 形船体线型等措施是有利的。

随着计算机的应用,利用船舶计算流体力学技术研究船舶耐波性的手段得到了快速发展,使耐波性领域许多定性的结论发展成为定量的衡准,为船舶设计提供了依据,促进了船舶设计质量的提高。有关这方面的内容,请参见相关文献。

(四)操纵性

船舶的操纵性主要是指航向稳定性、中小舵角时良好的应舵性能、大舵角时的回转性能、主机停车/倒车时的停船性能等。上述一些指标通常是相互矛盾的,例如 $L/B$ 增大、$B/d$ 和 $C_b$ 减小都可改善航向稳定性,但会降低回转性。因此,在总体设计处理航向稳定性和回转性之间的关系时应注意两者间的配合协调,避免出现严重的操纵性异常,保证船舶的航行安全。

在船型和主尺度已经确定的情况下,可以从合理配置舵、呆木、尾鳍等附体来保证船舶所需的操纵性,包括舵的形式、舵面积、舵的个数、舵与螺旋桨和船体线型配合效率等方面。

(五)船体结构强度、振动和噪声

在船舶总体设计时就应该充分考虑船体结构的设计,尤其是船体总强度(主要是船体总纵强度和扭转强度)。由于结构设计要服从总体设计,若由于总体设计不合理造成船体结构的问题,在结构设计中很难纠正,或要付出巨大代价。例如 $L/B$ 和 $L/D$ 等尺度比参数,强力甲板的货舱开口尺寸,主船体内横舱壁、纵舱壁设置等对大型船舶纵总强度均非常重要。对在压载状态有大量压载水的船舶,压载水装卸对纵总强度的影响也非常显著。而对于甲板设有大舱口的船舶(如集装箱船),对船舶扭转强度要特殊考虑。因此在总体设计时,要为船体结构设计创造条件,要对各种舱室合理布局,保证强力构件的连续性和具有合理的结构支撑,同时也要避免结构损害舱室的有效容积。

船体振动是船舶设计中要解决的重要问题之一,对于大功率单桨船舶尤其重要。导致船体振动的主要原因是主机和螺旋桨的激振力及其激振频率与船体结构低阶固有频率相近而引起共振。当船舶设计方案确定后,船体振动固有频率已经确定,此时避免船体发生有害振动的措施主要应该从减小激振力和改变激振力频率着手。例如可从主机恰当选型(主要是缸数)以减小主机不平衡力和力矩,螺旋桨形式、叶数、转速,船体－桨－舵配合等方面考虑避免有害振动的发生。

船舶噪声对船员和乘客的身心健康造成损害。其主要来源是主机、螺旋桨、设备噪声以及由于振动产生的噪声。船舶设计中主要从减振和隔声方面控制噪声。在总布置设计中通过舱室合理布局,应用隔声、吸声材料等措施降低噪声对人员的有害影响。

## 第四节　载重量型船主要要素确定

### 一、载重量50000t原油船设计技术任务书

本船为载重量50000t的尾机型原油轮,航行于国际航线。

主机采用船用低速柴油机,使用燃料油。当主机发出最大连续功率为12365kW时,试航速度约16kn;当发出连续使用功率为11187kW时,服务航速约为15kn。

续航力15000n mile。主机燃油储备量按功率11187kW、航速15kn计算。

本船专用压载水舱全船压载总量(油舱不作压载舱)应保证空船压载航行时的首吃水不小于0.027L,尾部螺旋桨应不露出水面。

船体材料采用碳素钢,部分结构(船底及甲板)可采用合金钢,在易腐蚀和难维修处的构件及板应适当加厚。首部外板应稍加厚以防薄冰。

本船的满载最大吃水不得超过12m;方形系数不得小于0.8;其他尺度按最佳状态选取。

### 二、对设计船的分析

本设计船是一条运输船舶,要满足任务书所规定的各项要求,使本船在技术上具有必要的能力,从而保证其运输任务的完成,显然这是本船设计中应当首先考虑的因素。

其次,应考虑到:本船所运的货物是原油,原油是一种货值相对较低、运价也较低的低档货物,因而本船设计中更应特别注意降低造价,降低消耗,提高运输能力,以尽量少的投资,获得尽量大的运输能力,提高本船的经济性。

另外,在确定本船的主尺度时,还必须考虑到有关船厂的具体设备情况,不得超过船坞及船台所允许的最大尺度。

在本船主尺度确定时,为提高其经济性,应注意以下两方面:①在满足容量及布置要求的情况下,应力求减小其主尺度,特别应力求缩短船长,以便减少船体钢料的消耗量,降低造价;②在主机功率一定的情况下,应力求获得较高的航速,以便缩短航次的航行时间,增加年航次数,从而提高运输能力。本船航程较远,航行时间很长,航速的小量提高对缩短航行时间也是有实际意义的,为此,就应尽量选择阻力较低而推进系数较高的主尺度方案。但上述两点是有矛盾的,降低钢材消耗及造价要求船长较短,而提高航速则可能要求船长加长,这个矛盾应该用经济计算加以解决,找出一个经济性较好的适当的船长。但如果没有造价及营运经济方面的确切资料,这种计算也是不可靠的。因而本船设计中对这一矛盾可以这样处理,即在满足试航航速不低于16kn要求,以及以上所述容量和布置要求的情况下,选取尽量小的船长。

本船为双壳体结构,双壳内设专用压载舱,这对防止污染有利,同时能使油舱及压载

舱分开,装卸货油与排抽压载水可同时进行,因而可缩短停港时间,增大运输能力。但带来的问题是所需的舱容较大,为增大舱容,本船的型深应适当增加,船长及船宽则基本保持在正常范围。因此,具有较大的型深,同时有剩余干舷将是本船在结构形式上的一个特点,这说明本船的干舷肯定会满足载重线规范有关最小干舷的规定,因而在主尺度确定阶段可不做干舷校核。此外,只要本船的宽度吃水比 $B/d$ 不过小,货油舱纵向分割合理,稳性也能够满足要求。

本船吨位及尺度较大,实践证明,这种大型船舶抵御风浪的能力比小船强,风浪中失速相对较小,所以适航性也不是本船尺度确定时的主要矛盾,只需在保证其他要求的情况下适当加以考虑即可。

综上所述,可以归纳出本船主尺度确定时的主要设计思想为:在建造条件限定的主尺度范围内,保证容量及航速要求的情况下,应力争减小本船的主尺度,或者说力求降低本船的排水量。

### 三、主尺度及排水量的确定

#### (一) 型船资料

经对部分 5 万吨级油船资料统计整理得如下型船资料。

$$L_{pp} = 205 \sim 215 \text{m}$$
$$B = 30.5 \sim 32 \text{m}$$
$$d = 11.5 \sim 12 \text{m}$$
$$D = 115.4 \sim 18 \text{m}$$
$$C_b = 0.79 \sim 0.81$$
$$L_{pp}/B = 6.7 \sim 7.0$$
$$B/d = 2.5 \sim 2.8$$
$$L_{pp}/D = 10 \sim 14$$
$$DW/\Delta = 0.79 \sim 0.82$$

#### (二) 初始方案的拟定

参考以上母型船资料,利用有关吨级的主尺度统计公式,并考虑到船坞及船台的情况,初步拟定如下方案。

$$L_{pp} = 210 \text{m}, B = 30.5 \text{m}, d = 12.0 \text{m}, D = 18 \text{m}$$

初步选择的这一组尺度符合一般五万吨级油船尺度的通常范围,吃水也符合任务书提出的限制,按建造厂船坞及船台的尺寸来检查,设计船如选用这一方案也是可以建造的。因此可以把这一尺度方案作为初始方案。

#### (三) 空船重量 $LW$ 的估算

空船重量 $LW$ 按船体钢料重量 $W_h$、舾装设备重量 $W_f$ 及机电设备重量 $W_m$ 三项估算。

1. 船体钢料重量 $W_h$

按立方模数公式估算该项重量。5 万吨级油船立方模数的钢料重量系数 $C_h$ 一般在 0.0792~0.1053 范围内,但 $L/D$ 值较大者,重量系数一般也较大。本船的 $L/D = 11.67$,选取钢料重量系数为 0.091。故

$$W_h = C_h L_{PP} BD$$
$$= 0.091 \times 210 \times 30.5 \times 18 = 10500(\text{t})$$

2. 舾装设备重量 $W_f$

由统计可以发现,立方模数公式的重量系数 $C_f$ 随船舶吨位的增加降低很快,因此如没有吨位相近船舶的该项重量资料,其重量系数 $C_f$ 的大小是难以确定的。平方模数重量系数也是如此,因而就无法使用立方模数或平方模数公式来换算该部分重量。在这种情况下,可以以舾装设备相似的油船为母型,用比较换算法来确定该部分重量。

已知我国设计建造的24000t油轮的舾装设备重量为930t,本设计船与24000t油轮相比较,其中很多项目的重量都是基本不增加或增加很少的(如房间设备、钢质门窗、救生设备、全船梯子、通风设备、各种缆索、桅杆、供应品等),有的甚至还略有减少(如因油舱数目的减少,舱口盖及油舱内梯子重量将减少),增加重量的主要部分是油漆防腐及水泥等涂敷料、锚泊设备、舵系统等,将这些部分逐项与24000t油轮的相应重量相比较,估计其重量增加约为170t,则本船的舾装设备重量 $W_f$ 为

$$W_f = 930 + 170 = 1100(\text{t})$$

3. 机电设备重量 $W_m$

为了使估算结果可靠,仍然用比较换算法,而不用以主机功率为参数的换算公式。

已知24000t油轮的该项重量为1435t,本船与24000t油轮相比,主机较其重80t;锅炉湿重较其重30t;油舱加热及货油输送系统由于管路的长度及口径加大,泵浦加大,估计较24000t油轮约增重一倍,24000t油轮该系统重为200t,故该项增重200t;主机的辅助系统及其他杂项增重155t;发电机及其动力设备的重量基本没变。则本船机电设备的重量为

$$W_m = 1435 + 80 + 30 + 200 + 155 = 1900(\text{t})$$

综合以上三部分的重量,本船的空船重量 $LW$ 为

$$LW = W_h + W_f + W_m = 10\,500 + 1100 + 1900 = 13500(\text{t})$$

(四)计算排水量 $\Delta$ 及方形系数 $C_b$

已知 $DW = 50000\text{t}, LW = 13500\text{t}$,则

$$\Delta = LW + DW = 13500 + 50000 = 63500(\text{t})$$

所以排水体积 $\nabla$ 为

$$\nabla = \frac{\Delta}{\gamma k} = \frac{63500}{1.025 \times 1.005} = 61600(\text{m}^3)$$

式中:海水的密度 $\gamma = 1.025\text{t/m}^3$, $k = 1.005$ 是包括外板的突出体系数。

所以方形系数 $C_b$ 为

$$C_b = \frac{\nabla}{L_{PP} BD} = \frac{61600}{210 \times 30.5 \times 12.0} = 0.802$$

此方形系数符合任务书规定的不小于0.8的要求,也在5万吨级油轮的通常范围之内。

(五)载货量 $W_c$ 计算

载货量 $W_c$ 等于载重量 $DW$ 减去油水等消耗品重量之和。现对油水及备品、供应品的量计算如下。

1. 主机燃料油(重油)

本船主机的最大连续功率为12365kW,相当于试航状态下的功率,任务书要求试航

速度 $v_t$ 不得小于16kn。该主机的持久使用功率为11187kW,相当于服务状态下的功率,取服务状态下的航速 $v_s$ 为15kn。续航力为15000n mile,另加5天燃油储备,正常航行中主机烧重油,单位耗油量214.6g/(kW·h),则重油总量应为

$$214.6 \times 11187 \times \left(\frac{15000}{15} + 24 \times 5\right) \times 10^{-6} = 2690(t)$$

2. 轻柴油

本船航行时发动机的电力负荷约为400kW,停泊时低于此值,而进出港时高于此值。由于进出港时间较短,故按电力负荷的平均状态为400kW计算柴油消耗量是足够的。考虑到发电机效率为0.8,柴油机的单位耗油量取为237.8g/(kW·h),时间按15000n mile续航力加5天储备,并加5天停泊计算,则柴油机耗油量为

$$237.8 \times 400/0.8 \times \left(\frac{15000}{15} + 24 \times 10\right) \times 10^{-6} = 147.7(t)$$

现取为148t。

3. 锅炉燃油

本船采用两台副锅炉,蒸发量总共为40t/h,燃油耗量总共为2.7t/h,以下分4种工况进行计算。

卸油时锅炉满负荷工作,卸油时间为20h,耗油量 $Q_1$ 为

$$Q_1 = 2.7 \times 20 = 54(t)$$

卸油前48h,需要向货油舱内的加热盘管通入蒸气对货油加温,加温时锅炉负荷约为35%,耗油量 $Q_2$ 为

$$Q_2 = 2.7 \times 0.35 \times 48 = 45.4(t)$$

平均每个单程有一次压载水抽或排操作,任务书要求每次抽或排的时间不超过12h,蒸汽泵的耗汽量约为锅炉负荷的40%,则抽排压载水耗油量 $Q_3$ 为

$$Q_3 = 2.7 \times 0.40 \times 12 = 13(t)$$

航行时主要利用废汽锅炉的蒸气,副锅炉保持不灭火的状态即可,负荷很低,可取5%计算。停泊时,船上的蒸气消耗很少,故也取5%负荷计算。所以除去卸油、加温及抽排压载水以外的航行及停泊时间锅炉的耗油量 $Q_4$ 为

$$Q_4 = 2.7 \times 0.05 \times \left(\frac{15000}{15} + 24 \times 10 - 20 - 48 - 12\right) = 156.6(t)$$

增加10%裕度,则锅炉燃油总需要量 $Q$ 为

$$Q = (Q_1 + Q_2 + Q_3 + Q_4) \times 1.1$$
$$= (54 + 45.4 + 13 = 156.6) \times 1.1$$
$$= 296(t)$$

4. 锅炉水

在营运过程中,本船每次出港之前,锅炉及管路里应有的水总是装满的,而蒸气系统工作中的废汽总要冷凝成水再送回锅炉循环使用,因此船上所携带的锅炉用水只需能够补足由于管理不严等原因漏失的一部分水即可,本船的蒸气漏失量取为总蒸发量的5%。所以,锅炉水总量应为

$$\frac{Q}{2.7} \times 40 \times 5\% = 219(t)$$

5. 滑油

按主机燃油总量的2.5%计

$$Q = 2690 \times 0.025 = 67.25(t)$$

现取为68t。

6. 船员生活用水

本船船员53人,每人每天耗水按110kg计,则生活用水总量为

$$53 \times 110 \times \left(\frac{15000}{15 \times 24} + 10\right) \times 10^{-3} = 303(t)$$

现取为300t。其中增加的10天为5天储备,5天停港。

7. 人员及行李

每人体重按70kg计,每人的行李按110kg计,则人员及行李重为

$$(70 + 40) \times 53 \times 10^{-3} = 5.83(t)$$

现取为6t。

8. 食品

每人每天按5kg计,食品重为

$$5 \times 53 \times \left(\frac{15000}{15 \times 24} + 10\right) \times 10^{-3} = 13.8(t)$$

现取为14t。

9. 备品

备品的统计数字一般为50~70t,本船取为59t。

以上油水等消耗品重量之和为3800t。

已知载重量为$DW = 50000t$,则载货量

$$W_c = DW - 3800 = 46200(t)$$

表3.10为载重量估算的汇总表。

表3.10 载重量汇总表

| 项目 | 重量/t | 项目 | 重量/t |
|---|---|---|---|
| 主机燃料油 | 2690 | 人员及行李 | 6 |
| 轻柴油 | 148 | 食品 | 14 |
| 锅炉燃油 | 296 | 备品 | 59 |
| 锅炉用水 | 219 | 油水等消耗品合计 | 3800 |
| 滑油 | 68 | 载货量 | 46200 |
| 生活用水 | 300 | 载重量总计 | 50000 |

(六)航速校核

航速校核的目的是校验在选定的主尺度及系数下,当主机发出功率为12365kW时,航速能否达到任务书的要求,即试航速度为16kn。

有效功率的估算,采用兰普法进行,计算结果及步骤列于表3.11中。表中船中剖面系数$C_m$暂取为0.993,浮心位置$X_b$取为船中前2%$L_{PP}$。

再用螺旋桨设计的通常方法,利用MAU图谱估算出本船在航速为16kn左右时推进

系统的总推进系数约为 0.59,考虑适当裕度,取为 0.585,则主机发出功率为 12365kW,折算成推进功率为:

$$THP = 12365 \times 0.585 = 7235 (kW)$$

本船相关数据:$L_{pp} = 210m$,$C_m = 0.993$,$L_d = 1.01L_{pp} = 212m$,$C_p = 0.807$,$B = 30.5m$,$C_{pd} = 0.801$,$d = 12.0m$,$B/d = 2.54$,$\nabla = 61650m^3$,$L_d/B = 6.95$,$C_b = 0.802$,$X_b = +2\%L_{pp}$,$C_{bd} = 0.795$。

有效功率的计算见表 3.11。其中:

$$C_{ti} = C_{Rt} + C_{Fs} + C_A = \frac{R_{ti}}{\frac{1}{2}\rho Sv^2}$$

式中:取 $\rho = 104.5 (kg \cdot s^2/m^4)$。

$$S = (3.4\nabla^{\frac{1}{3}} + 0.5L_{pp})\nabla^{\frac{1}{3}} = 9425(m^2)$$

$$C_{Rt} = \frac{BdC_m}{S}\zeta_r = 0.03856\zeta_r$$

表 3.11 有效功率计算

| 序号 | 项 目 | 数 值 | | | |
|---|---|---|---|---|---|
| 1 | $v/kn$ | 14 | 15 | 16 | 17 |
| 2 | $v/(m/s)$ | 7.202 | 7.717 | 5.231 | 8.764 |
| 3 | $v/\sqrt{C_{pd}L_d}$ | 0.553 | 0.593 | 0.632 | 0.672 |
| 4 | $\zeta_r \times 10^3$(查图) | 21.3 | 23.5 | 27 | 33 |
| 5 | $L_d/d$(查图) | -4.50% | -4.50% | -4.50% | -4.50% |
| 6 | (修正后)$\zeta_r \times 10^3 = [1+(5)] \times (4)$ | 20.35 | 22.45 | 25.8 | 31.5 |
| 7 | $C_{R_t} \times 10^3$ | 0.785 | 0.866 | 0.995 | 1.215 |
| 8 | $v \cdot L_d$ | 2968 | 3180 | 3392 | 3604 |
| 9 | $C_{F_s} \times 10^3$(查图) | 1.485 | 1.473 | 1.46 | 1.448 |
| 10 | $C_A$(查表) | 0.00015 | 0.00015 | 0.00015 | 0.00015 |
| 11 | $(C_{F_s} + C_A) \times 10^3 = (9) + (10)$ | 1.635 | 1.623 | 1.061 | 1.598 |
| 12 | $C_{ti} \times 10^3 = (7) + (11)$ | 2.42 | 2.489 | 2.605 | 2.183 |
| 13 | $v^2/(m^2/s^2)$ | 51.873 | 59.549 | 67.753 | 76.489 |
| 14 | $\frac{1}{2}\rho v^2 S/kg$ | $2.55 \times 10^7$ | $2.93 \times 10^7$ | $3.34 \times 10^7$ | $3.77 \times 10^7$ |
| 15 | $R_{ti} = (12) \times (14) \times 10^{-3}/kg$ | 61900 | 73000 | 86700 | 106000 |
| 16 | $(B/d)$修正$ = (B/d - 2.4) \times 5\%$ | 0.70% | 0.70% | 0.70% | 0.70% |
| 17 | $R_t = (15) \times [1+(16)]/kg$ | 62333 | 73511 | 87307 | 106742 |
| 18 | $v/75/(m/s)$ | 0.09603 | 0.10289 | 0.10975 | 0.11661 |
| 19 | $EHP = (17) \times (18) \times 0.736/kW$ | 4397 | 5560 | 7058 | 9156 |

按 EHP 及 THP 绘出图 3-9,得到试航航速为 16.09kn,满足任务书要求。

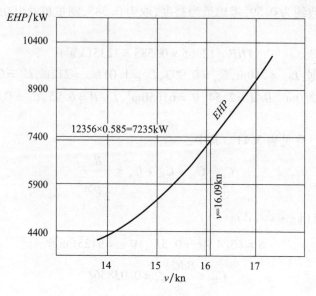

图 3-9 设计航速的确定

### (七) 容积校核

根据规范对油船双壳双底等规定:

(1) 600t ≤ $DW$ < 5000t 油船,至少应设双层底结构,其高度 $h_d = B/15$ (m),但不得小于 0.76m。

(2) $DW$ ≥ 5000t 油船,必须设双壳双底结构。整个货油舱长度范围应由压载舱、非货油和燃油处所加以保护。双层壳宽度不得小于 $b = 0.5 + \dfrac{DW}{20000}$ 或 2m 取小者;但不得小于 1m。双层底高不得小于 $h_d = B/15$ (m) 或 2m 取小者;但不得小于 1m。

按规定,本船货油区结构必须采用双壳双层底结构。对双层壳宽度 $b$ 及双层底高度 $h_d$ 选择如下:$b = 0.5 + \dfrac{DW}{20000} = 0.5 + \dfrac{50000}{20000} = 0.5 + 2.5 = 3.0$(m);按规定本船双壳宽 $b$ 最低值取 2m;$h_d = B/15 = 2.03$(m);按规定本船双层底高度 $h_d$ 最低值取 2m。

对双壳双底型油船容积校核要分层检验,即分别对货油舱容积和专用压载舱舱容进行检验。

$$V_{tk} \geq V_{cn} 及 (V_D - V_{tk}) \geq V_{bn}$$

式中:$V_{tk}$ 为货油舱能提供的容积(m³);$V_D$ 为货油区能提供的总容积(m³);$V_{cn}$ 为货油所需容积(m³);$V_{bn}$ 为压载舱所需容积(m³)。

本船能提供的总容积 $V_D$ 按下述统计式计算:

$$V_D = K_v L_c BDC_{md}$$
$$K_v = 0.6596 + 0.6747 C_b - 0.3022 K_c$$
$$C_{md} = 1 - d/D(1 - C_m)$$

式中:$C_m$ 为船中剖面系数,取 $C_m = 0.993$;$L_c$ 为货油区长度,本船取 $L_c = 150$m;$K_c$ 为货油区长度利用系数,$K_c = L_c/L_{PP}$,本船 $K_c = 0.714$,现代大型油船 $K_c$ 一般范围为 0.70~0.79。

则

$$K_v = 0.6596 + 0.6749 \times 0.802 - 0.3022 \times 0.714 = 0.985$$

$$C_{md} = 1 - \frac{12}{18}(1 - 0.993) = 0.995$$

则得

$$\begin{aligned} V_D &= K_v L_c BDC_{md} \\ &= 0.985 \times 150 \times 30.5 \times 18 \times 0.995 = 80709(\text{m}^3) \end{aligned}$$

本船货油舱能提供的容积 $V_{tk}$ 按下式计算：

$$V_{tk} = K_a L_c (B - 2b)(D - h_d)$$

$$K_a = (0.25C_b + 0.702)(0.018 \cdot b + 0.950)$$

式中：$b$ 为双层壳宽度(m)；$h_d$ 为双层底高度(m)。

则得

$$K_a = (0.25 \times 0.802 + 0.702)(0.018 \times 2 + 0.950) = 0.890$$

$$V_{tk} = 0.890 \times 150 \times 26.5 \times 16 = 56604(\text{m}^3)$$

本船专用压载水舱(双层壳之间)能提供的容积：

$$V_D - V_{tk} = 80709 - 56604 = 24105(\text{m}^3)$$

本船货油所需容积 $V_{cn}$ 为

$$V_{cn} = \frac{W_c}{\gamma_c} k$$

式中：货油量 $W_c = 46200\text{t}$；计算时取货油密度 $\gamma_c = 0.85\text{t/m}^3$，考虑货油膨胀及舱内构架系数 $k = 1.04$，有

$$V_{cn} = \frac{46200}{0.85} \times 1.04 = 56527(\text{m}^3)$$

本船专用压载水舱所需容积 $V_{bn}$，任务书要求不小于货油舱容积的25%，另考虑保证压载航行埋住螺旋桨及首吃水不小于 $0.027L_{pp}$，需加大压载水量。据统计，大型油船压载水舱容积为 $30\%DW \sim 40\%DW$，本船 $V_{bn} = 0.40DW = 0.40 \times 50000 = 20000\text{m}^3$。

经以上计算可知：$V_{tk} > V_{cn}$，$(V_D - V_{tk}) > V_{bn}$，$V_D > (V_{cn} + V_{bn})$。

另外，预计本船型的稳性可以满足；干舷属于富裕干舷，故这两项可暂不作校核。

(八) 设计总结

本船主尺度要素为：两柱间长 $L_{PP} = 210\text{m}$，型宽 $B = 30.5\text{m}$，设计吃水 $d = 12\text{m}$，型深 $D = 18\text{m}$，方形系数 $C_b = 0.802$，浮心纵向位置舯前 $2\%L_{PP}$，排水量 $\Delta = 63570\text{t}$，载重量 $DW = 5000\text{t}$，载货量 $W_c = 46200\text{t}$，试航速度 $v = 16.09\text{kn}$，续航力 15000n mile，船员 53 人。主机功率 12365kW，单机单桨。

## 第五节　布置型船主要要素确定

一、一般步骤

集装箱船、滚装船、客船、拖船、工程船属于布置型船舶，其主尺度主要靠布置因素确定。这些船舶的主尺度确定就是布置地位型问题。布置型船舶中，由于各类船舶的性能

特点有差异,在确定步骤和方法上会有些区别,要根据设计船的具体情况采取相应的步骤与方法。下面以集装箱船为例具体介绍布置地位型船舶主尺度确定的一般步骤及方法。

集装箱船运送货物的单元是集装箱,其主尺度必须满足装载一定数量集装箱的所需地位。表3.12为国际标准化组织(ISO)对海运推荐的部分标准箱外部尺度与重量。

表3.12 部分标准箱的外部尺度、容积与重量

| 箱型 | 高/mm | | 宽/mm | | 长/mm | | 最小内部容积 /m³ | 限定最大重量 /kg |
|---|---|---|---|---|---|---|---|---|
| | 尺度 | 公差 | 尺度 | 公差 | 尺度 | 公差 | | |
| 1AA | 2591 (8'6") | 0~5 | 2438 (8') | 0~5 | 12192 (40') | 0~10 | 64.8 | 30480 |
| 1A | 2438 (8') | 0~5 | 2438 (8') | 0~5 | 12192 (40') | 0~10 | 60.5 | 30480 |
| 1CC | 2591 (8'6") | 0~5 | 2438 (8') | 0~5 | 6058 (20') | 0~6 | 31.7 | 20320 |
| 1C | 2438 (8') | 0~5 | 2438 (8') | 0~5 | 6058 (20') | 0~6 | 29.6 | 20320 |

**(一)甲板箱数与舱内箱数的分配及行、列、层选择**

集装箱船舱内容积利用率比普通货船低,为增大载箱量,一方面可将货舱口开得尽量大以增加舱内集装箱数,另一方面在甲板上装载一定数量的集装箱。甲板货箱数的多少与甲板及舱口盖的承载能力、船舶尺度、稳性、有无起重设备、固缚设备装拆时间、驾驶视线等因素有关。所以甲板货箱与舱内货箱的分配,应视船型大小、航线情况、港口装卸条件、船舶造价及性能各方面因素加以确定。甲板上堆放集装箱数($N_D$)和舱内布置的集装箱数($N_H$)分别与各自布置的行、列、层有关。通常中小型集装箱船甲板箱一般为1~3层,以2~3层居多,现代大型集装箱船(巴拿马型或超巴拿马型)甲板箱可达5~6层。

集装箱布置的行、列、层选择问题:集装箱在船长、船宽和型深方向的排列,依次称为行、列、层,分别以$X$、$Y$、$Z$表示。

确定了$N_D$与$N_H$的分配之后,需进一步确定舱内箱在船长、船宽和型深方向的分布,即行、列、层数。行、列、层数对船舶主尺度有很大影响,在确定货舱尺度之前要选择好行、列、层数。

行、列、层数与舱内箱数$N_H$的统计关系为

$$XYZ = 1.445N_H - 62 \qquad (3-20)$$

表3.13所列为$Y \times Z$与$N_H$大致关系,运用此表和前述的统计关系式,就可确定出$X$、$Y$、$Z$。显然$X$、$Y$、$Z$均应取整数。

表3.13 $Y \times Z$与$N_H$关系

| $N_H$ | 120~250 | 250~300 | 300~450 | 450~850 | 850~1200 | >1500 |
|---|---|---|---|---|---|---|
| $Y \times Z$ | 5×3 | 6×4 | 7×5 | 8×6 | 9×7 | 10×9 |

## (二)主尺度初步选择

按舱内箱分布的行、列、层数确定船长、船宽与型深。

### 1. 船长的确定

集装箱船的垂线间长 $L_{PP}$ 根据布置要求,一般表示为

$$L_{PP} = L_a + L_m + L_f + L_d + L_c \quad (3-21)$$

式中:$L_a$ 为尾尖舱长度,约为 $4\%L_{PP} \sim 5\%L_{PP}$;$L_f$ 为首尖舱长度,规范规定 $\leqslant 5\%L_{PP}$,一般为 $5\%L_{PP} \sim 7\%L_{PP}$;$L_d$ 为深油舱长度,尾机型船舶因纵倾调整和布置需要,常在首部设有燃油深舱或压载舱,一般为 $3\%L_{PP} \sim 5\%L_{PP}$;$L_m$ 为机舱长度。小型船为主机长加 10m,低速柴油机的机舱长可由下式计算:

$$L_m = 23 + 2 \times 10^{-4} \cdot \frac{BHP}{0.736}$$

式中:$BHP$ 为主机额定功率(kW);$L_c$ 为货舱长度,根据舱内集装箱布置的行数、集装箱间纵向间隙及集装箱与横舱壁间的间隙确定。初始阶段可用下述各式估算:

$$L_c = K \cdot L_T \cdot X(\text{m}) \quad (3-22)$$
$$L_c = 7.7X - 8 \quad (3-23)$$

式中:$X$ 为行数;$L_T$ 为 20 英尺的标准箱长,$L_T = 6.058\text{m}$;$K$ 为系数,一般为 $1.2 \sim 1.3$。

### 2. 船宽的确定

船宽根据集装箱装载的列数 $Y$,考虑货箱之间间隙与甲板通道(或边舱)的宽度确定。如图 3-10 所示,船宽 $B$ 按下式计算:

$$B = Y(d + \alpha) + a(Y - M) + 2Mc + (M - 1)e + 2b$$

式中:$Y$ 为集装箱舱内列数;$d$ 为 20 英尺集装箱宽度,$d = 2.438\text{m}$;$\alpha$ 为集装箱与导箱轨之间的间隙,一般为 $0.025 \sim 0.03\text{m}$;$a$ 为导箱架的组合构件的厚度(格栅宽度),一般为 $0.2 \sim 0.25\text{m}$;$M$ 为沿船宽方向舱口的数目;$c$ 为集装箱距舷侧纵隔壁的距离,一般为 $0.15\text{m}$;$e$ 为舱口纵梁面板宽度,一般为 $0.5 \sim 0.7\text{m}$;$b$ 为甲板边板宽度(舷侧水舱宽度),一般 $2b/B = 10\% \sim 23\%$,通常取 $3.0 \sim 3.2\text{m}$。

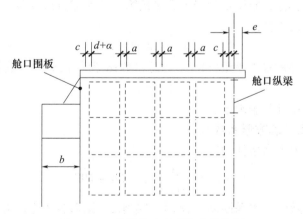

图 3-10 集装箱在船宽方向的布置

### 3. 型深的确定

型深 $D$ 主要取决于集装箱在舱内的层数。型深 $D$ 与有关尺度间的关系如图 3-11

所示,按下式计算:

$$D = H_d + H_n + h_t + f - (H_c + C) \tag{3-24}$$

式中:$H_d$ 为双层底高度(m);$H_n$ 为货舱内集装箱总高度,$H_n$ = 箱高 $H_{TEU}$ × 层数 $Z$,20 英尺 (6.058m)标准箱高 $H_{TEU}$ = 2.591m;$h_t$ 为内底距最下层集装箱的间隙,一般为 0.025 ~ 0.05m;$f$ 为集装箱顶与舱口盖板下缘的距离,一般单板开敞式大舱口取 0.45 ~ 0.5m;$H_c$ 为货舱口围板高度,一般在 0.6m 以上,某些集装箱船,货舱口至舷墙间要堆放集装箱,其下设走道,舱口围板高度可达 1.5 ~ 2.0m;$C$ 为上甲板梁拱,可按 $B/50$ 选取。

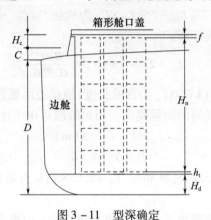

图 3-11 型深确定

**(三)重量估算**

1. 空船重量 LW

空船重量可根据母型船重量资料经换算确定。

2. 载重量 DW

集装箱船载重量包括集装箱、燃油、滑油、淡水、船员及行李、供应品、备品及为调节浮态和稳性而加的压载水等项重量。

油、水、供应品、备品、船员及行李等重量按第二章所述方法计算。

集装箱重量或载货量:

$$W_c = \alpha N_T W_{max} \tag{3-25}$$

式中:$W_{max}$ 为每个货箱的最大重量(t);$N_T$ 为总箱数;$\alpha$ 为每箱平均重量系数(一般为 0.6 ~ 0.7)。

压载水重量按相近型船确定。

**(四)确定吃水 $d$ 和方形系数 $C_b$**

根据重力与浮力平衡条件,有

$$dC_b = \frac{\Delta}{k\gamma L_{pp} B}, \Delta = LW + DW$$

吃水 $d$ 受航道及港口水深限制时,取限制吃水,否则取较大吃水对推进性能有利。得出吃水后,就可由上式求出 $C_b$。若不合适,则应视具体情况对 $d$ 和 $C_b$ 加以调整。

**(五)绘制型线草图进行总布置**

有了初步的主尺度和排水量之后,可绘制型线草图和进行总布置,通过总布置检验舱内箱和甲板箱的总数是否满足要求,其次再核算航速及初稳性。根据总箱数和性能校核结果,视具体情况调整主尺度,进行较深入一步计算。

二、实例

**例 3-1** 720TEU 集装箱船主尺度确定

设计要求:总箱量不少于720TEU,试航航速不小于15kn,吊装式全集装箱船。

1. 通过布置确定船长、船宽、型深

总箱量为 700~750 箱的集装箱船属中小型集装箱船。通常设计成单舱口型式,一般设 3 个货舱。考虑到兼顾运输重、长件货物的可能,一般是长短舱配置,设两个短舱和一个长舱(第二舱为长舱)。

根据设计要求并参考同型船的实船资料,拟定本船横剖面为图 3-10 所示形式(不设舱口纵梁)。舱内布置 6 列 4 层,甲板上布置 9 列 3 层集装箱,货箱全部纵向安放。

1) 型宽

按舱内箱布置计算,取边舱宽 $b=3.1\text{m}$,货箱与侧壁间隙 $c=0.12\text{m}$,格栅宽度 $a=0.2\text{m}$,集装箱在格栅中宽度方向的间隙 $\alpha=0.025\text{m}$,集装箱宽度 $d=2.438\text{m}$,则船宽 $B$ 为

$$\begin{aligned} B &= 6(d+\alpha)+2b+2c+5a \\ &= 6(2.438+0.025)+2\times 3.1+2\times 0.12+5\times 0.2 \\ &= 14.778+6.2+0.24+1.0=22.2(\text{m}) \end{aligned}$$

按甲板上集装箱布置计算,取货箱间隙为 0.025m,则所需船宽为

$$B = 9\times d+8\times 0.025 = 9\times 2.439+8\times 0.025 = 22.147(\text{m})$$

综合考虑按舱内布置及甲板布置所得的两个值,取船宽 $B$ 为 22.20m。

2) 型深

分别取双层底高度 $H_d=1.5\text{m}$,内底及其上垫板厚 $h_t=0.04\text{m}$,舱内集装箱最上层货箱顶面至舱口盖下缘距离 $f=0.15\text{m}$,舱口围板高度 $H_C=1.5\text{m}$(考虑到货舱口两侧的上空布放集装箱时,其下面通道的最低高度),集装箱高度 $H_{TEU}=2.591\text{m}$,舱口纵围板下面的拱高很小可忽略不计,则型深为

$$\begin{aligned} D &= H_d+h_t+4\times H_{TEU}+f-(H_C+0) \\ &= 1.5+0.040+4\times 2.591+0.15-(1.5+0) \\ &= 10.554(\text{m}) \end{aligned}$$

取型深 $D=10.6\text{m}$。

3) 船长

设 3 个货舱,第一货舱和第三货舱布置 4 行 20 英尺集装箱,第二货舱布置 6 行 20 英尺集装箱。在长度方向上的每两个 20 英尺箱可以换装一个 40 英尺箱,故货舱长度可按 40 英尺箱长 12.192m 计,但行数上是上述行数的一半。按导轨的通常尺度,取货舱口端壁与货箱间距离为 0.27m,取货箱间纵向间隙为 0.55m,货箱与导轨间每面留 0.02m 间隙,则第一和第三货舱口长度为

$$l_1 = l_3 = (12.192+0.04)\times 2+2\times 0.27+0.55 = 25.554(\text{m})$$

第二货舱口长度为

$$l_2 = (12.192+0204)\times 3+2\times 0.27+2\times 0.55 = 38.336(\text{m})$$

取实际肋骨间距长度为710mm,按肋位数计算：
第一和第三货舱口取36个肋位,其长度为
$$36 \times 0.71 = 25.56(\text{m})$$
第二货舱口取54个肋位,其长度为
$$54 \times 0.71 = 38.34(\text{m})$$
货舱长度的确定：

在第一和第二货舱及二、三货舱间设单柱旋转式吊车(克林吊),吊柱两侧设一行20英尺箱,吊柱中心线至舱口横向围板间距为4个肋位;一货舱口的前围板至首楼后壁及三货舱口的后围板至尾楼前壁的间隙各取两个肋位(交通通道需要),则一、二、三货舱长度分别为

$$l_1 = l_3 = 25.56 + 6 \times 0.71 = 29.82(\text{m})$$
$$l_2 = 38.34 + 8 \times 0.71 = 44.02(\text{m})$$

货舱区总长度为
$$l = 2 \times 29.82 + 44.02 = 103.66(\text{m})$$

船长的确定：

参考母型船,尾尖舱长度取7.2m,机舱长度取17.04m,首侧推装置舱长取3m,首尖舱长取7.1m,则船长为
$$L_{PP} = 7.2 + 17.04 + 103.66 + 7.1 + 3 = 138(\text{m})$$

2. 重量估算

1) 空船重量估算

船体钢料重量 $W_h$ 按下式估算：
$$\begin{aligned} W_h &= 0.04607 L^{1.659} B^{0.7777} D^{0.2825} \\ &= 0.04607 \times 138^{1.659} \times 22.2^{0.7777} \times 10.6^{0.2825} \\ &= 0.04607 \times 3548.62 \times 11.144 \times 1.9483 \\ &= 3550(\text{t}) \end{aligned}$$

舾装设备重量 $W_f$ 按下式估算：
$$\begin{aligned} W_f &= 0.0912 L^{1.604} B^{0.4705} D^{0.0154} \\ &= 0.0912 \times 2706.24 \times 4.3 \times 1.0009 = 1062(\text{t}) \end{aligned}$$

机电设备重量 $W_m$ 按下式估算(取主机额定功率 $BHP = 5770\text{kW}$)：
$$\begin{aligned} W_m &= 169.14 \left(\frac{BHP}{1000}\right)^{0.5} + 370.3 \\ &= 169.14 \left(\frac{5770}{1000}\right)^{0.5} + 370.3 \\ &= 777(\text{t}) \end{aligned}$$

空船重量
$$\begin{aligned} LW &= (W_h + W_f + W_m) \times 1.045 \\ &= (3550 + 1062 + 777) \times 1.045 \\ &= 5632(\text{t}) \end{aligned}$$

其中系数 1.045 是考虑了 4.5% 的储备重量。

2）载重量估算

初步估算时,根据总载箱数 $N_T$ 估算载重量。

$$DW = K_C \cdot N_T \cdot P_C$$

式中:$K_C$ 为计入集装箱固缚设备、人员、食品、油水、压载水等重量的系数,参照母型船可取为 1.325;$P_C$ 为集装箱每箱计算重量,取为 13t/箱(相当于标准重量 65%);$N_T$ 为总装箱数(TEU)。

总装箱数 $N_T$ 估算:

舱内箱数

$$N_H = K_0 \cdot X \cdot Y \cdot Z = 0.91 \times 14 \times 6 \times 4 = 306(箱)$$

式中:$K_0 = 0.91$,折减系数,取自母型船;$X = 14$,舱内箱总行数;$Y = 6$,舱内箱列数;$Z = 4$,舱内箱层数。

甲板上货箱数

$$N_D = K_1 \cdot X \cdot Y \cdot Z(箱)$$

甲板上布置 3 层,总行数 $X = 17$,列数 $Y = 9$,层数 $Z = 3$,折减系数取为 $K_1 = 0.92$。

所载总箱数 $N_T$ 为

$$N_T = N_H + N_D = 306 + 422 = 728(箱)$$

载箱量符合设计要求。

本集装箱船载重量为

$$DW = 1.325 \times 728 \times 13 = 12540(t)$$

3. 吃水及方形系数的确定

1）吃水

考虑集装箱船的稳性要求及兼顾航速,吃水选得太大,则宽度吃水比变小对稳性不利;但吃水太小,对航速不利。综合考虑选择 7.9m 作为设计吃水。

2）方形系数 $C_b$ 按重力、浮力平衡确定

本船满载排水量为

$$\Delta = LW + DW = 5632 + 12540 = 18172(t)$$

方形系数 $C_b$ 为

$$C_b = \frac{\Delta}{\gamma_\alpha L_{PP} B d} = \frac{18183}{138 \times 22.2 \times 7.9 \times 1.026} = 0.732$$

4. 性能校验

1）航速校验

主机功率 $BHP = 5770kW(MCR)$,转数 $N = 155r/min$,计算航速时取功率为 0.95MCR,即为 5482kW。

初步估算航速,用下面的经验公式计算:

$$\begin{aligned} v &= 1.765 L^{0.2098} B^{-0.181} d^{-0.0911} C_b^{-0.4816} BHP^{0.1995} \\ &= 1.765 \times 138^{0.2098} \times 22.2^{-0.181} \times 7.9^{-0.0911} \times 0.732^{-0.4816} \times 5482^{0.1995} \\ &= 15.18(kn) \end{aligned}$$

航速满足设计要求。

2）稳性校验

初稳性高度按下式核算：

$$\overline{GM} = Z_b + r - Z_g$$

式中

$$Z_b = A_1 d = 0.531 \times 7.9 = 4.195 (\text{m})$$

$$A_1 = \frac{C_w}{C_w + C_b} = \frac{0.83}{0.83 + 0.732} = 0.531$$

$$r = A_2 \frac{B^2}{d} = 0.0826 \frac{22.2^2}{7.9} = 5.153 (\text{m})$$

$$A_2 = \frac{C_w^2}{11.4 C_b} = \frac{0.83^2}{11.4 \times 0.733} = 0.0826$$

$$Z_g = \xi \cdot D = 0.78 \times 10.6 = 8.268 (\text{m})$$

$$\overline{GM} = 4.195 + 5.153 - 8.268 = 1.08 (\text{m})$$

水线面系数 $C_w$ 及重心竖向高度系数 $\xi$，参照母型船确定。

以上通过初步草图布置和重量估算，初步确定出船舶主尺度、方形系数及总装箱数。但这只是一个初次近似计算结果，接下来应绘制型线图，进行较详细布置，进一步修正和完善主尺度及船型系数。

5. 通过绘制型线草图进行实际布置修正主尺度及排水量

当初步确定出主尺度之后，可通过绘制型线草图进行实际布置确定总装箱数，进一步修改主尺度。实际布置的结果如图 3-12 所示。舱内各层自下而上安放的货箱数分别为：一层 70 箱，二层 76 箱，三层 78 箱，四层 80 箱，舱内共计 304 箱。甲板上在尾楼以前布置 3 层 16 行，每层安放 136 箱，前面共计 408 箱；尾楼后面安放 2 层 1 行，每层 6 箱，后面共计 12 箱。甲板货箱共计 420 箱，全船共计 724 箱。

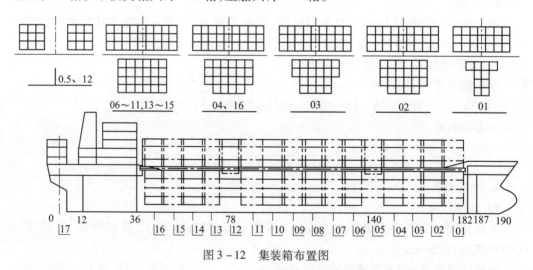

图 3-12 集装箱布置图

1）载重量及排水量计算

根据实际布置和实际箱重再次计算载重量。舱内货箱单箱重各层分别取为：一层 20t、二层 18t、三层 16t、四层 14t；甲板货箱每箱重取 8.5t。船员、油水及货箱固缚设备重量经换算共计为 1582t；压载水参照母型船取为 2208t。载重量及满载排水量量如表 3.14 所列。

表 3.14 载重量和排水量计算

| 序号 | 项目名称 | $P/t$ | $Z_g/m$ | $M_{xy}/(t \cdot m)$ |
|---|---|---|---|---|
| | 载重量 $DW$ | 12496 | 7.866 | 98291.14 |
| (1) | 船员、油水及固缚设备等重量 | 1582 | 5.128 | 8112.5 |
| (2) | 压载水重量 | 2208 | 1.649 | 3641 |
| (3) | 集装箱重量 | 8706 | 9.94 | 86537.64 |
| | 空船重量 $LW$ | 5632 | 8.8 | 49561.6 |
| | 排水量 $\Delta$ | 18128 | 8.156 | 147852.74 |

2)主尺度及方形系数修正

船长、船宽、吃水仍保持不变,这里主要修改方形系数。修正后的方形系数为

$$C_b = \frac{\Delta}{\gamma_\alpha L_{PP} B d} = \frac{18128}{138 \times 22.2 \times 7.9 \times 1.026} = 0.730$$

3)航速与稳性校验

航速校验:

仍以前述经验公式估算方法进行航速校验。

$$V_s = 1.765 L^{0.2098} B^{-0.181} d^{-0.0911} C_b^{-0.4816} BHP^{0.1995}$$
$$= 15.21 (\text{kn})$$

稳性校验:

$$\overline{GM} = \overline{KM} - \overline{KG} = 9.15 - 8.156 = 0.994 (\text{m})$$

经自由液面修正后:

$$\overline{GM}_0 = \overline{GM} - \delta h = 0.994 - 0.002 = 0.992 (\text{m})$$

6. 设计总结

本船主尺度要素为:两柱间长 $L_{PP} = 138$m,型宽 $B = 22.2$m,设计吃水 $d = 7.9$m,型深 $D = 10.6$m,方形系数 $C_b = 0.73$,排水量 $\Delta = 18128$t,试航速度 $v = 15.21$kn。甲板载载箱数 420 箱,货船载箱数 304 箱。主机功率及转速:5770kW × 155r/min,单机单桨。

**例 3-2** 车客渡船主尺度确定

1. 设计要求

(1)航区、航线:近海航区,用于环渤海地区,主要航行在蓬莱、旅顺两港之间。

(2)用途:运输车辆及旅客。

(3)主尺度限制:考虑港口条件,要求船的总长不大于 85m,吃水不大于 3.8m。

(4)载客量及载车量:旅客 300 人;33 辆 5t 标准货车,每件滚装货最大允许高度 4.10m。

(5)主机型号、功率及转数:型号为 L8250ZC,两台、单机额定功率及转速为 1213kW × 750r/min。

(6)航速:试航速度不低于 15.0kn。

(7)续航力及自持力:营运航速下能连续航行 1320n mile,自持力 5 天。

(8)船员定额:38 人。

2. 对本船的简要分析

从本船的主要用途及设计任务书中各项技术要求来看,该船属近海中小型车客滚装渡船。

1)滚装船的特点

(1)建筑及尺度特征。具有纵通的上甲板,上甲板平整,甲板上无货舱口及起货设备。机舱设在中后部。甲板层数多,干舷甲板不在最上层,中小型滚装船车辆甲板也是干舷甲板。车辆舱内不设横舱壁。在车辆甲板的首尾端设跳板,作为车辆等滚装货物的装卸通道。滚装船的舱容利用率低,船的总高度比同吨级一般货船高,水上侧投影面积大。滚装船主尺度受货物单元尺度影响,船长、船宽、型深与货物单元尺度成一定比例关系。由于其装卸速度快,航速较高,其方形系数 $C_b$ 较小,一般为 $0.6 \sim 0.65$。

(2)稳性及抗沉性。滚装船常常在甲板上装货,型深高(至上甲板),使船重心升高,受风面积大,易引起稳性恶化。为保证航行安全,滚装船应具有足够的初稳性高度。但初稳性过高,横摇剧烈,易使货物移位而失事。车客滚装船还应计算抗沉性。

(3)操纵性。滚装船,尤其是短航程滚装船,靠离码头频繁,加之型深高(至上甲板),水线以上受风面积大,要求具有较高的操纵性。为此,这种船多设双桨和首侧推装置。

(4)压载水舱和横倾调整水舱。为保证船舶稳性,控制吃水、纵倾和横倾,使船获得良好的浮态和稳性,需有足够容积的压载水舱。另外,有些船上还专门设有左右舷对称成对的主动式或被动式调横倾水舱。

2)设计构思

(1)设计船为具有全通船楼的钢质多层甲板短途车客滚装渡船。因靠离码头频繁,要求有较好的操纵性,因此采用双机、双桨、双舵,因方形系数较小,采用中尾机型,为提高快速性及靠码头方便采用非突出式球鼻首、方尾、双尾鳍型线。

(2)全船自下而上设有车辆甲板、船楼甲板、旅客甲板、游步甲板(救生甲板)、驾驶甲板及罗经平台等。

(3)车辆甲板上设置 4 条车道,在船首部设首跳板,船尾部设尾跳板,作为车辆等滚装货物的装卸通道。为便于货物装卸,整个车辆舱载货区域内不设横舱壁和支柱。

(4)车辆甲板和旅客甲板为两个连续纵通甲板。车辆甲板即干舷甲板。旅客甲板上为旅客生活区,旅客与车辆分区布置,保证安全。

(5)设计船主尺度确定时要考虑如下几个因素。

① 设计船由于港口条件限制,要求船舶总长不大于 85m,吃水不大于 3.8m。

② 吃水用足对提高螺旋桨效率有利。

③ 设计船对稳性、抗沉性、操纵性、适航性及快速性要求都较高,而且有尺度限制及载车量和载客量的要求,因此,在主尺度确定时要权衡利弊,全面考虑。

④ 在保证航速和布置要求的情况下,为降低造价和改善操纵性船长应尽量缩短。

⑤ 船宽增加使方形系数变小,方形系数太小使双尾鳍难以实现。

3. 初始排水量及主尺度确定

1)载重量估算

(1)载客量与载货量:旅客及行李 31.08t,船员及行李 4.801t,载重货车 313.5t。

(2)燃润料及清水重量:重油 82.0t,轻柴油 14.0t,滑油 6.0t,清水 72.0t。

(3) 粮食及备用食品:6.0t。

(4) 压载水:一般中小型滚装船压载水量占载重量 25%~35%,本船取 28.5%,则压载水量为

$$529.38 \times 28.5\% = 151(t)$$

载重量 $DW = 31.08 + 4.80 + 313.5 + 82 + 14 + 6.0 + 72 + 6.0 + 151 = 680.38(t)$

取 $DW = 680(t)$

2) 主尺度初步确定

(1) 船长选择。按车辆纵向布置确定所需船长,有

$$L_{OA} = xl + (x-1)a + \sum \Delta l_i$$

式中:$l$ 为车辆长度,标准车辆长度为 6.91m;$x$ 为车辆纵向布置的行数,本船取 10 行;$a$ 为车辆纵向间隙,本船取 $a = 0.3$m;$\Delta l_i$ 为船首尾附加长度,其中,$\Delta l_1$、$\Delta l_2$ 分别为车辆离首、尾门的距离,本船 $\Delta l_1 = 1$m,$\Delta l_2 = 1$m;$\Delta l_3$ 为首门离首垂线距离,本船 $\Delta l_3 = 1.8$m;$\Delta l_4$、$\Delta l_5$ 如为首、尾飘出长度,本船 $\Delta l_4 = 3$m,$\Delta l_5 = 1$m。

$$L_{OA} = 10 \times 6.91 + 9 \times 0.3 + 1 + 1 + 1.8 + 3 + 1 = 79.6(m)$$

考虑尾柱离船尾封板(尾跳板下缘)的距离为 2.4m,则

$$L_{PP} = 73.2(m)$$

(2) 船宽选择。按车辆横向布置确定所需最大船宽:

$$B_{max} = yb + (y-1)c + 2d + 2e$$

式中:$b$ 为车辆宽度,标准车辆宽度 $b = 2.47$m;$y$ 为车辆横向布置列数,本船取 $y = 4$;$c$ 为车辆之间间隙,本船取 $c = 0.3$m;$d$ 为车辆距纵向内壁间距,本船取 $d = 0.5$m;$e$ 为内壁距船侧之间距离,本船取 $e = 1.5$m。

$$B_{max} = 4 \times 2.47 + 3 \times 0.3 + 2 \times 0.5 + 2 \times 1.5 = 14.78(m)$$

取 $B_{max} = 14.8$m。

另外,考虑到快速性和适航性要求,也考虑到方形系数太小船尾做成双尾鳍比较困难,因此,本船的水线宽度取 $B_{WL} = 13.6$m。

(3) 吃水选择。本船吃水受港口水深限制,吃水不得大于 3.8m,考虑螺旋桨具有足够的浸水深度对提高螺旋桨效率有利,所以本船吃水取 $d = 3.8$m,将吃水用足。

另外,一般近海车客滚装渡船的宽度吃水比 $B/d$ 在 2.4~4.3 范围内,本船 $B/d = 3.58$,在统计范围之内。

(4) 型深选择。考虑本船机舱布置需 4.8m,主船体中部双层底高 1.7m,其上船员室高 3.1m。因此,型深(至于舷甲板)确定为 4.8m,满足布置要求。另外,近海车客滚装渡船的型深吃水比 $D/d = 1.10~1.30$ 左右,本船 $D/d = 4.8/3.8 = 1.26$ 在统计范围之内。

车辆舱高度除满足滚装单元货物高度 4.1m 要求外,再加货物与横梁之间间隙及横梁高度 0.7m,取车辆舱高度 4.8m,因此本船至旅客甲板型深 $D_上 = 9.6$m。

4. 重量计算及重力浮力平衡

1) 空船重量 $LW$

已知母型船主要数据如下:

$L_{OA} = 76.11$m,$L_{PP} = 69$m,$B_{max}/B_{WL} = 14.0$m/13.0m,$D_车 = 4.8$m,$D_上 = 9.6$m,$v_t = 17.6$kn,$d = 3.82$m,$LW = 1489.5$t。

由母型船求得 $LW/LBD_{上} = \dfrac{1489.5}{76.11 \times 14 \times 9.6} = 0.1456$

再参考其他船的 $LW$ 与 $LBD$ 关系资料,并考虑重量储备及日本船重量偏轻等因素,本船 $LW/LBD$ 取 0.161,则本船空船重量 $LW$ 为

$$LW = 0.161 \times 79.6 \times 14.8 \times 9.6 = 1821(\text{t})$$

2) 排水量

$$\Delta = LW + DW = 1821 + 680 = 2501(\text{t})$$

3) 重力与浮力平衡

用方形系数 $C_b$ 调节平衡,按浮性方程计算方形系数 $C_b$ 为

$$C_b = \dfrac{\Delta}{\gamma k LBd} = \dfrac{2501}{1.025 \times 1.003 \times 73.2 \times 13.6 \times 3.8} = 0.643$$

近海车客滚装渡船 $C_b$ 的一般范围在 $0.60 \sim 0.65$,本船 $C_b$ 在合理范围之内。

5. 性能校验

1) 稳性校核

在主尺度确定阶段只作初稳性校验。经分析本船初稳性危险状态为满载到港(全体乘客全部集中在游步甲板上)状态。这里只作满载到港状态初稳性校验。

已知满载到港状态母型船有关资料如下:

排水量 $\Delta_0 = 2004.25\text{t}$,排水体积 $\nabla_0 = 1950\text{m}^3$,重心高度 $\overline{K_0 G_0} = 5.81\text{m}$,空船重心高度 $Z_{g0} = 5.95\text{m}$,稳心高度 $\overline{K_0 M_0} = 6.60\text{m}$,自由液面修正值 $\overline{GG_0} = 0.36\text{m}$。

设计船初稳性高度可利用母型换算法计算:

设计船满载到港排水量 $\Delta = 2501 - 0.90 \times 180 = 2339(\text{t})$

排水体积 $\nabla = 2275\text{m}^3$

考虑到设计船总体布局与母型船大致相同,但本船主机合计重量较母型船轻,因此经换算设计船空船重心高度 $Z_g = 6.09\text{m}$,另外根据设计船油水布置情况,就可算出本船在满载到港状态下的重心高度 $\overline{KG} = 5.915\text{m}$。

由

$$\overline{K_0 M_0} = k_0 \dfrac{I_{x0}}{\nabla_0} = k_0 \dfrac{L_0 B_0^3}{12 \nabla_0}$$

可求出

$$k_0 = \dfrac{12 \nabla_0}{L_0 B_0^3} \overline{K_0 M_0} = \dfrac{12 \times 1959}{69 \times 13^3} \times 6.60 = 1.019$$

设计船横稳心高度 $\overline{KM} = k_0 \dfrac{LB^3}{12 \nabla} = 1.019 \dfrac{73.2 \times 13.6^3}{12 \times 2275} = 6.873(\text{m})$

设计船自由液面修正值取母型船的 $\overline{GG_0} = 0.36\text{m}$ 值,最后得设计船经自由液面修正后的初稳性高度 $\overline{GM}$ 值为

$$\begin{aligned}\overline{GM} &= \overline{KM} - \overline{KG} - \overline{GG_0} \\ &= 6.873 - 5.915 - 0.36 \\ &= 0.598\text{m} > 0.3\text{m}(\text{满足规范要求})\end{aligned}$$

2) 航速校验

航速估算方法比较多,可根据已知条件选择估算方法。设计船与母型船同型并大小相近,所以选择海军系数法估算设计船航速。

已知母型船海军系数

$$c_0 = \frac{\Delta_0^{2/3} v_0^3}{BHP_0} = \frac{1558^{2/3} \times 15^3}{2150} = 211$$

设计船海军系数取母型船的海军系数,则设计船航速为

$$v = \sqrt[3]{\frac{c \times BHP}{\Delta^{2/3}}} = \sqrt[3]{\frac{211 \times 3200}{2501^{2/3}}} = 15.4(\text{kn})$$

航速满足任务书要求。

也可用爱尔法估算设计船的有效功率,检验所选择主机功率是否满足要求,具体计算见表3.15。

表3.15 有效功率计算

| | $L_{WL}=74.6\text{m}, LV_{PP}=73.2\text{m}, B_m=13.6\text{m}, d=3.8\text{m}, \Delta=2501\text{t},$ $B/d=3.58, C_b=0.643, X_b=-0.63\%L, L/\Delta^{1/3}=5.42, \Delta^{0.64}=149.6。$ | | | | | |
|---|---|---|---|---|---|---|
| 1 | $v/\text{kn}$ | 14 | 14.5 | 15 | 15.5 | 16 |
| 2 | $Fr/\left(\dfrac{v}{\sqrt{L}}\right)$ | 0.269/ 0.904 | 0.279/ 0.936 | 0.288/ 0.968 | 0.298/ 1.000 | 0.307/ 1.033 |
| 3 | 标准 $C_2$ | 372 | 355 | 335 | 310 | 295 |
| 4 | 标准方形系数 $C_{bc}=1.08-1.68F_n$(或查表)(双桨船加0.01) | 0.638 | 0.606 | 0.606 | 0.589 | 0.574 |
| 5 | $\dfrac{C_b-C_{bc}}{C_{bc}}\times 100$ | 0.78 | 3.54 | 6.1 | 9.17 | 12.02 |
| 6 | 若(5)>0,则 $C_2$ 减少 $-3\times(5)\times C_b\%$ | -1.5 | -6.83 | -11.77 | -17.69 | -23.19 |
| 7 | 若(5)<0,则 $C_2$ 增加%(查表) | — | — | — | — | — |
| 8 | $C_b$ 修正量 $\Delta_1$ = 标准 $C_2$×(6)或(7) | -5.6 | -24.2 | -39.4 | -54.8 | -68.4 |
| 9 | 已修正 $C_b$ 之 $C_2$ = 标准 $C_2+\Delta_1$ | 366 | 331 | 296 | 255 | 227 |
| 10 | $B/d$ 修正量(%)$\Delta_2=-10C_b\left(\dfrac{B}{d}-2\right)\%\times(9)$ | -37 | -34 | -30 | -26 | -23 |
| 11 | 已修正 $\dfrac{B}{d}$ 之 $C_2$ =(9)~(10) | 329 | 297 | 266 | 229 | 204 |
| 12 | 标准 $X_b(\%L)$(查表) | -1.088 | -2 | -2.16 | -2.24 | -2.31 |
| 13 | 实际 $X_b(\%L)$ | -0.63 | -0.63 | -0.63 | -0.63 | -0.63 |
| 14 | 相差(%L) | 1.25前 | 1.37前 | 1.53前 | 1.61前 | 1.68前 |
| 15 | $X_b$ 修正(%)(查表) | -8.9 | -10.7 | -12.6 | -14.4 | -16.3 |
| 16 | $X_b$ 修正 $\Delta_3$ =(11)×(15) | -29 | -32 | -34 | -33 | -33 |
| 17 | 已修正 $X_b$ 之 $C_2$ =(11)+(16) | 306 | 289 | 266 | 229 | 204 |
| 18 | 长度修正(%) $=\dfrac{L_{WL}-1.025L_{PP}}{L_{WL}}\times 100\%$ | -0.6 | -0.6 | -0.6 | -0.6 | -0.6 |
| 19 | 长度修正量 $\Delta_4$ =(17)×(18) | -2 | -2 | -2 | -1 | -1 |
| 20 | 已修正长度之 $C_2$ =(17)+(19) | 304 | 287 | 264 | 228 | 203 |
| 21 | $EHP=\dfrac{\Delta^{0.64}v^3}{C_2}/\text{kW}$ | 1350 | 1589 | 1912 | 2443 | 3018 |

选择总推进系数为 0.6(参考母型),则航速 15kn 时,所需主机功率 $BHP = 1912/0.6 = 3187$ 马力 $= 2342$kW,满足要求。

3) 干舷校验

按《海船法定检验技术规则》(简称"法规")中对载重线的规定进行干舷校验计算。

船舶主要要素:船长 $L = 73.44$m,型宽 $B = 14.8$ m,吃水 $d_1 = 4.08$m,型深 $D = 4.8$m,排水体积 $\nabla = 2681.5$ m³,排水量 $\Delta = 2765$t。

夏季最小干舷按下式计算:
$$F = F_0 + f_1 + f_2 + f_3 (\text{mm})$$

① $F_0$ 为基本干舷,按下式计算:
$$F_0 = KD_1 = 146.62 \times 4.82 = 706.61 (\text{mm})$$

式中:$K$ 按 $L = 73.2$m,查 B 型船 $K$ 值表得 $K = 146.62$;$D_1$ 为计算型深,等于理论型深加干舷甲板边板板厚,即 4.82m。

② $f_1$ 为方形系数对于舷的修正值,按下式计算:
$$f_1 = 0.6 F_0 (C_b - 0.68)$$

式中,$C_b$ 为吃水 $d_1$ 等于 $0.85D$ 时的方形系数,按下式计算
$$C_b = \frac{\nabla}{LBd_1} = \frac{2681.5}{73.44 \times 14.8 \times 4.08} = 0.605$$

按"法规"规定,$C_b < 0.68$ 时,仍按 0.68 计算,则修正值 $f_1$ 为
$$f_1 = 0.6 \times 706.61(0.68 - 0.68) = 0$$

③ $f_2$ 为有效上层建筑和围蔽室处所对干舷的修正值,按下式计算
$$f_2 = -C(80 + 4L)$$
$$C = (1 + E/L)\frac{E}{L}$$

本船为全通上层建筑,$E = L$,则 $C = 2$,修正值 $f_2$ 为
$$f_2 = -2(80 + 4 \times 73.44) = -747.5 (\text{mm})$$

④ $f_3$ 为非标准舷弧对干舷的修正值,按下式计算:
$$f_3 = 500 \left(\frac{A - a}{L}\right) \left(1.5 - \frac{l}{L}\right) (\text{mm})$$

式中:$A$ 为标准舷弧面积,按 $L$ 查得为 31.6 m²;$a$ 为实际的首尾舷弧面积之和,本船干舷甲板为平甲板,则 $a = 0$;但干舷甲板上有全通上层建筑且其高度大于标准高度,其差值 $Z = 4.8 - 1.8 = 3.0$m,则首、尾舷弧面积之和为
$$a = 0 + 2 \times \frac{ZL}{6} = 2 \times \frac{3 \times 73.44}{6} = 73.44 (\text{m}^2)$$

$l$ 为封闭上层建筑总长度,本船 $l = L$。

修正值 $f_3$ 计算如下:
$$f_3 = 500 \left(\frac{31.6 - 73.44}{73.44}\right) \times 0.5 = -142.4 (\text{mm})$$

夏季最小干舷 $F$ 为
$$F = F_0 + f_1 + f_2 + f_3 = -181.39 (\text{mm})$$

或
$$F = 190 + 3.5L + 0.035L^2 = 635.81(\text{mm})$$
取大者。

本船实际干舷 $F = D - d = 4800 - 3800 = 1000(\text{mm}) > 635.81(\text{mm})$，满足要求。

4) 车辆舱载车数校验

根据船舶主尺度及车辆甲板线型及总布置草图进行载车数量校核。

本船车辆甲板设有前、后车辆上下船液压跳板，与之配套分别在首、尾部左右舷各设置一对液压机械设备舱。在车辆甲板左右舷各设置1.5m宽的舷侧空间，作为人员上下的通道、烟囱通道、管路通道、工具间、备品间等。

按照5t标准车的尺寸和车辆之间的间距、车辆与首跳板和尾跳板的间距、车辆与内部纵舱壁的间距等设计要素，确定本船车辆甲板总布置图如图3-13所示，图中每个虚线矩形表示一辆5t标准车。可见，本船车辆甲板可以装载5t标准车37辆。

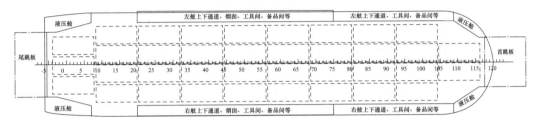

图3-13 车辆甲板总布置图

6. 设计总结

本船主尺度要素为：总长 $L_{OA} = 79.6\text{m}$，两柱间长 $L_{PP} = 73.2\text{m}$，设计水线处型宽 $B_{WL} = 13.6\text{m}$，型宽 $B = 14.8\text{m}$，设计吃水 $d = 3.8\text{m}$，至干舷甲板型深 $D = 4.8\text{m}$，至游步甲板型深 $D_上 = 9.6\text{m}$，方形系数 $C_b = 0.643$，排水量 $\Delta = 2501\text{t}$，试航速度 $v = 15.4\text{kn}$，车辆舱高度 4.8m，车辆甲板载5t标准车37辆，旅客甲板载旅客300人，船员38人，续航力1320n mile，自持力5天。主机：L8250ZC×2台，单机额定功率及转速：1213kW×750r/min。

# 习 题

1. 船舶主尺度要素主要包括哪些？
2. 确定船的排水量和主尺度有哪几个突出特点？
3. 选择船舶各主要要素时，各自要综合考虑哪些因素？其中主要因素是什么？
4. 试归纳总结确定船舶主要要素应满足哪些条件？
5. 用框图描述确定载重量型船舶主要要素的步骤及方法。
6. 用框图描述确定布置地位型船舶主要要素的步骤及方法。
7. 低速船、中速船、高速船，其傅汝德数（$Fr$）的范围通常是如何划分的？
8. 诺曼系数的物理意义是什么？
9. 试分析客船、军舰的诺曼系数比货船、油船大的原因。
10. 进行重量与浮力平衡有哪几种方法？

11. 确定载重量型船舶主要要素的一般过程与步骤。

12. 油船有哪些特点？设计中应解决的中心问题是什么？

13. 确定布置地位型船舶主要要素的一般过程与步骤。

14. 集装箱船主尺度设计中应解决的中心问题是什么？

15. 车客滚装船有哪些特点？设计中应解决的中心问题是什么？

16. 简述港作拖船设计特点及设计中应解决的中心问题。

17. 简述内河小型客船设计特点及设计中解决的中心问题。

18. 何谓最佳船长和临界船长？

19. 为什么设计油船、散货船等运输船时，不选用最佳船长？

20. 何谓经济方形系数？

21. 设计初始阶段如何估算船的航速与主机功率？

22. 在主尺度要素确定中如何正确使用母型船设计法？

23. 试从安全角度分析保证设计船的 $\overline{GM}$ 应大于初稳性下限值的必要性。

24. 试从保证横摇缓和性和避免船舶在波浪中发生谐摇，分析控制设计船的 $\overline{GM}$ 小于初稳性上限值的必要性。

25. 设计初始阶段如何估算设计船的初稳性？

26. 影响 $\overline{GM}$ 的主要因素有哪些？

27. 提高型深对大角稳性有何影响？

28. 什么叫最小干舷船、富裕干舷船、变吃水船？

29. 船舶最小干舷的大小取决于哪些因素？

30. 利用母型船估算船的船体钢材重量时，选择母型船应注意哪些问题？

31. 什么是相当型深？试列举在船舶初步设计阶段，确定主尺度及排水量时应用相当型深的2个例子。

32. 某成品油船主要要素为：船长 $L_{PP}=126.0\text{m}$，型宽 $B=22.40\text{m}$，型深 $D=10.6\text{m}$，设计吃水 $d=7.50\text{m}$，结构吃水 $d_s=8.0\text{m}$，设计吃水时载重量 $DW=11000\text{t}$，设计吃水时方形系数 $C_b=0.69$，结构吃水时载重量为12000t。

试求：该船在结构吃水时的载重量系数 $\eta_{dw}$。

33. 现设计一艘载重量 $DW=22000\text{t}$ 原油船，依据母型船资料如下：船体钢材重量 $W_{H0}=5905\text{t}$，舾装重量 $W_F=1017\text{t}$，机电设备重量 $W_{M0}=1292\text{t}$，载重量 $DW_0=24000\text{t}$。

试确定设计船的以下参数：

（1）按固定载重量法设计时的排水量 $\Delta$。载重量精度 ±5t。

（2）船体钢料重量 $W_H$、舾装设备重量 $W_F$、机电设备重量 $W_M$。

（3）载重量系数。

34. 某无限航区散货船，其主要要素为：船长 $L_{PP}=126.0\text{m}$，型宽 $B=22.40\text{m}$，型深 $D=10.6\text{m}$，吃水 7.50m，方形系数 $C_b=0.69$，载重量为11000t。假设该船的诺曼系数为1.2。现以该船为母型，设计一艘载重量为12000t的无限航区散货船。试问：应该如何改变母型船的主尺度，进而得到设计船的主尺度，使设计船既能满足载重量要求，又能兼顾较好的快速性等性能？

35. 两条原油船 $A$ 和 $B$，其有关数据如下：

| 主要要素 | A 船 | B 船 |
| --- | --- | --- |
| 垂线间长 $L_{PP}$/m | 210.0 | 220.0 |
| 型宽 $B$/m | 31.00 | 35.60 |
| 型深 $D$/m | 16.80 | 18.00 |
| 设计吃水 $d$/m | 12.00 | 12.30 |
| 载重量 $DW$/t | 51000 | 65911 |
| 空船重量 $LW$/t | 13400 | 15301 |
| 服务航速 $v_s$/kn | 15.2 | 14.8 |
| 续航力 $R$/n mile | 15000 | 14000 |
| 主机: | | |
| 主机型号×台数 | B&W 8K74EF×1 | SULZER 6RLB76×1 |
| 连续服务功率 | 11180kW×130r/min | 10326kW×112r/min |
| 主机油耗 $F_c$/(吨/天) | 59.1 | 43.8 |

试根据以上数据,对 A 船和 B 船的载重能力、快速性等船型技术性能做简要对比分析。

36. 某远洋油船,其有关数据为:船长 $L_{PP0}=212$m,型宽 $B_0=30.5$m,型深 $D_0=18.5$m,吃水 $d_0=12.0$m,载重量 $DW_0=50000$t,方形系数 $C_{b0}=0.8$。假设该船的诺曼系数 $N=1.2$。若以该船为母型船,采用诺曼系数法设计一艘 $DW=53000$t 的油船的主尺度。试回答以下问题:

(1) 求设计船的排水量 $\Delta$;

(2) 假设只改变船长,型宽、吃水、方形系数均不变,试求设计船的船长;

(3) 将设计船与母型船的主尺度相对比,设计船在哪些性能方面可能发生改变,为什么?

37. 一艘船处于中拱漂浮状态时的初稳性高度与处于静水漂浮状态时的初稳性高度哪个大,为什么?

# 第四章 型线设计

## 第一节 型线设计概述

船体型线设计是关系到船舶技术、经济性能的全局性设计项目之一,它与船舶的静力与动力性能、总布置、结构与建造工艺等密切相关,是评定船舶设计质量好坏的一个重要指标。通常在船舶设计的初始阶段进行总体方案构思和确定主要要素时就要对线型设计问题进行考虑。线型设计时主要考虑以下几个方面的问题。

(1) 保证设计船具有良好的性能。一般说来,船体水线以下部分的型线决定了船舶的浮力、稳性、快速性、操纵性、耐波性等;水上部分的线型对船舶的耐波性、稳性、分舱及破舱稳性等有重大影响。船体水上和水下部分的型线要做到几何上的合理配合。

(2) 与总布置及总体结构相互协调。包括容积、甲板地位、舱壁的位置、舱口尺寸、机舱和设备的布置、浮态调整等。

(3) 使结构合理,施工、维修方便。例如,从工艺性角度,船体表面应尽可能地采用可展曲面或平面与折角线组成的简易线型,这有利于简化建造工艺、降低造价。

船舶主要要素确定之后,线型设计通常与总布置设计及总体结构设计配合进行,重要产品的线型往往需要通过船模试验来确定。型线图是后续的总布置设计、结构设计、舱容、性能计算以及造船生产放样的依据。

线型设计的方法归纳起来有以下几种。

(1) 改造母型法。其中一类是以与设计船较接近的现有优秀船舶船体线型为母型,通过某种型线变形方法由母型船的型线得到设计船的型线,例如:"$1-C_p$"法、Lakenby 法和二次式变换法等均属于这一类方法,这是目前船舶型线设计的常用方法之一;另一类是船模系列资料法,即利用某一系列船模试验资料,按其规定的方法设计得到设计船的型线。

(2) 自行设计法。在缺乏适当的母型资料时,设计者可根据设计船对型线的特殊要求自行凑绘。这种方法通常在设计新船型时采用。

(3) 数学船型法。这种方法试图用数学公式对船舶的曲线、曲面等型线要素进行表述。

此外,还有直接按船舶的性能准则产生船型的研究。通常是根据船舶的设计参数要求及水动力性能指标构造船体外形的数学模型,对其优化求解得到船体线型。

实际上,各种线型设计及绘制方法不能截然分开。自行设计法也要借鉴型船资料,改造母型法也要体现设计者的意图。在实际设计时究竟以哪种方法为主,应根据所掌握的线型资料和设计者的实践经验等具体条件而定。在很多情况下,可用不同方法相互穿插使用。

不论用哪种方法设计船体线型,船舶设计师所面临的基本问题并没有改变,即都必须掌握船体形状参数和特征对船舶性能、布置、结构等方面的影响规律,并以此作为设计型线的基础。

## 第二节　主要型线要素

船体型线设计就是决定船主体部分的形状,即露天连续甲板以下部分的外板形状,包括水下部分与水上部分,而研究的主要方面是水下部分的形状。

表征船体外形特征的参数主要有:①主尺度与船型系数,包括 $L$、$B$、$d$、$D$、$C_b$ 等;②横剖面面积曲线形状;③设计水线形状;④横剖线形状;⑤首、尾轮廓及甲板线($C_m$ 甲板中心线、舷弧线)的形状。其中②~⑤可称为"型线要素"。

在船舶设计中,确定 $\Delta$、$L$、$B$、$d$、$C_b$、$D$ 以后,开始设计船体型线,通常从横剖面面积曲线形状、设计水线面形状、横剖面形状、首尾轮廓线及甲板边线的形状等几个方面来进行控制与协调,并最后完成型线设计。

这些形状特征和参数不但与船的性能有关,而且在几何上有其内在的联系。例如,方形系数 $C_b$ 确定以后,再选取船中剖面系数 $C_m$,由 $C_p = C_b/C_m$ 就决定了棱形系数 $C_p$,从而很大程度上确定了设计水线以下排水体积沿船长的分布,定出了各站横剖面面积。各站横剖面面积与设计水线半宽、侧面轮廓线及横剖线结合起来就决定了各剖面的 U、V 度和排水体积的竖向分布。不仅如此,水下部分的形状还影响着水上部分的形状特征。设计水线过狭、甲板过宽、干舷过小,从水下部分向甲板过渡时,就会产生过度的外飘。可见,设计水线、横剖线、侧面轮廓线和横剖面面积曲线之间,设计水线以下部分的形状与甲板、干舷等水上部分的形状之间都在几何上形成互相联系、互相制约的关系。

### 一、横剖面面积曲线

横剖面面积曲线是以船长为横坐标、设计水线下横剖面面积为竖坐标所绘制的曲线,如图 4-1 所示。横剖面面积曲线可表达以下船型参数和特征。

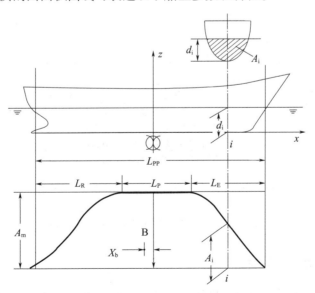

图 4-1　船体横剖面面积曲线示意图

(1) 横剖面面积曲线下的面积相当于船的型排水体积 $V$。
(2) 曲线面积的丰满度系数等于船的棱形系数 $C_p$。
(3) 面积形心的纵向位置相当于船的浮心纵向位置 $X_b$。
(4) 曲线的最大竖坐标值代表最大横剖面面积 $A_m$,通常是船中剖面面积(如较丰满船)。
(5) 丰满船的横剖面面积曲线中部水平段长度即船舶的平行中体长度 $L_P$。
(6) 平行中体前后的两段长度分别称为进流段长度 $L_E$ 和去流段长度 $L_R$。
(7) 无平行中体船的最大横剖面位置。
(8) 曲线两端端部形状。

为便于将各种船型进行对比,通常采用无因次横剖面面积曲线,即取竖坐标为各站横剖面面积 $A_i$ 与最大横剖面面积 $A_m$ 的比值,取横坐标为剖面距船中的实际距离与 $L_{pp}/2$ 的比值。图 4-2 所示为几艘典型船舶的无因次横剖面面积曲线。

由图 4-2 可知,不同类型的船舶,其横剖面面积曲线的形状差别很大。$C_p$ 决定了横剖面面积曲线的丰满程度,对曲线形状影响极大。例如图中的船型①是大型油船,其 $C_p$ 值最大。该船具有占船长 40% 的平行中体,是一个典型的肥大船型。再看船型④,这是一艘拖船,其 $C_p$ 值最小,船型最瘦削,没有平行中体。

影响横剖面面积曲线的另一个重要参数是 $X_b$。以船型①与③进行对比,可以看出船型①比③丰满,且前体两者相差较大。其原因是船型①是大型油船,船长 210m,$Fr$ 较低,$X_b$ 在中前 1.75%$L$;船型③是长江客货船,船长只有 70m,$Fr$ 比较高,$X_b$ 在中后 2.90%$L$;船型①与③的 $X_b$ 相差 4.65%$L$。所以①船的横剖面面积曲线在前体特别丰满,而③船则在后体丰满。

可见,横剖面面积曲线在很大程度上决定了船体型线,是型线设计的出发点。本节将主要从船舶快速性角度对其特征参数的选取作简单的介绍与分析。

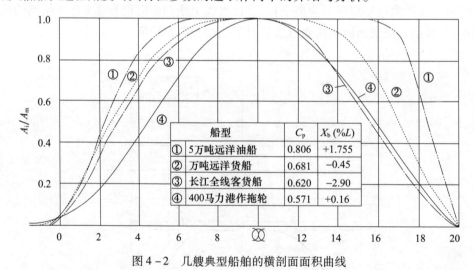

图 4-2 几艘典型船舶的横剖面面积曲线

## (一)棱形系数 $C_p$ 的选择

$C_p$ 的大小反映了浮力沿船长的分布,因为 $C_p = \dfrac{C_b}{C_m}$,所以当 $C_b$ 一定时,$C_p$ 小表示浮力相对集中在船中附近,面积曲线首尾两端较尖瘦;而 $C_b$ 一定时 $C_p$ 大,则说明浮力沿船长分布得比较均匀,面积曲线两端较丰满。通常选取 $C_p$ 时考虑的因素如下。

1. 对阻力的影响

由于 $C_p$ 的大小反映了浮力沿船长的分布,所以 $C_p$ 的选择决定了水动压力沿船长的分布情况,因此对船舶的阻力(主要是剩余阻力)有较大的影响。

理论上对剩余阻力有利的 $C_p$ 值如图 4-3 中的曲线①所示:当 $Fr < 0.3$ 时,$C_p$ 约为 0.52,当 $Fr$ 值在 0.30~0.45 范围内,$C_p$ 的最佳值由 0.52 增大到 0.65;当 $Fr > 0.45$ 时,具有最低剩余阻力的棱形系数应为 0.65 左右,并基本上保持在 0.65 不再继续增加。

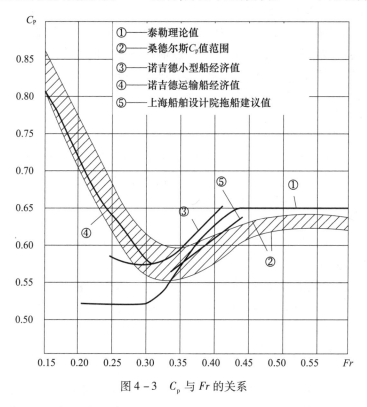

图 4-3 $C_p$ 与 $Fr$ 的关系

然而,对中、低速运输船而言,具有最低剩余阻力的 $C_p$ 与从经济角度所选用的方形系数 $C_b$ 是无法配合的。因为中低速船一般选用经济的 $C_p$,此时即使将中剖面系数 $C_b$ 取为最大的数值,实际的 $C_p$ 也难以达到理论上的最佳值。所以在较小 $Fr$ 下,从 $C_b$ 的经济值及与之相适应的 $C_m$ 值出发选择 $C_p$ 较为适宜。这种从船体重量及经济角度来考虑的 $C_p$ 值称为经济值。图 4-3 曲线②③④所提出的经济值均超过泰勒的最佳值就是按此原则建议的。表 4.1 为 $C_p$ 经济值($C_{pe}$)的统计范围。

上述 $C_p$ 的经济值虽然高过了理论值,但由于 $Fr$ 较低,剩余阻力所占比重不大,选用大的 $C_p$ 值对剩余阻力增加是有限的,另外由于选用经济的 $C_b$ 或 $C_p$ 可相应地减少船的尺度,摩擦阻力也可相应减小。船的尺度减小,船体重量可减轻,载重量可增加,造价可降低。总的结果,不会给总阻力造成很大的增加,而经济上则是有益的。

当 $Fr$ 较高时,阻力上最佳的 $C_{popt}$ 与强调经济性的 $C_{pe}$ 值已接近一致。

表 4.1　民用船舶 $C_p \sim Fr$ 统计表

| $Fr$ | $C_{popt}$ | $C_{pe}$ |
| --- | --- | --- |
| 0.24~0.28 | 约 0.52 | 0.62~0.65 |
| 0.30 | 约 0.52 | 0.58~0.62 |
| 0.34 | 0.52~0.53 | 0.56~0.60 |
| 0.38 | 0.56~0.58 | 0.56~0.58 |
| ≥0.44 | 0.63~0.65 | 0.63~0.65 |

2. 对总布置与建造工艺的影响

选择 $C_p$ 时还必须考虑到对布置与建造工艺的影响。$C_p$ 较小时，船两端尖瘦，不利于布置。特别是尾机型船舶，过小的 $C_p$ 给机舱及轴系布置造成困难。对双桨船，尾端过于尖瘦，尾轴过早穿出船体，悬臂轴很长，对强度和振动不利。

对小船来说，$C_p$ 太小，船体两端过分尖瘦，将给施工建造带来困难。

3. 与其他参数和船体型线的协调配合

选择 $C_p$ 时还应考虑与 $C_b$、$C_m$、$L/B$ 的协调配合。对 $L/B$ 小的船，$C_p$ 不能太小。因为当船的排水量一定时，$L$ 值小的船，若 $C_p$ 太小，则前体易产生突肩，出现附加的横波系，使阻力增加。对于设计船的 $C_b$ 已达到 $Fr$ 所允许的上限时，则应取尽可能大的 $C_m$ 以降低 $C_p$。这些都是在设计型线时应加以注意的。

**（二）浮心纵向位置的选择**

浮心纵向位置 $X_b$ 对船的阻力及船的纵倾调整都有很大影响。

1. 对阻力的影响

在一定的棱形系数下，浮心纵向位置 $X_b$ 表明了排水量对船中分布不对称的程度，即表明排水量沿船长分布情况。因此它对船的剩余阻力有较大影响，特别是对低、中速船。当浮心位置向首部移动时，船的兴波阻力增加，而旋涡阻力降低；浮心位置移向尾部时则产生相反的效果，减少了兴波阻力，增加了旋涡阻力。

这样，相对于每一种情况而言，一定的浮心纵向位置 $X_b$ 必有一定的最小总阻力与之对应，这个浮心纵向位置通常称为最佳浮心位置。船模试验证实，最佳浮心位置 $X_b$ 是和很多因素有关的，但其中最主要的是船的相对速度，即傅汝德数 $Fr$ 和纵向棱形系数 $C_p$。至于船的主尺度比 $L/B$、$B/d$ 及横剖面形状也有一定的影响。目前，对最佳浮心位置 $X_b$ 的见解也不一致，这是因为浮心位置变化必引起船形变化，而船形略有变化就可能使阻力最低的浮心位置发生变化；另外，阻力最低时的浮心纵向位置 $X_b$ 的曲线变化较缓，即在一定范围内它的位置变化对阻力影响不很明显。因此，仅就阻力而言，总的原则应当是：对于低速货船及油船，由于方形系数较大，其兴波阻力所占比重较小，所以浮心纵向位置 $X_b$ 应在船中以前，以免在船尾产生大量旋涡增加旋涡阻力。对傅汝德数 $Fr > 0.24$ 的中、高速船，因船型较为瘦削，不至产生大量旋涡，因此浮心纵向位置 $X_b$ 需在船中以后，以使前端变得较为尖锐从而减少兴波阻力。

图 4-4 给出巴甫连柯建议的最佳浮心位置 $X_b$ 变化范围。当 $X_b$ 在图中阴影区域变化时，其对总阻力的影响不超过 1%。图 4-5 为单桨船的最佳浮心位置与棱形系数的关系曲线，可供设计时参考。双桨船的 $X_{bopt}$ 比相应的单桨船偏后 1% 左右，快速双桨船的

$X_{\text{bopt}}$ 约在中后 $2.0\% L_{\text{pp}} \sim 3.5\% L_{\text{pp}}$。此外,从总的推进效率上看,实际浮心位置稍后于阻力上最佳位置(如向后 $0.2\% L_{\text{pp}} \sim 0.3\% L_{\text{pp}}$)是有利的。

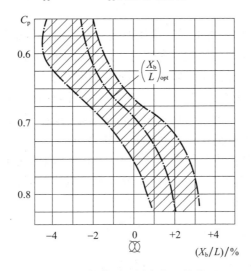

图 4-4 较佳浮心纵向位置的范围

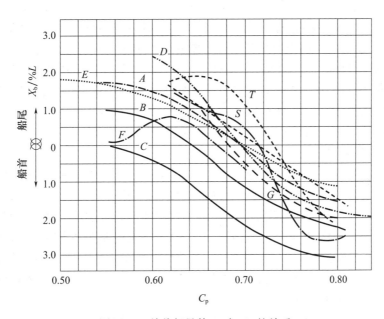

图 4-5 单桨船最佳 $X_b$ 与 $C_p$ 的关系

$A,C$—荷兰实验池,两曲线间为服务速度下的 $X_b$ 范围;$B$—荷兰实验池船模平均值;$D$—爱尔;$E$—德国造船年鉴(1935 年);$F$—海克休;$G$—陶德(1954 年);$S$—60 系列(服务速度 $v_{ks}$);$T$—60 系列(试航速度 $v_{kt}$),其中 $v_{ks}/\sqrt{gL} = 0.551 - 0.476 C_p$,$v_{kt} = 1.06 v_{ks}$。

应该指出,一般试验资料给出的 $X_{\text{bopt}}$ 都是以 $C_b$ 与 $Fr$ 的配合恰当为前提的。如果设计船的 $C_p$(或 $C_b$)相对于主要使用状态下的 $Fr$ 偏大(接近于上限界值附近),则选取的 $X_b$ 应适当偏后,以降低首部的兴波阻力。对设计储备功率较多的定期船,为了有效地使用储备功率来增加航速,不致因气候等因素的影响而延误班期,浮心位置也应比正常使用航速下所对应的 $X_{bopt}$ 稍后些。

2. 有利于纵倾调整

浮心位置的选取,还应注意船舶的纵倾调整。即要保证与船舶重心纵向位置相配合,使船不致产生首倾和不允许的尾倾。尤其对尾机型船舶更要认真对待。这类船阻力和纵倾调整对浮心位置的要求往往是矛盾的。例如快速杂货船因其 $Fr$ 较大,阻力上适宜的浮心位置偏后,但船的重心则在中前。因此,在设计中不得不适当地损失快速性而去兼顾布置上的适宜性。由于在一定范围内移动浮心位置时阻力增加有限,所以在设计实践中,常根据纵倾调整的要求将浮心向首或向尾作必要的移动。

另外,选取 $X_b$ 还必须考虑与船舶型线的配合协调。内河浅水船舶多采用隧道型线。由于隧道损失的排水体积很多,浮心纵向位置也不宜取得太后,否则难以设计型线,螺旋桨和舵也得不到足够稳定的水流,倒车性能也差。

### (三) 平行中体的长度和位置,最大横剖面位置

1. 平行中体的长度和位置

平行中体就是船中部设计水线下横剖面面积大小和形状完全一样的部分,其长度通常用 $L_p$ 表示。平行中体的前、后部分分别称作进、去流段,其长度分别以 $L_E$ 和 $L_R$ 表示。平行中体主要用于低速的运输货船、油船。因为当船的排水量、主尺度及纵向棱形系数 $C_p$ 决定后,采用适当长度的平行中体,将使船的排水体积相对移向中部而船的两端形状变得瘦削,因而使横剖面面积曲线在平行中体两端形成两个肩形,两肩附近引起的波浪与船两端引起的波浪将产生干扰现象。船模试验证实,合适的平行中体长度和位置。对改变兴波主要集中于端部的低速船和兴波干扰作用明显的中速船的兴波阻力将是有意义的。通常在傅汝德数 $Fr < 0.24 \sim 0.25$、对应的方形系数 $C_b > 0.62 \sim 0.63$、纵向棱形系数 $C_p > 0.63 \sim 0.65$ 的船上都采用平行中体。因为除阻力上有收益外还可以增大货舱容量,简化建造工艺,降低建造成本。

根据船模试验研究可知,平行中体对阻力的影响主要是由它的最适宜的长度及最有利的位置所决定。平行中体在船的后半体的长度增大,必然导致形状阻力的增加。而船的前半体平行中体过长也很难实现进流段向平行中体的光滑过渡。这样会使平行中体起点处所产生的波浪强化,势必增加兴波阻力。因此,一定的船型必有较为适宜的平行中体长度 $L_p$ 和进、去流段长度 $L_E$、$L_R$ 与之配合,在设计中往往都是依据方形系数 $C_b$ 来确定各段的长度。表 4.2 中的各段适宜长度供设计参考。对于丰满船,平行中体长度 $L_p$ 可取得比表中所建议的数字大一些。

表 4.2 不同方形系数 $C_b$ 下的各段适宜长度

| 方形系数 $C_b$ | 进流段长度 $L_E(\%L)$ | 平行中体长度 $L_p(\%L)$ | 去流段长度 $L_R(\%L)$ | 比值 $L_E/L_R$ |
|---|---|---|---|---|
| 0.81 | 24.0 | 44.0 | 32.0 | 0.750 |
| 0.80 | 24.0 | 43.5 | 32.5 | 0.737 |
| 0.79 | 24.5 | 42.0 | 33.5 | 0.732 |
| 0.78 | 25.5 | 39.0 | 35.5 | 0.718 |

(续)

| 方形系数 $C_b$ | 进流段长度 $L_E$(%$L$) | 平行中体长度 $L_p$(%$L$) | 去流段长度 $L_R$(%$L$) | 比值 $L_E/L_R$ |
|---|---|---|---|---|
| 0.77 | 26.0 | 37.0 | 37.0 | 0.702 |
| 0.76 | 27.0 | 34.0 | 38.5 | 0.702 |
| 0.75 | 28.0 | 33.0 | 39.0 | 0.718 |
| 0.74 | 29.0 | 31.5 | 39.5 | 0.756 |
| 0.73 | 31.0 | 29.5 | 39.5 | 0.785 |
| 0.72 | 33.0 | 27.0 | 40.0 | 0.825 |
| 0.71 | 36.0 | 23.0 | 41.0 | 0.878 |
| 0.70 | 38.0 | 20~18 | 42.0 | 0.905 |
| 0.69 |  | 14.5 |  |  |
| 0.68 |  | 11.0 |  |  |
| 0.67 |  | 8.5 |  |  |
| 0.66 |  | 6.0 |  |  |

**2. 最大横剖面的位置**

对于方形系数 $C_b < 0.65$，傅汝德数 $Fr > 0.24$ 的船，从有利于阻力的角度考虑，都不采用平行中体。这是因为这类船较瘦长，剩余阻力所占比例大，如采用平行中体难以保证型线光顺和缓，这样就易导致剩余阻力增加。一般说来，当船速较高时，进流段长度应大于去流段长度，最大剖面位置应移向中后。大致是：当 $Fr \leqslant 0.30$ 时，最大剖面可位于船中；当 $Fr \geqslant 0.50$ 时，则宜渐向尾方移动约 5% 船长距离。一般来说，最大剖面的绝对位置比起浮心纵向位置 $X_b$ 对阻力的影响还是次要的。在具体设计中可以参考表 4.3 所给的数据。

表 4.3 最大剖面位置(%$L$ 中后)

| 速长比($v/\sqrt{L}$) | 棱形系数 $C_p$ | | | | |
|---|---|---|---|---|---|
|  | 0.54 | 0.56 | 0.58 | 0.60 | 0.62 |
| 0.90 | 1.0~2.5 | 1.4~2.9 | 1.5~3.5 | 2.3~4.3 | 3.5~5.5 |
| 0.95 | 0~2.0 | 0.4~2.9 | 1.7~2.6 | 2.5~4.5 | 4.0~5.7 |
| 1.00 | 1.5~3.0 | 2.1~3.7 | 2.8~4.5 | 4.0~5.8 | — |

**（四）横剖面面积曲线的端部形状**

横剖面面积曲线端部形状与平行中体的长度 $L_p$、进流段长度 $L_E$、去流段长度 $L_R$、进流段棱形系数 $C_{pe}$、去流段棱形系数 $C_{pr}$ 及前体棱形系数 $C_{pf}$ 和后体棱形系数 $C_{pa}$ 等参数有关。

$$C_{pe} = 1 - \frac{1-C_{pf}}{2(L_E/L_{PP})} \qquad (4-1)$$

$$C_{pr} = 1 - \frac{1-C_{pa}}{2(L_R/L_{PP})} \qquad (4-2)$$

前后体棱形系数 $C_{pf}$ 和 $C_{pa}$ 与浮心纵向位置 $X_b$ 的统计关系式为

$$C_{pf} = C_p + (1.4 + C_p)\frac{X_b}{L_{PP}} \tag{4-3}$$

$$C_{pa} = C_p - (1.4 + C_p)\frac{X_b}{L_{PP}} \tag{4-4}$$

确定横剖面面积曲线的端部形状时要对下述问题予以考虑。

(1) 对于低速船($Fr<0.22$),首波发生在首柱附近,固然希望横剖面面积曲线有较尖的首端,如取凹形的首端。但是必须考虑到这种低速船的 $C_p$ 及 $C_b$ 值均较大,通常都有较长的平行中体,而进流段都较短。凹形的首端将导致进流段与平行中体相接处出现大的"肩"点,将会引起额外的兴波阻力,所以还是取直线形首端为宜。图 4-2 中的船型①就是典型的例子,该船 $Fr$ 约为 0.18。

(2) 当 $Fr=0.22\sim0.28$ 时,由于兴波逐渐加剧,首波发生点后移。为避免过大的兴波阻力,进流段宜增大,平行中体宜减小或取消,横剖面面积曲线的首端宜取凹或微凹形。如图 5-2 中的船型④及②。

(3) 当 $Fr>0.28$ 时,首波范围增大且后移。为适应这种情况,进流段更应增大。到 $Fr>0.30$ 时,甚至可以考虑将最大横剖面位置移到中后。这时横剖面面积曲线的首端宜取微凹形甚至直线。拖船的 $Fr$ 较大,适宜的首端形状有如图 4-2 中的曲线⑤。

(4) 横剖面面积曲线的尾端常采用直线或微凹形,以避免水流分离。图 4-2 中的拖船,为使螺旋桨的来流通畅,采用尾纵流型线,浮心取中前,所以曲线的尾端呈凹形。

## 二、设计水线形状

设计水线就是船舶满载时的载重水线,其形状由水线面系数 $C_w$、平行中体长度 $L_p$,半进流角 $i_E$、半去流角 $i_R$、漂心纵向位置 $X_f$ 及首尾端部形状等确定。设计水线形状对船舶阻力、稳性、耐波性及型线光顺等方面均有影响。

### (一) 水线面系数

水线面系数 $C_w$ 的大小反映了设计水线面面积的大小。选取 $C_w$ 时应考虑的因素如下。

1. 对稳性的影响

水线面系数 $C_w$ 和 $B$ 一样,对初稳性有很大影响。增大 $C_w$,初稳性高度可提高。由于 $C_w$ 增大后,水线以上部分也相应加宽,使储备浮力有所增加,对抗沉性和大倾角时的稳性均有利。

2. 对布置的影响

从总布置角度考虑,大的 $C_w$,配以 V 形的横剖面,从而可加大甲板面积及设计水线以上部分的容积,有利于甲板设备及舱室的布置。

3. 对耐波性的影响

增大 $C_w$ 对纵摇有较强的阻尼作用。如采用大的 $C_w$ 值,并配以 V 形首横剖面及适度的首外飘,有利于减缓迎浪航行时易发生的首部钻浪现象,则可减小纵摇幅度并改善船的甲板上浪。

4. 对快速性的影响

从静水阻力考虑,水线面系数 $C_w$ 过大是不利的,随着 $Fr$ 的增加应使 $C_w$ 减小。但对浅水阻力而言，$C_w$ 值大则垂向棱形系数 $C_{vp}$ 下降，使排水体积集中上部可以增加船底与河床之间间隙，从而可减小回流速度及浅水摩擦阻力。

船舶设计中，一般对 $C_w$ 的选取是从快速性出发，然后校核稳性、总布置及型线等方面是否合适。通常 $C_w$ 与 $C_p$ 有一个大体的协调范围，某些系列船型给出了下面的建议公式

$$C_w = (0.97 \sim 1.01)C_p^{2/3} \tag{4-5}$$

图 4-6 所示为几种船型系列及有关资料的 $C_w$ 与 $C_p$ 的关系曲线，可供初步设计时参考。

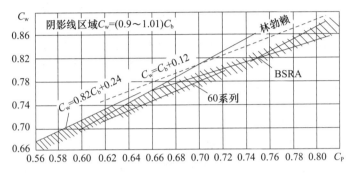

图 4-6　$C_w$ 与 $C_p$ 的关系曲线

**（二）设计水线首端形状与半进流角**

设计水线首尾端形状主要对剩余阻力，特别是首部的形状对兴波阻力有较大的影响。总的原则是，为了保证获得较低的阻力，设计水线首部应当瘦削，尾部应当很好地圆削。通常，两端形状和横剖面面积曲线相似，有凸形、直线、凹形及微凹形之分。

对于低速船，由于兴波阻力所占比重较小，这种船的主要着眼点应以低速换取较大的载重量，因此首部不易削尖。否则由于中部较肥，首部太尖，势必破坏型线的光顺。因而它的首端形状做成近于直线的凸形是合理的。故在傅汝德数 $Fr < 0.16$ 时用凸形，$Fr = 0.16 \sim 0.19$ 时用微凸形或直线形，$Fr = 0.20 \sim 0.22$ 时可采用直线或微凹形。随着傅汝德数 $Fr$ 的增加，引起兴波长度逐渐增大，其高压区不断后移，要降低兴波阻力就必须使首部水线拐点向后移动，但也不应移动太大，否则会使船体表面型线变化剧烈，破坏型线光顺反而增加了阻力。因此，对于 $Fr = 0.22 \sim 0.32$ 的中速船，多采用缓和凹形的首部水线。对于高速船，由于兴波高压区已扩展到近船中，为了减少兴波阻力，希望整个水线前半部变瘦，因而在 $Fr > 0.32$ 时应采用直线甚至微凸形首部。

从耐波性角度看，设计水线丰满是有利的，而呈 S 形的则不利。小型船舶从稳性和总布置角度常常要求较丰满的首部水线，因此，常采用较大的 $C_{wf}$ 及 $i_E$。

由前述可知，设计水线首端的形状对兴波阻力有很大影响，而设计水线的半进流角则对设计水线首端形状有决定性作用。所谓半进流角就是设计水线在船首处所做的切线与船的纵中剖面所成的角度，以 $i_E$ 表示。根据船模试验的结果，它的大小应和船的相对速度及船形瘦削程度即长宽比及浮心纵向位置 $X_b$ 等有关。通常最适宜的半进流角都是表示成傅汝德数 $Fr$ 或棱形系数 $C_p$ 的函数，也有的表示成前体棱形系数 $C_{pf}$ 的函数，参见图 4-7、图 4-8。

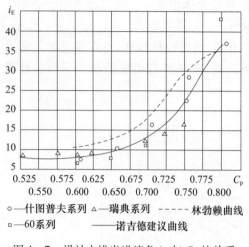
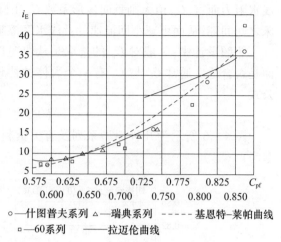

图 4-7 设计水线半进流角 $i_E$ 与 $C_p$ 的关系 　　　图 4-8 设计水线半进流角 $i_E$ 与 $C_{pf}$ 的关系

### (三)设计水线尾端形状

设计水线尾端的形状主要对形状阻力有影响。一般应以直线为宜,且与纵中剖面线夹角多为 20°~28°。特别是对于中速船,尾端应尽可能变瘦以免产生大量旋涡。高速船的水流大都顺着纵剖线,很少顺水线,所以尾端反而做得丰满些。此外,位于设计水线下的首部水线应当尽量做成尖削,特别有球鼻首时,应当注意主船体与球鼻首的配合。尾部形状也一样,应尽量做成尖削或圆削以利于水流流动。至于设计水线以上水线形状对静水阻力无影响,但在风浪中对阻力产生影响,因此首部往往靠倾斜的首柱使水线变得尖削。另外,注意到在风浪中对起伏运动影响时,应使水线形状不要造成漂心过后,否则当波峰沿船长移动时,浮心变化较快,波长或波面略有变动即影响起伏振幅。因而水线面形状要避免过于"前瘦后肥"。去流角比较难确定,巡洋舰尾因倾斜缓慢,一般为 15°~18°;普通型船尾要大些(个别船达到 30°以上),但角度大容易产生旋涡,使形状阻力增大,设计时要考虑 $C_w$ 等因素才能决定。

### 三、横剖线形状

当横剖面面积曲线及设计水线确定后,就可着手确定横剖面形状。其中首先应确定中剖面的形状。它的形状与摩擦阻力关系不大,主要是和剩余阻力有关系。中剖面形状的主要体现是舭部升高 $h$ 和舭部半径 $R$。对 $h$ 和 $R$ 的选取要符合使纵向水流平顺的要求,特别是舭部水流从前体向下越过舭部到底部以后再越过舭部升向尾部的整个过程不易发生离体,这要求舭部半径 $R$ 不宜过小。具体设计中应视尺度比 $B/d$ 及中剖面系数 $C_m$ 而定。关于 $C_m$,试验证明,实际上对阻力影响不大,选取时主要从易于型线平顺、布置等方面考虑。对于速度低的船,目前的趋势是采用相当肥满的中剖面,在一定的方形系数配合下可使船的两端尖瘦,对减小兴波有些好处;对于高速船,$C_m$ 应取得小一些,因为小的方形系数要求 $C_m$ 小,以使棱形系数接近最佳值,所以高速船中剖面具有相当大的 $h$ 和 $R$。低速船常无舭部升高,其目的在于获得尽可能大的中剖面系数 $C_m$。

在横剖面面积曲线和设计水线一定的情况下,船的首、尾端横剖面形状的选取就要受到限制。在满足横剖面面积曲线要求的横剖面面积的前提下,其水下形状相对地来讲可分为 V 形和 U 形(图 4-9)以及介于两者之间的中 V 形及中 U 形和极端的极 V 形和极 U 形等。通常,由于 U 形剖面排水体积可集中于下部,故与较瘦削的设计水线相应;而 V 形剖面由于排水体积集中于上部,故它对应于较肥满的设计水线。但由于目前对船舶横剖线的 U、V 度还没有一个被普遍接受的定义,因而对于较为缓和的中 V 形和中 U 形横剖线,只有通过相互对比才能予以区分。

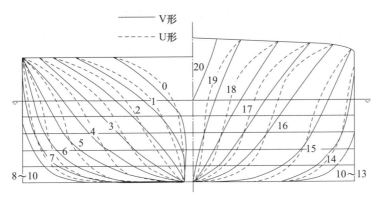

图 4-9 典型的横剖线形状

从阻力上看,U 形剖面使排水体积在竖向的分布较均匀,可使设计水线瘦削,就首部来说,导致半进流角 $i_E$ 减小,有利于降低兴波阻力;对于尾部,U 形剖面使伴流比较均匀,有利于提高螺旋桨的船身效率,且有利于降低螺旋桨的激振力。但相对于 V 形剖面,U 形剖面的湿面积较大,导致摩擦阻力较 V 形的大。V 形剖面不仅因为湿面积较小,对减小摩擦阻力有利,对尾部来说,V 形剖面还可以使去流段水流顺畅,有利于减小旋涡阻力。

瑞典哥德堡船舶研究院对前体横剖面分别为 U 形和 V 形的船(图 4-10)作了试验研究。这两条船具有相同的横剖面面积曲线和相同的主尺度比($C_b = 0.675$,$C_m = 0.984$,$B/b = 2.4$,$L/B = 7.24$),其阻力特性曲线如图 4-10 所示(所有阻力曲线都相交于两点)。可见,由于前体的 V 形剖面兴波阻力较大而摩擦阻力较小,因此在 $0.18 < Fr < 0.25$ 范围内,总阻力比 U 形剖面的高。

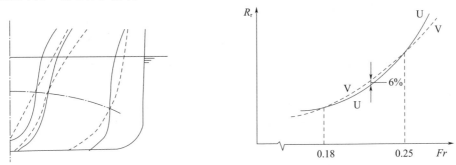

图 4-10 极 U 形和极 V 形的前部横剖面形状及典型阻力特性曲线

就耐波性而言，V形剖面使纵摇、垂荡的阻尼增加，有利于降低纵摇角和垂荡幅度。另外，V形剖面也使船体具有较大的储备浮力。而U形剖面对耐波性如纵摇、垂荡、首部砰击等，相对于V形要差些。

在稳性方面，V形剖面设计水线处的局部宽度较大，与此相关的水线面惯性矩和浮心高度也较大，这两者都使稳心高度$\overline{KM}$值增大，因此在水线宽度相同，与之对应的稳心半径相同的情况下，V形剖面为主的船应较U形剖面的船有较大的初稳心高度。

在船舶设计时具体选用何种横剖面形式，要视具体情况而定，如大型运输船舶及中速船舶，采用U形剖面的较多；小型船舶如渔船、拖船及快艇等多采用V形剖面；双桨船采用V形剖面可保证螺旋桨有较好的供水，有利于提高推进效率；而对于中型船舶，多采用中V形或中U形剖面，以兼顾阻力和耐波性等要求。

在确定船舶水线以上横剖线形状时应从船体型线的光顺配合、船舶布置及使用要求等方面予以考虑。从船舶适航性、耐波性和布置等方面的要求上，常使首部具有适度外飘以减少船在波浪中航行时的甲板上浪，增加局部储备浮力，减小纵摇摇幅，增大复原力臂曲线的高度值。但应注意的是过度外飘会产生飞溅，且可能引起大的纵摇加速度和砰击。从使用角度上说，适当外飘可以保证集装箱船船首甲板上的载箱数及在滚装渡船上船首设计水线附近保证最小的滚装货进口宽度。

另外，我们经常在小型船上见到直线型横剖面。直线型横剖面就是横剖面由数段直线所组成，各段直线相交成尖角或圆角，该折角线须为光顺曲线。此船型可简化横向构件的制造工作，因而可节省人工、建造时间和对技术熟练程度的要求。一般认为如折角线按流线方向装置，则与普通船型的阻力无大差别。

近年来船模试验结果指出：对于渔船和拖船等长宽比较小的船，傅汝德数 $Fr$ 在 0.33 以下时，采用双折角线式直线船型（图 4-11），快速性和耐波性都不差。此型式尾部型线的设计使流线沿很舒顺的纵剖线方向，伴流分布均匀，螺旋桨桨叶与船体的间隙因此可以减小，以容纳较大直径的螺旋桨而获得较高的推进效率。又由于其首部分的V形剖面，在汹涛中纵摇角度较小，所以速度损失也少。更由于丰满的设计水线面，其稳性较佳，这对于渔船和拖船等海上小船而言，也很重要。

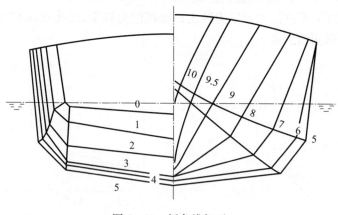

图 4-11 折角线船型

## 四、船首和船尾形状

### (一) 船首形状

对于排水量型船舶,船舶艏柱形状主要有前倾型、直立型和后倾型等类型,艏部形状主要有普通倾斜式艏型、球鼻艏型、破冰艏型等类型。一般来说,设计船首形状时应注意改善船首部的兴波阻力和破波阻力,并兼顾船舶的航行及靠离码头的安全。

船舶前倾型首型的首柱在设计水线以上部分的倾角可达到15°~30°,如图4-12所示,能够使设计水线以上的水线变得瘦削,因而可减少首端的兴波。倾斜的首柱使设计水线以上的水线面积迅速增加,有利于减小船在迎浪航行中的纵摇和升沉运动,从航行安全角度考虑,采用倾斜的首柱对改善碰撞时水下部分的安全也是合理的;另外,倾斜的首柱增加了甲板面积,并与外飘相配合使船外形美观大方。但从经济性和实用性来看,前倾不宜过大,因为这样增加总长和造价,增大吨位,增长泊位,降低进出港靠离码头时首端的安全。首柱在设计水线以下的形状,一种是继续保持水上的倾斜度并和底龙骨光顺地连接;另外也有的几乎做成与龙骨线垂直,如图4-12所示。就阻力而论,两者影响差别不明显。当首部船底有足够的倾斜时,可使首底冲击得以缓和。

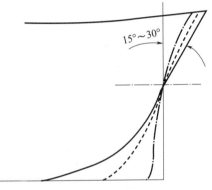

图4-12 前倾式首柱形式

### (二) 船尾形状

常规船舶尾型通常有巡洋舰尾及方尾等。20世纪70年代以来,由于快速货船及大型运输船舶主机功率的增加,推进效率及螺旋桨的空泡及激振力问题日益突出,新型尾型的研究受到重视,球尾等尾型已得到了广泛应用。对于双螺旋桨船舶,双尾鳍尾型也得到了广泛应用。一般来说,设计船尾水下形状时应注意使船尾部流线分离减至最小;使螺旋桨的吸水作用减至最小;使螺旋桨盘面处伴流尽量均匀;另外,还要有合理的布置螺旋桨的空间。

巡洋舰尾和方尾如图4-13和图4-14所示。

巡洋舰尾出现在19世纪后半叶的军舰建造中,其目的是降低操舵装置及对舵予以保护而设计的。由于此种尾型具有较好的阻力性能,在商船上得到了广泛的应用。一般来说,船尾悬体的长度约为船长的3.5%~4.5%,这样对船尾的强度和减轻螺旋桨引起的振动有利。现在不少船将巡洋舰尾后面的水上部分做成平面尾封板的形式(图4-13虚线),可以简化建造工艺。

在中高速船上设置方尾的目的是使船产生虚长度效应,还可以减小船舶尾倾的可能性,上述两方面的作用都可以改善船舶的阻力性能。方尾具有以下优点。

(1) 方尾最突出的优点是能降低高速航行时的阻力,当$Fr>0.5$以后,阻力可减少10%~15%。

(2) 由于方尾比较丰满,有利于尾部上甲板、舵机舱和推进器的布置。

(3) 方尾能增加稳性。

但方尾亦有如下缺点。

(1) 在波浪中航行方尾要受到较大的冲击,尾部容易被波浪掀起而产生埋首现象,从而导致舰艇在波浪中的快速性和适航性恶化。

(2) 倒车时阻力较大,并易使尾部甲板上浪或溅水,从而降低倒车航速。

(3) 在低速时,方尾的静水阻力较大。

巡洋舰尾的优缺点恰好与方尾相反。

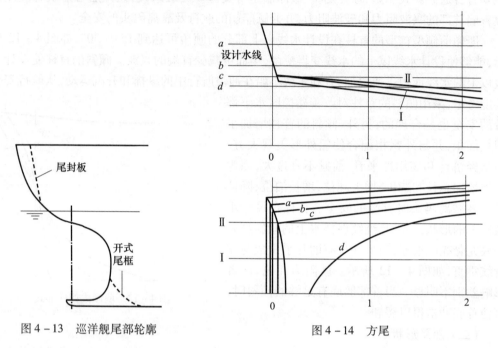

图 4-13 巡洋舰尾部轮廓　　　图 4-14 方尾

### 五、螺旋桨的布置

螺旋桨通常设置在船尾。如果设在船首,螺旋桨喷出的水流冲击船体,会使船体受到较大的摩擦阻力,其推进效果变差。但船首螺旋桨在某些情况下也被采用,如在破冰船上,利用船首螺旋桨前的负压力场破冰;在频繁改变方向的双头渡船上;在一些内河机动货船上,起舵推进器的作用。

通常螺旋桨的位置应使上叶梢至满载水线面的间距达到规定的要求,这样可以使螺旋桨在压载吃水下尾倾时仍有足够的浸深。

当螺旋桨桨叶有规律地转动时,会产生流体动力脉冲,这种脉动压力通过外板和桨轴传到船体内部,引起船体振动,这种振动还可能与船上的振动相互干扰,而且还会引起疲劳破坏。因此,从阻力、推进和振动角度,均需要螺旋桨与船体之间具有合适的间隙。螺旋桨与船体之间间隙示意图如图 4-15 所示。

从减小振动角度看,间隙应尽量大。而间隙小对减小阻力有利,因为这样可使尾悬体下降,螺旋桨桨柱后移。从提高推进效率角度看,$c$ 和 $d$ 应小,以便提供大的螺旋桨直径;$a$ 应尽量小,以便尽可能回收舵剖面处的旋转能量;$b$ 应大,这样虽然伴流减小,但螺旋桨的吸水作用比伴流减小更多,从而能改善船身效率$\left(\eta_\mathrm{h}=\dfrac{1-t}{1-\omega}\right)$。可见,间隙 $a$、$c$ 和 $d$ 应仔细地加以权衡,因为获得良好的振动特性和低的输出功率这两种要求是相互制约的。

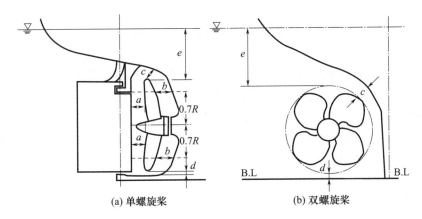

(a) 单螺旋桨　　　　　　　(b) 双螺旋桨

图 4-15　螺旋桨、舵与尾型的间隙

不同船级社对螺旋桨与船体间隙的要求大同小异，表 4.4 为我国船舶建造规范对最小间隙的要求。

表 4.4　单桨船桨与尾型和舵之间最小间隙

| 规范名称 | $a$ | $b$ | $c$ | $d$ |
| --- | --- | --- | --- | --- |
| 钢质海洋渔船建造规范 | $0.12D_p$ | $0.20D_p$ | $0.14D_p$ | $0.04D_p$ |
| 钢质海船入级规范 | $0.12D_p$ | $0.20D_p$ | $0.14D_p$ | $0.04D_p$ |

注：$D_p$ 为螺旋桨直径(mm)。

规范规定双桨船的螺旋桨桨叶与外板间隙 $c$ 应不小于按下式计算之值。

$$c = k_1 k_2 \frac{0.1166\sqrt{N_e} + 10}{100} D_p (\mathrm{m}) \qquad (4-6)$$

式中：$N_e$ 为主机额定功率(kW)；$D_p$ 为螺旋桨直径(m)；$k_1$ 为螺旋桨叶数修正系数(三叶，$k_1 = 1.20$；四叶，$k_1 = 1.00$；五叶，$k_1 = 0.85$)；$k_2$ 为船型修正系数(船长大于或等于 40m 的船舶，$k_2 = 1.10$；船长大于 30m 的船舶，$k_2 = 1.00$；船长小于或等于 30m 的船舶，$k_2 = 0.80$)。

单桨船的 $c$ 建议不小于 $0.75D_p$。为避免螺旋桨在纵摇时露出水面，特别为避免空泡产生，应保证桨叶的沉水深度。图 4-15 所示叶稍沉深应不小于下列值：

单桨船 $e = (0.25 \sim 0.30)D_p$；

双桨船 $e = (0.45 \sim 0.50)D_p$。

根据试验结果，舵与桨盘的距离大于 $0.75D_p \sim 1.0D_p$ 时，桨的尾流速度为最大，可改善舵效。但是由于尾型的限制，舵与桨的距离通常不可能这样大，一般只留出保证桨可以拆卸的间隙。在双桨单舵的情况下，为保证低速航行时的舵效，应使舵与桨的距离大于 $0.75D_p \sim 1.0D_p$。但是对于内河航道，特别是川江，泡旋和横流对桨的尾流影响很大，越是远离的尾流其影响越甚，因此，要求舵与桨距离小些。

对于转数高、负荷大的双桨双舵船，其舵的位置应偏离螺旋桨轴线一定的距离，以避开螺旋桨的涡流区，便于拆卸螺旋桨和尾轴，同时可获得较大的尾流。因双桨外旋时桨的推力中心稍向外移，内旋时桨的推力中心稍往内移，所以在双桨外旋时，建议舵位于螺旋桨轴线之外。内旋时，舵应位于螺旋桨轴线之内，偏移距离一般为 $0.05D_p \sim 0.10D_p$。

## 第三节 自行设计法

自行设计法设计船舶型线的步骤是：首先要绘制船的横剖面面积曲线，使其特征参数符合设计要求。然后逐一绘制纵剖型线图的侧面轮廓线、半宽水线圈的设计水线和甲板边线。再根据设计水线和甲板边线的半宽在横剖型线图上试绘横剖线，使各横剖线与设计水线所包围的面积符合所设计的横剖面面积曲线给定的数值。根据各横剖线再绘制各水线及纵削线。绘图过程中，对每一条线和每一点都应使其在三面投影中相互协调。

### 一、设计横剖面面积曲线

设计的横剖面面积曲线应满足已确定的主尺度及系数，即满足已确定的排水体积 $\nabla$、水线间长 $L_{WL}$、船宽 $B$、设计吃水 $d$、方形系数 $C_b$、棱形系数 $C_p$。水线面系数 $C_w$、中剖面系数 $C$、浮心纵向位置 $X_b$ 等，且能满足对平行中体及首尾形状的要求。

#### （一）梯形作图法

如图 4-16 所示，首先作矩形 $ABCD$，使 $\overline{AB}=A_m$，$\overline{AD}=L_{WL}$，然后作等腰梯形 $AEFD$，若面积 $AEFD = \nabla = L_{WL} \cdot B \cdot d \cdot C_m \cdot C_p$，则 $\overline{BE}=\overline{FC}=L_{WL}(1-C_p)$，其推导如下。

$$\text{面积} ABCD + \text{面积} FCD = \text{面积} ABCD - \text{面积} AEFD$$
$$= L_{WL} \cdot B \cdot D \cdot C_m - L_{WL} \cdot B \cdot D \cdot C_m \cdot C_p$$
$$= L_{WL} \cdot B \cdot D \cdot C_m(1-C_p)$$

又

$$\text{面积} ABE + \text{面积} FCD = \frac{1}{2} B \cdot D \cdot C_m \times \overline{BE} + \frac{1}{2} B \cdot D \cdot C_m \times \overline{FC}$$
$$= \frac{1}{2} B \cdot D \cdot C_m(\overline{BE}+\overline{FC})$$
$$= B \cdot D \cdot C_m \times \overline{BE}$$
$$= B \cdot D \cdot C_m \times \overline{BE}$$

故

$$\overline{BE}=\overline{FC}=L_{WL}(1-C_p)$$

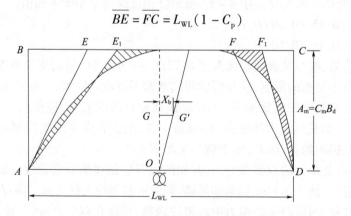

图 4-16 横剖面面积曲线绘制

得到的等腰梯形 AEFD 浮心纵向位置位于船中。如果浮心位置 $X_b$ 不在船中(例如船中前),则可按图 4-16 所示对 AEFD 进行改造,得到梯形 $AE_1F_1D$, $EE_1=FF_1$,等腰梯形 AEFD 面积心 G 的高度为

$$\overline{OG} = \frac{4C_p - 1}{6C_p} A_m \tag{4-7}$$

此时,梯形 $AE_1F_1D$ 的面积与 AEFD 相同,其面积心位于 $G'$ 点(船中前 $X_b$ 处)。

得到斜梯形 $AE_1F_1D$ 后,即可按照面积相等原则绘制出横剖面面积曲线,如图 4-16 所示。

也可以直接确定出满足 $X_b$ 要求的斜梯形 $AE_1F_1D$。仍如图 4-16 所示,利用面积矩平衡原理,得

$$\frac{1}{2}\overline{BE_1}A_m\left(\frac{1}{2}L_{WL} - \frac{1}{3}\overline{BE_1}\right) - \frac{1}{2}\overline{F_1C}\left(\frac{1}{2}L_{WL} - \frac{1}{3}\overline{F_1C}\right)A_m - X_b A_m L_{WL} C_p = 0 \tag{4-8}$$

整理后,

$$\frac{1}{4}(\overline{BE_1} - \overline{F_1C})L_{WL} - \frac{1}{6}(\overline{BE_1} + \overline{F_1C})(\overline{BE_1} - \overline{F_1C}) = X_b L_{WL} C_p \tag{4-8a}$$

又

$$\frac{1}{2}(\overline{BE_1} + \overline{F_1C})A_m = (1 - C_p)L_{WL}A_m$$

得

$$\overline{BE_1} + \overline{F_1C} = 2(1 - C_p)L_{WL} \tag{4-8b}$$

式(4-8b)代入式(4-8a),得

$$\overline{BE_1} - \overline{F_1C} = \frac{12C_p}{4C_p - 1}X_b$$

所以

$$\overline{BE_1} = (1 - C_p)L_{WL} + \frac{6C_p}{4C_p - 1}X_b \tag{4-9}$$

$$\overline{F_1C} = (1 - C_p)L_{WL} - \frac{6C_p}{4C_p - 1}X_b \tag{4-10}$$

**(二) 利用型船资料自行绘制**

把搜集到的与设计船任务书要求、技术性能大体相近的优秀实船资料,参照图 4-2 的办法,绘出各船的横剖面面积曲线。一般说来,技术性能大体相近的型船,其横剖面面积曲线相差也不会很大。其中有的型船的技术性能如快速性可能比较突出,那么我们在设计时就注意参照它的曲线,结合设计船的特点与要求,绘制设计船的横剖面面积曲线。型船中可能有的技术性能欠佳,那么我们就要注意分析该船的曲线有什么特征,找出它的缺点。例如可能是 $X_b$ 与众不同,也可能首尾有突肩等。要注意不重复它的缺点。一般通过目测手段,注意变化趋势,即可绘制出设计船的横剖面面积曲线。

当采用梯形作图法和利用型船资料法绘制出设计船的横剖面面积曲线后,都要校核其是否符合设计船的 $C_p$ 和 $X_b$,其原理和方法如下。

当横剖面面积曲线以无因次来绘制时,曲线所包围面积即为 $C_p$。

$$C_{\mathrm{p}} = \int_{-1/2}^{1/2} \left(\frac{A_{\mathrm{i}}}{A_{\mathrm{m}}}\right) \mathrm{d}x \tag{4-11}$$

式中:$A_{\mathrm{i}}/A_{\mathrm{m}}$ 为各站的相对面积。

曲线所围面积的形心纵向位置即为 $X_{\mathrm{b}}$。

$$X_{\mathrm{b}} = \frac{\int_{-1/2}^{1/2} \left(\frac{A_{\mathrm{i}}}{A_{\mathrm{m}}}\right) x \mathrm{d}x}{C_{\mathrm{p}}} \tag{4-12}$$

式(4-11)和式(4-12)可用梯形法或辛氏法近似计算。如果计算的结果与设计要求的 $C_{\mathrm{p}}$ 及 $X_{\mathrm{b}}$ 有差别,则须对所绘曲线稍加修改,直至符合设计要求为止。

**(三) 用作图法改造型船的横剖面面积曲线**

型船选定后,常遇到型船的棱形系数 $C_{\mathrm{p0}}$ 和浮心位置 $X_{\mathrm{b0}}$ 与设计船的 $C_{\mathrm{p}}$ 和 $X_{\mathrm{b}}$ 不完全相符。为此,可用作图法修改型船的面积曲线使其符合设计船的要求。一般可分两步进行:首先修改型船的面积曲线,使 $C_{\mathrm{p}}$ 与设计船的要求相一致,然后再修改 $C_{\mathrm{p}}$ 已符合要求的曲线,使 $X_{\mathrm{b}}$ 也能符合设计船的要求。

第一步,修改面积曲线的棱形系数 $C_{\mathrm{p}}$。

若设计船的 $C_{\mathrm{p}}$ 大于型船的 $C_{\mathrm{p0}}$,则应将型船的面积曲线增大;反之,则应减小。修改步骤如下。

(1) 用无因次坐标绘制型船的横剖面面积曲线,如图 4-17 中点划线所示。$\overline{AB}$ 为船长,等于 1.0,$\overline{AD}$ 为中剖面面积(或最大横剖面面积),$A_{\mathrm{m}}$ 也取为"1"单位。

(2) 在 $\overline{CD}$ 线两端截取 $\overline{CE} = \overline{DF} = C_{\mathrm{p}} - C_{\mathrm{p0}} = \delta C_{\mathrm{p}}$。

(3) 连接 $\overline{AF}, \overline{BE}$。

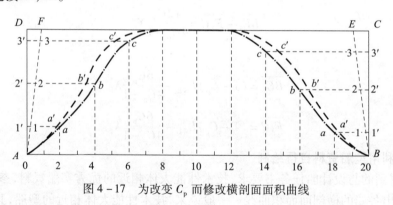

图 4-17 为改变 $C_{\mathrm{p}}$ 而修改横剖面面积曲线

(4) 过型船横剖面面积曲线各站的坐标点 $a, b, c, d$ 作基线 $AB$ 的平行线与 $\overline{AF}$ 和 $\overline{BE}$ 交于 1,2,3,4 各点,与 $\overline{AD}$ 和 $\overline{BC}$ 交于 $1', 2', 3', 4'$ 各点。

(5) 截取 $aa' = 11', bb' = 22', \cdots$

(6) 连接首尾 $a', b', c', \cdots$ 成光顺曲线,如图 4-17 中虚线所示。显然,修改后的曲线所围的面积增大了,其增加值为 $\triangle ADF$ 与 $\triangle BCE$ 的面积之和。根据步骤(2)且考虑 $\overline{AD} = 1.0$,此面积增加值为 $\delta C_{\mathrm{p}} = C_{\mathrm{p}} - C_{\mathrm{p0}}$。

如果设计船的 $C_{\mathrm{p}}$ 比型船的 $C_{\mathrm{p0}}$ 小,则面积减少值 $\delta C_{\mathrm{p}} = C_{\mathrm{p0}} - C_{\mathrm{p}}$,这时虚线应向实线内部移动,即前半体向后移动,后半体向前移动。

由于有些船没有平行中体,用此法要注意连虚线时不要形成平行中体。

第二步,修改面积曲线的 $X_b$。

若要改变 $X_b$,可采用迁移法,如图 4-18 所示,其步骤如下。

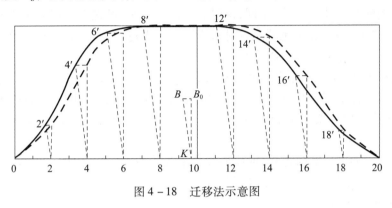

图 4-18 迁移法示意图

(1) 设 $B_0$ 点为变换前船的面积曲线(虚线)的形心,则图中 $B_0$ 点的横坐标等于 $X_{b0}$,竖坐标为 $\bar{y}$,其中 $\bar{y}$ 为面积曲线形心的竖坐标。$\bar{y}$ 可由下式求得:

$$\bar{y} = \frac{C_p}{1+C_p} \tag{4-13}$$

在基线上取 $K$ 点,使 $K$ 点为 $B_0$ 点在横轴上的垂足。则 $K$ 点距中值等于母型船的 $X_{b0}$。

(2) 取 $B$ 点的水平距中值为设计船的 $X_b$,其竖坐标为 $\bar{y}$。
(3) 连接 $\overline{KB}$。
(4) 过基线上各站 $2,4,6,\cdots$ 作 $\overline{KB}$ 的平行线。
(5) 过型船的面积曲线上各站面积坐标点作水平线交上述各平行线于 $2',4',6',\cdots,18'$。
(6) 连接各交点 $2',4',6',\cdots,18'$ 成光顺曲线即为设计船的横剖面面积曲线(实线)。

经过上述两步修改后,得到了满足设计船要求的 $C_p$、$X_b$ 的面积曲线。

**(四) 根据系列型线资料绘制**

如果有合适的系列型线资料,则可根据它绘制面积曲线。这类资料多是按不同的 $C_b$(或 $C_p$,$C_{pf}$,$C_{pa}$)值,给出各站横剖面面积与中剖面面积之比值 $A_i/A_m$,并以图谱与表格形式发表,使用较为方便,且可保证具有系列船型的良好的快速性。按这种方法所绘制的面积曲线,其 $C_p$ 能满足设计船的要求,而往往 $X_b$ 不尽相符。这时只要应用图 4-18 所示的迁移法对面积曲线进行修改即可使 $X_b$ 符合设计船要求。

## 二、设计侧面轮廓线、满载水线和甲板轮廓线

确定了首尾侧面轮廓线、船底线和舷弧线后,即可绘出侧面轮廓线。这里仅对满载(设计)水线及甲板轮廓线的绘制作简单介绍。

**(一) 满载水线**

满载水线由水线面系数 $C_w$、半进流角 $i_E$ 与半去流角 $i_R$、首尾端形状来确定,其绘制方法可利用型船或参照系列型线资料进行修改和自行设计。

(1) 若型船的 $C_w$ 与设计船相同,型船的首尾形状也基本符合设计船要求时,利用

型船满载水线各站半宽 $y_{0i}$ 与船宽 $B_0$ 之比,即 $y_{0i}/B_0$,再乘以设计的船宽 $B$,得到新船对应各站水线半宽 $y_{0i}$。计算出设计船各站半宽后,在半宽水线图上绘成光顺的曲线即可。

(2) 当型船与设计船的 $C_w$ 不同,首尾形状也不同时,可先按上述方法绘制出满载水线后,再结合要求的 $C_w$ 和首尾端形状对水线形状特点进行分析,并作适当修改。修改后核算 $C_w$,使 $C_w$,$i_E$,首尾形状符合要求即可。

(3) 用目测法,参照型船水线面形状,试画一条曲线,然后核算 $C_w$。当计算值 $C_w$ 大于要求的 $C_w$ 时,则曲线往里修;当计算值 $C_w$ 小于要求的 $C_w$ 时,则曲线往外修。这样反复几次,直至符合设计要求为止。这种方法对于有一定设计经验的人员来说是非常简便的。

水线的两端通常以圆弧连接,曲度要顺着水线的趋势。对航速较低的船,其尾端夹角不宜过大,以免产生旋涡。首端半进流角可参照图 4-7 和图 4-8 选取。

**(二) 甲板轮廓线**

继满载水线确定以后,可同时把甲板轮廓线确定下来。甲板轮廓线一般根据甲板地位的要求,参照相近型船绘制。

## 三、设计各站横剖线

当横剖面面积曲线、侧面轮廓线、满载水线及甲板平面轮廓线确定以后,实际上已基本制约了各站横剖线的特征。

横剖线的绘制应满足两个条件:一是其面积应等于横剖面面积曲线相应站位上的数值;二是设计吃水处半宽应等于设计水线上相应横剖面处的半宽。绘制时可利用等面积法。各站的横剖线一般按自中向首、尾的顺序绘制。其绘制步骤如图 4-19 所示。

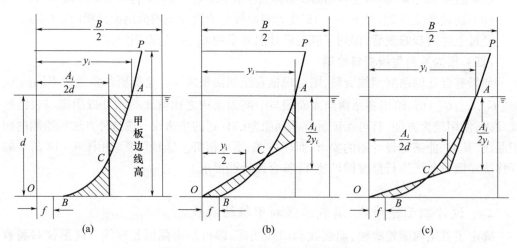

图 4-19 其他各横剖线的绘制方法

(1) 从半宽水线图上量取第 $i$ 站满载水线半宽值 $y_i$,据此定出图上的 $A$ 点。

(2) 从横剖面面积曲线图上量取第 $i$ 站横剖面面积 $A_i$,据此作出该站等面积矩形图 4-19(a)、等面积梯形图 4-19(b) 或等面积四边形图 4-19(c)。这三者分别适用于

U形、V形和中间形横剖线特征。

(3)仿照优秀型船对应站的剖面形状,过 A 点及 B 点作曲线 ACB 使图示的两块阴影面积相等,并使曲线在 B 点与底升线(无底升线时与基线)相切,则 ACBO 即为该站的横剖线。作曲线时应尽可能使每站剖面面积符合原定数值。

(4)从甲板平面图及侧面轮廓图上量取该站甲板半宽及甲板边线距基线高度,据此定出图4-19中的 P 点;然后照顾到横剖线水下部分的趋势,用适当形状的曲线与下部曲线顺滑地相接,即得出横剖线的水上部分。

### 四、绘制半宽水线图和纵剖线图

根据横剖面型线可绘制各水线,得到水线半宽图。再根据水线图和横剖线图绘制纵剖线图。

在绘水线和纵剖线时,注意使三面投影点保持一致,三组曲线光顺,变化规律协调。

### 五、完成型线图绘制

量取型值,编制型值表,注字,标注尺寸及符号。

## 第四节 母型改造法

为了满足对设计船的要求,设计者在选择了母型船后,总想尽可能少改动其形状,以使得设计船能够保持母型船的优良性能。常用方法是前后小幅移动母型船横剖面所在位置,以得出满足设计船要求的横剖型线图。当设计船与母型船的 $C_p$、$X_b$、平行中体长度及位置不同时,常采用这种方法。移动横剖面变换的实质是按一定规律移动横剖面位置来改变船体形状。由于横剖线与横剖面面积曲线关系密切,移动横剖面变换即是改造母型船的横剖面面积曲线。

### 一、"$1-C_p$"法

#### (一)"$1-C_p$"法原理

将横剖面面积曲线在船中剖面处分成前后半体,分别无因次化,即 $x=x_i/(L/2)$,$y=A_i/A_m$,则前半体如图4-20所示。其中,$x_i$ 表示任意 $x$ 轴方向的横剖面位置,$A_i$ 表示在 $x_i$ 处的横剖面面积,$A_m$ 为中剖面面积。后半体的横剖面面积曲线无因次表达与此相似。用下标 f 表示前半体的变量,用下标 a 表示后半体的变量。其中,下标有 0 的变量为变化前的船(母型)的相关变量。

若将母型船的前半体棱形系数 $C_{pf0}$ 改变 $\delta C_{pf}$,这种改变可看成是母型船的横剖面面积曲线(实线)在各 $x$ 处平移一段距离 $\delta x$ 后得到设计船的横剖面面积曲线(虚线)。很清楚,平移距离 $\delta x$ 是船型要素的函数,这种函数关系称为形变函数。"$1-C_p$"法采用的形变函数是线性函数,即

$$\delta x = a(1-x) \qquad (4-14)$$

该函数满足 $x=1$ 时,$\delta x=0$ 的端点边界条件。

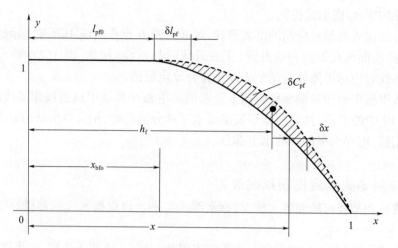

图4-20 前半体横剖面面积曲线的无因次表示

$$\delta C_{pf} = \int_0^1 \delta x \mathrm{d}y = \int_0^1 a(1-x)\mathrm{d}y = a(1-C_{pf0})$$

$$a = \frac{\delta C_{pf}}{1-C_{pf0}}$$

代入式(4-14)得

$$\delta x_f = (1-x)\frac{\delta C_{pf}}{1-C_{pf0}} \tag{4-15}$$

式中:$\delta C_{pf}$为前半体棱形系数变化量,即图4-20中阴影面积;$\delta x_f$为前半体某横剖面纵向平移量。

棱形系数变化量$\delta C_{pf}$对船中之矩

$$\delta C_{pf} \cdot h_f = \int_0^1 \delta x \left(x + \frac{\delta x}{2}\right)\mathrm{d}y$$

$$= \int_0^1 \delta x \cdot x \mathrm{d}y + \frac{1}{2}\int_0^1 \delta x^2 \mathrm{d}y$$

$$= \frac{\delta C_{pf}}{1-C_{pf0}}\int_0^1 (1-x)x \mathrm{d}y + \frac{\delta C_{pf}^2}{2(1-C_{pf0})^2}\int_0^1 (1-x)^2 \mathrm{d}y$$

则

$$h_f = \frac{C_{pf0}(1-2x_{bf0})}{1-C_{pf0}} + \frac{\delta C_{pf}}{2(1-C_{pf0})^2}[1-2C_{pf0}(1-x_{bf0})] \tag{4-16}$$

式中:$C_{pf0} = \int_0^1 x \mathrm{d}y$;$x_{bf0} = \frac{1}{2C_{pf0}}\int_0^1 x^2 \mathrm{d}y$。

同理,对于后半体

$$h_a = \frac{C_{pa0}(1-2x_{ba0})}{1-C_{pa0}} + \frac{\delta C_{pa}}{2(1-C_{pa0})^2}[1-2C_{pa0}(1-x_{ba0})] \tag{4-17}$$

式中:$h_f, h_a$分别为面积曲线的前体和后体改变部分的形心距船中的距离;$x_{bf0}, x_{ba0}$分别为母型船前体和后体浮心纵向位置(无因次)。

在进行母型船改造时,常已知整船的棱形系数变化量 $\delta C_p$ 及浮心纵向位置的变化量 $\delta x_b$,因此在应用"$1-C_p$"法时,先求前、后体棱形系数变化量 $\delta C_{pf}$ 和 $\delta C_{pa}$。

根据浮力平衡

$$2\delta C_p = \delta C_{pf} + \delta C_{pa} \qquad (4-18)$$

根据力矩平衡

$$2C_{p0}x_{b0} + h_f \delta C_{pf} - h_a \delta C_{pa} = 2(C_{p0} + \delta C_p)(x_{b0} + \delta x_b) \qquad (4-19)$$

可以求得

$$\delta C_{pf} = \frac{2}{h_f + h_a}[\delta C_p(h_a + x_{b0}) + \delta x_b(C_{p0} + \delta C_p)] \qquad (4-20)$$

$$\delta C_{pa} = \frac{2}{h_f + h_a}[\delta C_p(h_f - x_b) - \delta x_b(C_{p0} + \delta C_p)] \qquad (4-21)$$

式中:$x_{b0}$ 为母型船无因次浮心纵向位置。

有了前、后体棱形系数变化量 $\delta C_{pf}$,$\delta C_{pa}$,代入式(4-18)可求得前、后体各横剖面位置变化量 $\delta x_f$ 及 $\delta x_a$,进而可计算设计船的型线的型值。

本方法的优点是变换公式简单,能很好地满足设计船的 $C_p$ 和 $X_b$ 的要求,而且当型船的横剖面面积曲线和水线光顺时,设计船的横剖面面积曲线和水线也一定光顺。

本方法的缺点如下。

(1)平行中体的变化量 $\delta l_{pf}$(或 $\delta l_{pa}$)取决于棱形系数的变化量 $\delta C_{pf}$(或 $\delta C_{pa}$)。由式(4-15)可知,当 $x = \delta l_{pf}$ 时

$$\delta l_{pf} = \frac{\delta C_{pf}}{1 - C_{pf}}(1 - l_{pf}) \qquad (4-22)$$

因此,若 $C_p$ 不变时,不能改变平行中体的长度;反之亦然。即不能独立地变化前后体平行中体的长度。

(2)最大平移距离在平行中体端部,设计船附加的排水体积纵向分布不能由设计人员来控制。

(3)不能用于母型船无平行中体时缩减棱形系数的情况。因此本方法一般用于有平行中体的丰满型船舶。

**(二)"$1-C_p$"法设计绘制型线图的步骤**

当设计船的主尺度及船型系数(如 $L_{PP}$,$B$,$d$,$C_p$,$X_b$,…)确定后,需选择合适的母型船,母型船通常要选择与设计船用途相近、主尺度比(如 $B/d$,$L/B$,…)相近、船型系数(如 $C_b$,$X_b$,…)及 $Fr$ 相近的阻力、推进等性能优良的船型。母型船选择完毕后,就可着手设计线型及绘制型线图了。

1. 改造母型船横剖面面积曲线

(1)绘制母型船横剖面面积曲线,求出其 $C_p$,$X_b$。

(2)将母型船面积曲线改造为设计船面积曲线。

①按经验公式估算设计船前、后体棱形系数 $C_{pf}$ 和 $C_{pa}$。

$$C_{pf} = C_p + 2.25\frac{X_b}{L_{PP}} \qquad (4-23)$$

$$C_{pa} = C_p - 2.25\frac{X_b}{L_{PP}} \qquad (4-24)$$

式中：$X_b$ 船中前为正、船中后为负。

因此，面积曲线前后体棱形系数变化量为

$$\begin{cases} dC_{pf} = C_{pf} - C_{pf0} \\ dC_{pa} = C_{pa} - C_{pa0} \end{cases}$$

② 求辅助站位置。

按"$1-C_p$"法，有
$$\begin{cases} dx'_i = \dfrac{1-x_i}{1-C_{pf0}} dC_{pf}（船中前各站）\\ dx'_i = \dfrac{1-x_i}{1-C_{pa0}} dC_{pa}（船中后各站）\end{cases}$$

因此，各辅助站距理论站距离为 $\dfrac{L_{PP}}{2} dx_i$。由此得到变化后的设计船面积曲线。

③ 校核设计船横剖面面积曲线的 $C_p$ 和 $X_b$。

若 $C_p$ 不满足设计要求，说明设计或计算有误差，重新变换面积曲线；若 $C_p$ 满足要求，$X_b$ 不满足设计要求，应用迁移法求出满足设计要求的新面积曲线。这时各辅助站又有新的移动距离 $dx''_i$，则最后的辅助站距理论站的距离为 $(dx'_i + dx''_i)\dfrac{L_{PP}}{2}$。

2. 绘型线图

（1）选定绘图比例，绘制设计船格子线。

（2）绘辅助水线半宽图。

① 根据上面得到的辅助站距理论站的距离，在水线图上绘辅助站格子线。

② 在辅助站上量取半宽 $y_i = \dfrac{y_{i0}}{B_0} B$，其中，$y_i$ 和 $B$ 分别为设计船某辅助水线在各站处的型值半宽和型宽；$y_{i0}$ 和 $B_0$ 分别为母型船对应水线上各站的型值半宽和型宽。由此得到各辅助水线。

（3）绘横剖面图。

① 在横剖面图上画出辅助水线 $d_i$ 的格子线，其中 $d_i = \dfrac{d_{0i}}{d_0} d$，$d$ 和 $d_0$ 分别为设计船和母型船的设计吃水，而 $d_i$ 为设计船与母型船水线 $d_{0i}$ 相对应的辅助水线。

② 量取水线圈上理论站上各辅助水线的半宽值，绘制到横剖面图的辅助水线上，将各辅助水线上相同站的点连接起来，从而得到各横剖线。

③ 根据横剖线图校核设计船的 $C_b$ 及 $X_b$。

（4）绘理论水线半宽图。

在横剖面图上量取理论水线上各站半宽，重新画到水线图的理论站上，连接各点得各理论水线。

（5）根据水线图和横剖线图，绘纵剖线图。

（6）三面投影光顺配合。

（7）制定型值表，注字、标尺寸。

采用本方法一般是对水下线型进行改造。为满足设计船的型深、舷弧、布置等方面的具体要求，水上部分的线型，采用自行设计及绘制方法。显然此时也要注意与水下部分的线型相配合。

## 二、Lackenby 法

为了克服"$1-C_p$"法的缺点,H. Lackenby 提出了用二次多项式作为变换函数的方法[15]。这种变换对有或无平行中体的船都适用。它可保证平行中体长度不变,还可同时对母型船的棱形系数、平行中体长度和浮心纵向位置进行改造。

Lackenby 法也是将母型船横剖面面积曲线分为前半体、后半体,也采用图 4-20 的无因次表达。

设变换函数为

$$\delta x = c(1-x)(x+d) \tag{4-25}$$

式中:$c,d$ 为待定系数。

以前半体为例,当 $x=1.0$ 时,满足 $\delta x=0$ 的边界条件。由设计船的要求:

当 $x=l_{pf}$ 时,有

$$\begin{cases} \delta x_f = \delta l_{pf} \\ \int_0^1 \delta x \mathrm{d}y = \delta C_{pf} \end{cases} \tag{4-26}$$

解上述方程组可求得系数 $c,d$,代入式(4-25),得

$$\delta x_f = (1-x)\left[\frac{\delta l_{pf}}{1-l_{pf0}} + (x-l_{pf0})\frac{\delta C_{pf} - \delta l_{pf}\dfrac{1-C_{pf0}}{1-l_{pf0}}}{A_f}\right] \tag{4-27}$$

式中:$A_f = C_{pf0}(1-2x_{bf0}) - l_{pf0}(1-C_{pf0})$,$x_{bf0}$ 为母型船前体面积曲线的形心距船中无因次值。

当母型船无平行中体时,则横剖面位置变化量为

$$\delta x = (1-x)\left[\delta l_{pf} + \frac{[\delta C_{pf} - \delta l_{pf}(1-C_{pf0})]x}{C_{pf0}(1-2x_{bf0})}\right] \tag{4-28}$$

棱形系数变化量 $\delta C_{pf}$ 对船中之矩(略去二次项)为

$$\delta C_{pf} \cdot h_f = \int_0^1 \delta x \cdot \mathrm{d}y\left(x + \frac{\delta x}{2}\right) \approx \int_0^1 x \cdot \delta x \cdot \mathrm{d}y$$

$$= \int_0^1 x(1-x)\left[\frac{\delta l_{pf}}{1-l_{pf0}} + \frac{\delta C_{pf} - \delta l_{pf}\dfrac{1-C_{pf0}}{1-l_{pf0}}}{A_f}(x-l_{pf0})\right]\mathrm{d}y$$

经整理后可得 $h_f$ 的一阶近似值为

$$h_f = B_f - C_f \frac{\delta l_{pf}}{\delta C_{pf}} \tag{4-29}$$

式中

$$B_f = \frac{C_{pf0}[2x_{bf0} - 3K_f^2 - l_{pf0}(1-2x_{bf0})]}{A_f}$$

$$C_f = \frac{B_f(1-C_{pf0}) - C_{pf0}(1-2x_{bf0})}{1-l_{pf0}}$$

其中:$K_f^2$ 为母型船面积曲线(前半体)对船中的二次矩(惯性矩)臂,有

$$K_f^2 = \frac{\int_0^1 x^2 y \mathrm{d}x}{C_{pf0}} = \frac{1}{4C_{pf0}} \int_0^1 x^3 \mathrm{d}y = \frac{3I_f}{4C_{pf0}} \tag{4-30}$$

对后半体的 $h_a$,只要代入后半体相应数值,仍可按式(4-29)计算(下标改为 $a$)。

如上所述,Lackenby 法是把船体分为前后半体进行变换,因此也需要求出前、后半体棱形系数的分配。由式(4-20)和式(4-21)可得

$$\frac{\delta C_p (h_a + x_{b0}) + \delta x_b (C_{p0} + \delta C_p)}{\delta C_{pf}} = \frac{\delta C_p (h_f - x_{b0}) - \delta x_b (C_{p0} + \delta C_p)}{\delta C_{pa}}$$

将式(4-29)代入上式经整理可得

$$\delta C_{pf} = \frac{2[\delta C_p (B_a + x_b) + \delta x_b (C_{p0} + \delta C_p)] + C_{f0} \delta l_{pf} - C_{a0} \delta l_{pa}}{B_f + B_a} \tag{4-31}$$

$$\delta C_{pa} = \frac{2[\delta C_p (B_f + x_{b0}) + \delta x_b (C_{p0} + \delta C_p)] - C_{f0} \delta l_{pf} + C_a \delta l_{pa}}{B_f + B_a} \tag{4-32}$$

当前、后平行中体长度变化量为零时,则前、后体棱形系数变化量 $\delta C_{pf}$、$\delta C_{pa}$ 分别为

$$\delta C_{pf} = \frac{2[\delta C_p (h_a + x_{b0}) + \delta x_b (C_{p0} + \delta C_p)]}{h_f + h_a} \tag{4-33}$$

$$\delta C_{pa} = \frac{2[\delta C_p (h_a - x_{b0}) - \delta x_b (C_{p0} + \delta C_p)]}{h_f + h_a} \tag{4-34}$$

当给定棱形系数变化量 $\delta C_p$、浮心纵向位置变化量 $\delta x_b$,及前、后平行中体长度变化量 $\delta l_{pf}$、$\delta l_{pa}$ 时,可由式(4-31)~式(4-34)求出前、后体棱形系数变化量 $\delta C_{pf}$、$\delta C_{pa}$,然后,按照式(4-28)得到新设计船的横剖面面积曲线。采取与"$1-C_p$"法类似的步骤,可得到新设计船的型值。

## 三、夏氏法

Lackenby 法在推导过程中忽略了高阶小量(面积曲线对船中的惯性矩),使计算精度受到一定影响。下面介绍一种二次式变换函数法,能精确地推导出横剖面面积曲线二次式的变换函数,具有计算方便、灵活、精度高的特点。对棱形系数、浮心纵向位置及平行中体可以独立变化,也可以一起变化。

将变换前船的横剖面面积曲线(实线)和变换后船的横剖面面积曲线(虚线)表示成如图4-21所示的无因次坐标。以最大横剖面所在位置为 $y$ 轴,考虑到最大横剖面不一定在船中的情况,设前端点为 $x_0$,后端点为 $x_1$。

设母型船和新船的浮心位置分别为 $\bar{x}_{b0}$,$\bar{x}_b$,棱形系数分别为 $C_{p0}$,$C_p$,前体平行中体长分别为 $l_{pf0}$,$l_{pf}$,后体平行中体长分别为 $l_{pa0}$,$l_{pa}$。

令前体、后体的变换函数分别为

$$\bar{x}_f = x_f + \delta x_f = x_f + u_f (x_f - x_0)(x_f - l_{pf0}) + u_{f0}(x_f - x_0) \tag{4-35}$$

$$\bar{x}_a = x_a + \delta x_a = x_a + u_a (x_a - x_1)(x_a - l_{pa0}) + u_{a0}(x_a - x_1) \tag{4-36}$$

1. 求系数 $u_{f0}$,$u_{a0}$

边界条件:

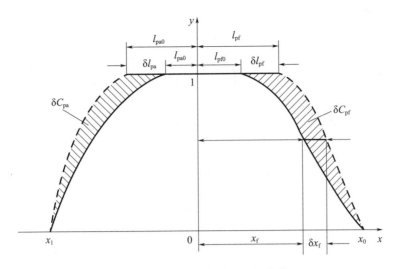

图 4-21 无因次横剖面面积曲线

当 $x_f = l_{pf0}$ 时,$\bar{x}_f = l_{pf}$,代入式(4-35);当 $x_a = l_{pa0}$ 时,$\bar{x}_a = l_{pa}$,代入式(4-36)。

得
$$u_{f0} = \frac{l_{pf} - l_{pf0}}{l_{pf0} - x_0} \tag{4-37}$$

$$u_{a0} = \frac{l_{pa} - l_{pa0}}{l_{pa0} - x_1} \tag{4-38}$$

2. 求系数 $u_f, u_a$

先根据棱形系数改变量 $\delta C_p = C_p - C_{p0}$,得

$$C_p - C_{p0} = u_f \int_0^1 (x - x_0)(x - l_{pf0}) dy + u_{f0} \int_0^1 (x - x_0) dy + u_a \int_0^1 (x - x_1)(x - l_{pa0}) dy + u_{a0} \int_0^1 (x - x_1) dy$$

整理得
$$S_1 u_f + S_2 u_a = S_3 \tag{4-39}$$

式中
$$S_1 = 2M_f - (x_0 + l_{pf0}) x_0 C_{f0} + x_0 l_{pf0}$$
$$S_2 = 2M_a - (x_1 + l_{pa0}) x_1 C_{a0} + x_1 l_{pa0}$$
$$S_3 = C_p - C_{p0} - u_{f0} x_0 (C_{f0} - 1) - u_{a0} x_1 (C_{a0} - 1)$$

其中:$C_{f0}$ 为母型船前体棱形系数;$C_{a0}$ 为母型船后体棱形系数;$M_f$ 为母型船前体对 $y$ 轴的静矩,$M_f = C_{pf0} \cdot \bar{x}_{bf0}$;$M_a$ 为母型船后体对 $y$ 轴的静矩,$M_{a0} = C_{pa0} \cdot \bar{x}_{ba0}$。

再根据浮心的改变量 $\delta \bar{x}_b = \bar{x}_b - \bar{x}_{b0}$,以新船相对母型船前后体增加的面积,可以得到如下的力矩平衡方程:
$$W_f - W_a = \bar{x}_b C_p - \bar{x}_{b0} C_{p0} \tag{4-40}$$

式中:$W_f, W_a$ 分别为前、后体增加的面积对 $y$ 轴的静矩。

$$W_f = \int_0^1 \delta x \left(x + \frac{1}{2}\delta x\right) dy = \int_0^1 x \delta x dy + \frac{1}{2} \int_0^1 \delta x^2 dy$$

将式(4-35)中的 $\delta x$ 表达式代入上式可得

$$W_{\mathrm{f}} = S_4 u_{\mathrm{f}}^2 + S_5 u_{\mathrm{f}} + S_6$$

式中

$$S_4 = 2I_{\mathrm{ff}} - 3(l_{\mathrm{pf0}} + x_0)I_{\mathrm{f}} + (x_0^2 + 4x_0 l_{\mathrm{pf0}} + l_{\mathrm{pf0}}^2)M_{\mathrm{f}} - x_0 l_{\mathrm{pf0}}(x_0 + l_{\mathrm{pf0}})C_{\mathrm{f}} + 0.5 x_0^2 l_{\mathrm{pf0}}^2$$

$$S_5 = 3(1 + u_{\mathrm{f0}})I_{\mathrm{f}} - 2[x_0 + l_{\mathrm{pf0}} + u_{\mathrm{f0}}(2x_0 + l_{\mathrm{pf0}})]M_{\mathrm{f}} + [u_{\mathrm{f0}} x_0 + x_0 l_{\mathrm{pf0}}(1 + 2u_{\mathrm{f0}})]x_0 C_{\mathrm{f}} - u_{\mathrm{f0}} x_0^2 l_{\mathrm{pf0}}$$

$$S_6 = u_{\mathrm{f0}}[(2 + u_{\mathrm{f0}})M_{\mathrm{f}} - (1 + u_{\mathrm{f0}})x_0^2 C_{\mathrm{f}} + 0.5 u_{\mathrm{f0}} x_0^2]$$

其中:$I_{\mathrm{f}}$,$I_{\mathrm{ff}}$分别为母型船前体面积曲线对 $y$ 轴的惯性矩和三次矩,即

$$I_{\mathrm{f}} = \frac{1}{3}\int_0^1 x^3 \mathrm{d}y = \frac{4}{3} C_{\mathrm{pf0}} \cdot \bar{x}_{\mathrm{bf0}}^2$$

$$I_{\mathrm{ff}} = \frac{1}{4}\int_0^1 x^4 \mathrm{d}y = 2 C_{\mathrm{pf0}} \cdot \bar{x}_{\mathrm{bf0}}^3$$

对于后体可类似得到

$$W_{\mathrm{a}} = S_7 u_{\mathrm{a}}^2 + S_8 u_{\mathrm{a}} + S_9$$

式中

$$S_7 = 2I_{\mathrm{aa}} - 3(l_{\mathrm{pa0}} + x_1)I_{\mathrm{a}} + (x_1^2 + 4x_1 l_{\mathrm{pa0}} + l_{\mathrm{pa0}}^2)M_{\mathrm{a}} - x_1 l_{\mathrm{pa0}}(x_1 + l_{\mathrm{pa0}})C_{\mathrm{a}} + 0.5 x_1^2 l_{\mathrm{pa0}}^2$$

$$S_8 = 3(1 + u_{\mathrm{a0}})I_{\mathrm{a}} - 2[x_1 + l_{\mathrm{pa0}} + u_{\mathrm{a0}}(2x_1 + l_{\mathrm{pa0}})]M_{\mathrm{a}} + [u_{\mathrm{a0}} x_1 + x_1 l_{\mathrm{pa0}}(1 + 2u_{\mathrm{a0}})]x_1 C_{\mathrm{a}} - u_{\mathrm{a0}} x_1^2 l_{\mathrm{pa0}}$$

$$S_9 = u_{\mathrm{a0}}[(2 + u_{\mathrm{a0}})M_{\mathrm{a}} - (1 + u_{\mathrm{a0}})x_1^2 C_{\mathrm{a}} + 0.5 u_{\mathrm{a0}} x_1^2]$$

其中,$I_{\mathrm{a}}$,$I_{\mathrm{aa}}$为母型船后体面积曲线对 $y$ 轴的惯性矩和三次矩,且

$$I_{\mathrm{a}} = \frac{1}{3}\int_0^1 x^3 \mathrm{d}y = \frac{4}{3} C_{\mathrm{pa0}} \cdot \bar{x}_{\mathrm{ba0}}^2$$

$$I_{\mathrm{aa}} = \frac{1}{4}\int_0^1 x^4 \mathrm{d}y = 2 C_{\mathrm{pa0}} \cdot \bar{x}_{\mathrm{ba0}}^3$$

令

$$\mathrm{d}M = \bar{x}_{\mathrm{b}} C_{\mathrm{p}} - \bar{x}_{\mathrm{b0}} C_{\mathrm{p0}}$$

将 $W_{\mathrm{f}}$,$W_{\mathrm{a}}$ 及 $\mathrm{d}M$ 代入式(4-40),并与式(4-39)联立可得方程组:

$$\begin{cases} S_1 u_{\mathrm{f}} + S_2 u_{\mathrm{a}} - S_3 = 0 \\ S_4 u_{\mathrm{f}}^2 + S_5 u_{\mathrm{f}} + S_6 - S_7 u_{\mathrm{a}}^2 - S_8 u_{\mathrm{a}} - S_9 - \mathrm{d}M = 0 \end{cases}$$

解此方程组可得到标准二次方程:

$$K_1 u_{\mathrm{f}}^2 + K_2 u_{\mathrm{f}} + K_3 = 0 \tag{4-41}$$

式中

$$K_1 = S_4 - \frac{S_1^2 S_7}{S_2^2}$$

$$K_2 = S_5 + \frac{2 S_1 S_3 S_7}{S_2^2} + \frac{S_1 S_8}{S_2}$$

$$K_3 = S_6 - \frac{S_3^2 \cdot S_7}{S_2^2} - \frac{S_3 S_8}{S_2} - S_9 - \mathrm{d}M$$

解式(4-41),得

$$u_{\mathrm{f}} = \frac{-K_2 \pm \sqrt{K_2^2 - 4 K_1 K_2}}{2 K_1} \tag{4-42}$$

对于 $u_f$ 的每一个根,可得

$$u_a = \frac{S_3 - S_1 u_f}{S_2} \quad (4-43)$$

在上述方程有两个实数解时,可得到两组解:$(u_{f1}, u_{a1})$ 和 $(u_{f2}, u_{a2})$。根据新船应与母型船尽量接近的原则,在 $|u_{f1}| + |u_{a1}|$ 和 $|u_{f2}| + |u_{a2}|$ 中取绝对值之和较小的一对根作为式(4-35)和式(4-36)中的系数。系数 $u_f$,$u_a$ 确定后,新船上的任意 $\bar{x}$ 位置上的值就可通过式(4-35)或式(4-36)求得。

### 四、由母型船型线转绘为设计船型线的方法

当采用上述方法将母型船横剖面面积曲线修改成设计船的横剖面面积曲线以后,即改造后的面积曲线满足设计船的 $C_p$ 及 $X_b$ 的要求之后,即可以根据设计船与母型船横剖面面积曲线之间的关系,按下述步骤,将母型船的型线转绘为设计船的型线。

(1)找出与设计船某站横剖面面积相同的母型船对应剖面的位置。图4-22中 $A-A$ 剖面为对应于设计船第16站剖面的母型船横剖面位置。

(2)在母型船半宽水线图上,量取 $A-A$ 剖面位置上各水线的半宽值,作为设计船第16站横剖面上各水线半宽。

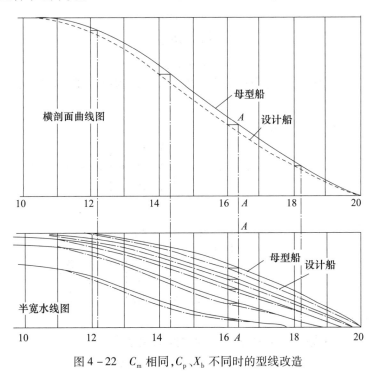

图4-22 $C_m$ 相同,$C_p$、$X_b$ 不同时的型线改造

(3)据此绘出设计船16站的横剖线。新船的所有站的横剖线都可这样绘制出来。

(4)由横剖型线图绘出半宽水线图和纵剖线图,并校对3组剖面线的投影点是否一致。

有时做完第一步后,直接在母型船半宽水线图上,把 $A-A$ 位置上的型船各水线半宽

移到 16 站上,作为设计船的 16 站的剖面各水线半宽。同理可找到设计船其余站横剖面各水线的半宽。于是可连各站同名水线的半宽点成光顺的水线,见图 4-22 中点划线。绘出新船的水线半宽图后再绘横剖型线及纵剖型线图,这样也能绘制出设计船的型线图。究竟按什么步骤,视实际条件及自己的习惯而定。

若设计船与母型船的主尺度也不相同,则结合线性变换,即可绘制出设计船的型线图。

采用本方法改造时应注意,由于剖面的移动,首尾轮廓线也应作相应的修改,否则与水线的端点难以配合。

对船中剖面系数 $C_m$ 的改造:

在前面论述的改造横剖面面积曲线的方法中,并没有对其进行改造的能力,亦即通过上述变换只能将母型船的横剖面面积曲线改造为满足设计船 $C_p$ 及 $X_b$ 要求的横剖面面积曲线,当 $C_m \neq C_{m0}$ 时,按图 4-22 中的方法变换得到的型线的 $C_m$ 不符合设计船的要求。因此,当 $C_m \neq C_{m0}$ 时,应在按图 4-22 中方法求得各站横剖面型值后,再对其进行中剖面系数的改造,使得设计船与母型船的 $C_p$,$X_b$ 及 $C_m$ 均相同。

### 五、比例变换法

当设计船的 $L$、$B$、$d$ 与母型船不同时,要进行比例变换。常用的变换函数为

$$\begin{cases} x_i = \lambda x_{0i} \\ y_i = \beta y_{0i} \\ z_i = \gamma z_{0i} \end{cases} \quad (4-44)$$

式中:$x_{0i}, y_{0i}, z_{0i}$ 为母型船上任意一点的坐标值;$x_i, y_i, z_i$ 为设计船上相应点的坐标值;$\lambda, \beta, \gamma$ 为变换系数。

以矩阵形式表示这种变换为

$$[x_i \quad y_i \quad z_i] = [x_{0i} \quad y_{0i} \quad z_{0i}] \begin{bmatrix} \lambda & 0 & 0 \\ 0 & \beta & 0 \\ 0 & 0 & \gamma \end{bmatrix}, i = 1, 2, \cdots, N \quad (4-45)$$

或

$$\begin{bmatrix} x_1 & y_1 & z_1 \\ x_2 & y_2 & z_2 \\ \vdots & \vdots & \vdots \\ x_N & y_N & z_N \end{bmatrix} = \begin{bmatrix} x_{01} & y_{01} & z_{01} \\ x_{02} & y_{02} & z_{02} \\ \vdots & \vdots & \vdots \\ x_{0N} & y_{0N} & z_{0N} \end{bmatrix} \begin{bmatrix} \lambda & 0 & 0 \\ 0 & \beta & 0 \\ 0 & 0 & \gamma \end{bmatrix} \quad (4-46)$$

其中:$N$ 为型值点总数。

比例变换是一种线性变换,船舶主尺度之间的关系为

$$L = \lambda L_0, B = \beta B_0, d = \gamma d_0, D = \gamma D_0$$

$$C_b = C_{b0}, \nabla = C_b L B d = \lambda \beta \gamma \nabla_0$$

$$C_m = C_{m0}, C_p = C_{p0}, X_b = \lambda X_{b0}, z_b = \gamma z_{b0}。$$

当 $\lambda = \beta = \gamma$ 时,新设计船与母型船几何相似。它们的水动力性能除尺度效应外,其余都相似。因此,现在大部分系列船型都以标准的形式列表或存放于数据文件中,即取船半宽为1,设计吃水为1,垂线间长分为20等份,共21个站号。使用这些文件,通过比例

变换获得新船的型值。

本方法的优点是简单。但它的弱点是无法改变 $C_b$、$C_p$、$C_m$ 等重要的船型系数以满足设计要求。

### 六、船模系列资料法

由于系列船型一般都经过较广泛的系列船模试验,其阻力、推进等试验资料较全。若系列船型能符合设计船的要求,则采用系列船型的型线既简单又可靠。因此,这也是常规船型型线设计常采用的一种方法。船模系列资料法本质上也是一种母型设计法。

船模系列资料中,我国公开发表的资料有:《我国沿海货轮船模系列试验》、《我国小型客货轮船模系列试验》和《长江船系列试验》等。国外发表应用较多的资料有:《陶德系列 60 单螺旋桨商船船模试验》、《瑞典船模试验所船模系列试验》(SSPA 系列)、《英国 BSRA - NPL 船模系列试验》和《英国 BSRA 渔船船模系列试验》等。

每一种船模系列试验资料都有其对应的船型适用范围,因此要选择与设计船相匹配的船型系列资料进行线型设计。

### 七、型线设计举例

本例给出应用"1 - Cp"法和迁移法进行型线设计的示例。

设计船要求:垂线间长 $L_{pp}=110.00$m,型宽 $B=18.40$m,设计吃水 $d=5.60$m,浮心纵向位置 $X_b=-1.5\%L_{pp}$,方形系数 $C_b=0.592$,中剖面系数 $C_m=0.955$,棱形系数 $C_p=0.620$。

母型船主尺度要素:垂线间长 $L_{pp0}=105.00$m,型宽 $B_0=18.00$m,型深 $D_0=8.35$m,设计吃水 $d_0=5.40$m,方形系数 $C_{b0}=0.560$,中剖面系数 $C_{m0}=0.955$。

母型船线型如图 4 - 23 所示。

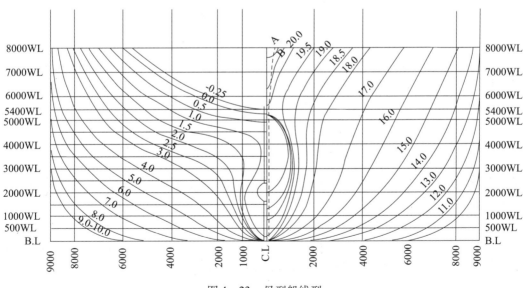

图 4 - 23 母型船线型

### (一) 横剖面面积曲线改造

1. 绘制母型船横剖面面积曲线求 $C_{p0}$、$X_{b0}$

根据母型船线型图绘出母型船横剖面面积曲线,如图 4-24 所示。

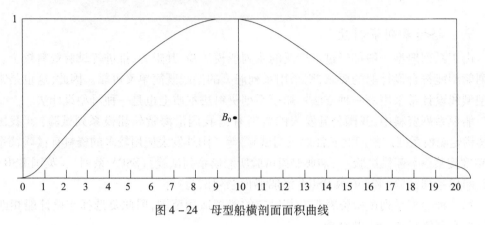

图 4-24 母型船横剖面面积曲线

由母型船面积曲线得到棱形系数 $C_{p0}=0.5865$,前半体棱形系数 $C_{pf0}=0.5602$,后半体棱形系数 $C_{pa0}=0.6127$,浮心纵向坐标 $X_{b0}=-1.85\%L_{PP}$。

2. 将母型船面积曲线改造为设计船面积曲线

(1) 按经验公式估算设计船前、后体菱形系数 $C_{pf}$ 和 $C_{pa}$

$$C_{pf} = C_p + 2.25\frac{X_b}{L_{PP}} = 0.620 + 2.25\frac{(-1.65)}{110} = 0.586$$

$$C_{pa} = C_p - 2.25\frac{X_b}{L_{PP}} = 0.620 - 2.25\frac{(-1.65)}{110} = 0.654$$

因此,面积曲线前、后体菱形系数变化量为

$$dC_{pf} = C_{pf} - C_{pf0} = 0.586 - 0.5602 = 0.02605$$
$$dC_{pa} = C_{pa} - C_{pa0} = 0.654 - 0.6127 = 0.04105$$

(2) 确定各辅助站的位置。

按"$1-C_p$"法公式

$$dx'_i = \frac{1-x_i}{1-C_{pf0}}dC_{pf}\text{(船中前各站)}$$

$$dx'_i = \frac{1-x_i}{1-C_{pa0}}dC_{pa}\text{(船中后各站)}$$

求出各辅助站偏移量,并绘出"$1-C_p$"法变换后的横剖面面积曲线,如图 4-25 所示。图中面积曲线竖坐标已规格化。

(3) 由图 4-25 求得"$1-C_p$"法变换后的面积曲线(虚线)的棱形系数 $C_{p1}=0.6188$,满足设计船要求。变换后的浮心($B_1$)纵向坐标 $X_{b1}=-2.47\%L_{PP}$ 不满足设计船要求,需通过迁移法进一步修改横剖面面积曲线以满足浮心纵向位置的要求。

3. 迁移法改造

(1) 如图 4-26 所示,虚线为"$1-C_p$"法变换后得到的面积曲线,作 $\triangle B_1 BK$,其中:$B_1$ 点为其浮心,$B$ 点为设计船的浮心,$K$ 点为 $B_1$ 点的垂足。

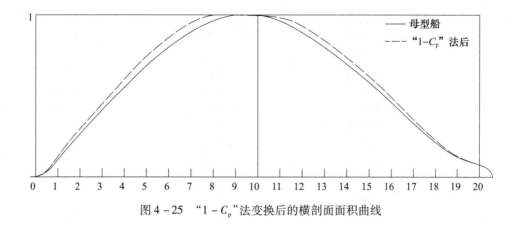

图4-25 "$1-C_p$"法变换后的横剖面面积曲线

(2) 过横坐标轴上各站点$2,4,6,\cdots,18$作$\overline{KB}$的平行线。

(3) 过各站线与面积曲线(虚线)的交点作水平线交上述各平行线于$2',4',6',\cdots,18'$;

(4) 连接各交点$2',4',6',\cdots,18'$成光顺曲线即得到迁移法变换后的横剖面面积曲线(实线),如图4-26所示。

(5) 根据变换后的横剖面面积曲线(实线)得到$C_{p2}=0.6188$,满足设计要求。浮心纵向坐标$X_{b2}=-1.513\%L_{PP}$,满足设计要求,图4-26中实线即为设计船的横剖面面积曲线。

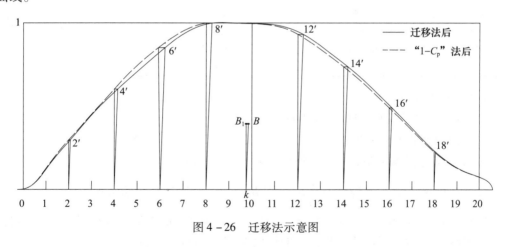

图4-26 迁移法示意图

(6) 由图4-26得到"迁移法"改造后的面积曲线各站偏移量$dx''_i$,并由$(dx'_i+dx''_i)\dfrac{L_{PP}}{2}$得到各站总偏移量如表4.5所列。

表4.5 各站总偏移量

| 站号 | "$1-C_p$"法偏移量 $dx'_i$ | 迁移法偏移量 $dx''_i$ | 总偏移量/m |
|---|---|---|---|
| 0 | 0 | 0 | 0 |
| 0.5 | -0.0053 | 0.0008 | -0.2471 |

(续)

| 站号 | "$1-C_p$"法偏移量 $dx_i'$ | 迁移法偏移量 $dx_i''$ | 总偏移量/m |
|---|---|---|---|
| 1 | -0.0106 | 0.0032 | -0.4058 |
| 1.5 | -0.0159 | 0.0041 | -0.6513 |
| 2 | -0.0212 | 0.0075 | -0.7559 |
| 2.5 | -0.0233 | 0.0070 | -0.8995 |
| 3 | -0.0318 | 0.0114 | -1.1204 |
| 4 | -0.0373 | 0.0101 | -1.4991 |
| 5 | -0.0530 | 0.0203 | -1.7995 |
| 6 | -0.0560 | 0.0159 | -2.2039 |
| 7 | -0.0742 | 0.0229 | -2.8236 |
| 8 | -0.0848 | 0.0233 | -3.3827 |
| 9 | -0.0954 | 0.0249 | -3.8753 |
| 10 | -0.1060 | 0.0250 | -4.4551 |
| 11 | 0.0533 | 0.0206 | 4.0645 |
| 12 | 0.0474 | 0.0239 | 3.9231 |
| 13 | 0.0415 | 0.0190 | 3.3232 |
| 14 | 0.0355 | 0.0174 | 2.9125 |
| 15 | 0.0296 | 0.0144 | 2.4198 |
| 16 | 0.0237 | 0.0112 | 1.9205 |
| 17 | 0.0178 | 0.0082 | 1.4258 |
| 18 | 0.0118 | 0.0052 | 0.9397 |
| 18.5 | 0.0089 | 0.0040 | 0.7095 |
| 19 | 0.0059 | 0.0031 | 0.4952 |
| 19.5 | 0.0030 | 0.0025 | 0.2991 |
| 20 | 0 | 0 | 0 |

**(二) 设绘型线图**

(1) 根据设计船的主尺度绘制设计船格子线。

(2) 绘制辅助半宽水线图。

① 根据各站总偏移量,在水线图格子线上绘制辅助站格子线。

② 在辅助站上量取半宽 $y_i = \dfrac{y_{i0}}{B_0}B$,$y_i$ 和 $B$ 分别为设计船某辅助站水线在各站处的型值半宽和型宽;$y_{i0}$ 和 $B_0$ 分别为母型船对应水线上在各站处的型值半宽和型宽。由此得到各辅助水线,见图 4-27("○"表示 $y_i$ 的型值点,以 3000WL 为例)。

(3) 绘制横剖线图。

① 在横剖面格子线图上画出辅助水线 $d_i$ 的格子线,其中 $d_i = \dfrac{d_{0i}}{d_0}d$,$d$ 和 $d_0$ 分别为设计船和母型船的设计吃水,而 $d_i$ 为设计船与母型船水线 $d_{0i}$ 相对应的辅助水线,如图 4-28 中虚线所示。

② 量取各理论站上各辅助水线的半宽值(以图 4-27 中的 5 和 15 站为例,"×"表示各理论站上各辅助水线的半宽值的型值点),绘制到图 4-28 中的辅助水线上,将各辅助水线上相同站的点连接起来,从而得到各站横剖线。

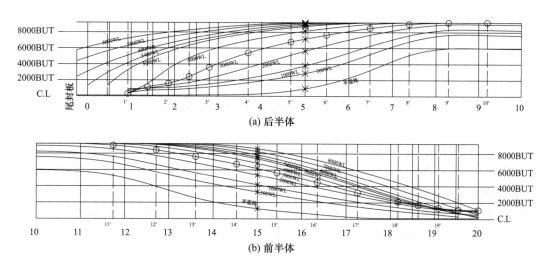

图 4-27 辅助半宽水线图

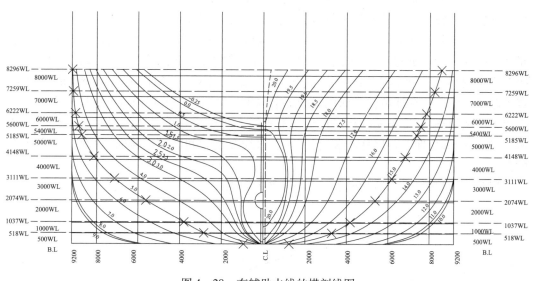

图 4-28 有辅助水线的横剖线图

③ 在图 4-28 中删除辅助水线格子线(虚线),即得到设计船横剖线图。

④ 根据横剖线图得到 $C_p = 0.6197$,浮心纵向坐标 $X_b = -1.51\% L_{pp}$,满足设计要求。

(4) 绘制理论半宽水线图。

在横剖线图上量取理论水线上各站半宽,重新画到半宽水线图的理论站上,连接各型值点得到各理论水线,作图从略。

(5) 绘制纵剖线图。

参照母型船确定设计船首尾轮廓线;根据半宽水线图和横剖线图,绘制纵剖线图,作图从略。

(6) 编制型值表。

按照三面投影光顺配合原则,完成线型图绘制,编制型值表,从略。

(7) 设计船主尺度要素总结。

垂线间长：$L_{PP} = 110.00\text{m}$；型宽：$B = 18.40\text{m}$；设计吃水：$d = 5.60\text{m}$；浮心纵向位置：$X_b = -1.51\% L_{PP}$；方形系数：$C_b = 0.592$；中剖面系数：$C_m = 0.955$；棱形系数：$C_p = 0.6197$。

## 第五节 数学船型法简介

数学船型法以数学函数表达船体曲线、曲面，为精确表达船体形状和进一步研究船舶性能与船舶线型之间的联系提供支撑。实现以数学函数表达船体曲线、曲面可以直接利用船体数学表达函数对船舶性能进行计算，如计算静水力、舱容及浮态稳性等。另外，在进行船舶的阻力、推进、耐波性、适航性、船在波浪中的受力分析、伴流场分析等与线型紧密相关的性能分析时就可以进行比较精确的计算。

### 一、吃水函数法

船体曲面由平面和不规则形状曲面构成。其上的甲板边线、甲板中心线、首尾轮廓线、平边线、平底线等组成了船体曲面的边界控制线，即边界条件。

水线、横剖线、纵剖线3组相互正交的曲线族在边界条件的限制下比较完整地描述了船体曲面的形状。研究认为，水线族的形状规律性较强，主要表现在：①水线比较平直，曲率变化比较小，同一水线上的斜率变化也较小。②拐点少。一般情况下，半条船的水线拐点不超过一点。在有球鼻首或球尾的情况下也不超过两点。若将球首或球尾从主船体分离出来单独处理，则半条船的拐点在每一根水线上仍可为一个。③每根水线都从中间区域出发，向两端延伸至首尾柱轮廓线。所以，水线在与中间区域衔接时，总存在斜率为零的条件。

因此，可以选择一个数学函数 $y = f(x)$ 来表达水线，如图4-29所示。

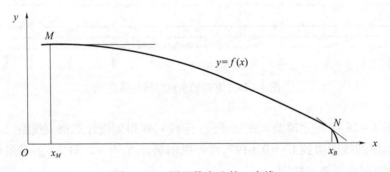

图4-29 用函数表达某一水线

水线函数满足边界条件：

$M$ 点：$y_M = f(x_M)$ 与中部相接，$M$ 点在平边线上或在舭圆弧上，有斜率条件

$$\left.\frac{dy}{dx}\right|_{x=x_M} = f'(x_M) = 0$$

$B$ 点：$y_N = f(x_N)$ 为端点，若端部为拟圆锥，则要求其落在拟圆锥曲面上，且与拟圆锥相切，即

$$\left.\frac{dy}{dx}\right|_{x=x_N} = f'(x_N) = -\tan\theta(z)$$

除了满足边界条件,水线还必须满足:

$$S = \int_{x_M}^{x_N} f(x)\,dx$$

$$M = Sx_b = \int_{x_M}^{x_N} xf(x)\,dx$$

其中,水线所围面积 $S$ 和该面积的形心纵向坐标 $X_b$ 为两个确定的值。

根据以上条件确定一个表示水线的函数

$$y = f\left[(x_M, y_M), (x_N, y_N), \left.\frac{dy}{dx}\right|_{x=x_M}, \left.\frac{dy}{dx}\right|_{x=x_N}, S, x_b, x\right] \tag{4-47}$$

式中:$(x_M, y_M)$ 为 $M$ 点的坐标值;$(x_N, y_N)$ 为水线 $N$ 点的坐标值;$\left.\frac{dy}{dx}\right|_{x=x_M}$ 为 $M$ 点的斜率;$\left.\frac{dy}{dx}\right|_{x=x_N}$ 为水线 $N$ 处的斜率。

因为这些变量都是吃水的函数,即确定一个吃水 $z$ 值,这些参变量均为定值,使 $f(x)$ 唯一被确定,故这种方法称为吃水函数法。

## 二、纵向函数法

本方法用一个函数 $y = h(z)$ 来描述某一站的横剖线,如图 4-30 所示。

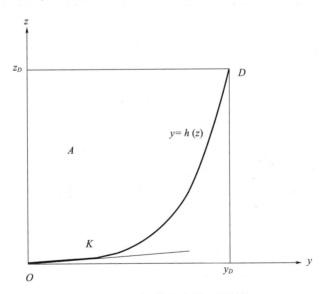

图 4-30 用函数表达某一横剖线

该曲线的一般形式为

$$y = h\left[(z_K, y_K), (z_D, y_D), \left.\frac{dy}{dz}\right|_{z=z_K}, \left.\frac{dy}{dz}\right|_{z=z_D}, A, z\right] \tag{4-48}$$

式中:$(z_K, y_K)$ 为平底线与横剖线的切点 $K$ 的坐标值;$(z_D, y_D)$ 为设计水线 $D$ 点的半宽值;

$A$ 为横剖面面积;$\left.\dfrac{\mathrm{d}y}{\mathrm{d}z}\right|_{z=z_K}$ 为底边升高的斜率;$\left.\dfrac{\mathrm{d}y}{\mathrm{d}z}\right|_{z=z_D}$ 为设计水线 $D$ 处的斜率。

上述参变量都是船长方向变量 $x$ 的函数,所以这种方法称为纵向函数法。纵向函数法的优点在于它把横剖面面积($A$)作为一个重要的参变函数对船舶线型进行表达,这就与自行设计法和母型改造法等利用横剖面面积曲线进行型线设计的方法联系起来。由于横剖线形状复杂,边界条件也更复杂,在选择描述横剖线函数时比较困难。

无论是吃水函数法还是纵向函数法,数学船型法的难点是,为了得到所需性能(如低兴波阻力)的线型,应解决将所需船舶性能与船型参数和型值相联系的问题。

Wigley 船型是一种数学船型,通常用于船型的水动力性能数值分析,包括水动力系数、波浪扰动力及力矩、波浪运动幅值分析及优化等方面。

表 4.6 所列为 4 组 Wigley 船型主尺度基本参数。

表 4.6　Wigley 船型基本参数

| Wigley 系列 | Ⅰ | Ⅱ | Ⅲ | Ⅳ |
| --- | --- | --- | --- | --- |
| 中横剖面系数 $C_m$ | 0.9090 | 0.9090 | 0.6667 | 0.6667 |
| 长宽比 $L/B$ | 10 | 5 | 10 | 5 |
| 总长,$L/m$ | 3.0000 | 3.0000 | 3.0000 | 3.0000 |
| 型宽,$B/m$ | 0.3000 | 0.6000 | 0.3000 | 0.6000 |
| 吃水,$d/m$ | 0.1875 | 0.1875 | 0.1875 | 0.1875 |
| 排水体积,$\nabla/m^3$ | 0.0946 | 0.1892 | 0.0780 | 0.1560 |

Wigley 船线型数学表达式为

$$y = \begin{cases} \dfrac{B}{2}\left[1-\left(\dfrac{z}{d}\right)^2\right]\left[1-\left(\dfrac{2x}{L}\right)^2\right]\left[1+0.2\left(\dfrac{2x}{L}\right)^2\right] & ,C_m = 0.667 \\ \dfrac{B}{2}\left[1-\left(\dfrac{z}{d}\right)^2\right]\left[1-\left(\dfrac{2x}{L}\right)^2\right]\left[1+0.2\left(\dfrac{2x}{L}\right)^2\right] + \left(\dfrac{z}{d}\right)^2\left[1-\left(\dfrac{z}{d}\right)^8\right]\left[1-\left(\dfrac{2x}{L}\right)^2\right]^4 & ,C_m = 0.909 \end{cases}$$

(4-49)

这里坐标系原点 $O$ 为船中横剖面、中纵剖面及设计吃水面的交点,$OX$ 沿船长方向,指向船首;$OY$ 沿船宽方向,指向左舷;$OZ$ 沿吃水方向,向下为正。且 $X=2x/L$、$Y=2y/B$、$Z=z/d$。

根据以上公式及船型基本参数绘制出 4 组 Wigley 船型横剖线图如图 4-31 所示。

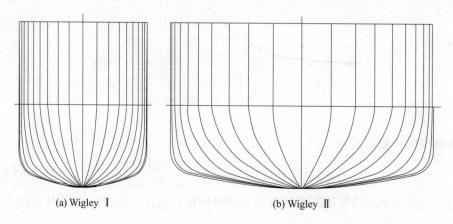

(a) Wigley Ⅰ　　　　　　　　(b) Wigley Ⅱ

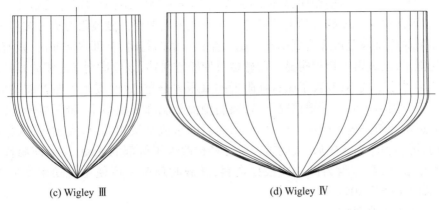

(c) Wigley Ⅲ　　　　　　　(d) Wigley Ⅳ

图 4-31　Wigley 线型

## 第六节　几种典型的船舶线型

船舶线型的特殊性主要表现在船舶首尾两端。由于首尾线型种类较多，本节只对应用于常规排水量型船舶的球鼻首、球尾、不对称尾、涡尾、双尾鳍、隧道船型、纵流船型、双体船型、破冰船型等几种典型船舶线型进行简要介绍，分析其减阻节能的机理。

### 一、球鼻首

与船首形状有关的问题就是球鼻首的应用。自 20 世纪 20 年代在商船上首次设置球鼻首以来，球鼻首已经在现代商船上得到广泛应用。模型对比试验表明，设置球鼻首的船，比同样的无球鼻首船，需要的推进功率小得多，阻力性能也好得多。球鼻首对船型的影响涉及船舶设计、结构、制造和使用等各个方面，因此选用球鼻首船型时，必须综合考虑船舶的快速性、耐波性（尤其是首底砰击）、操纵性、纵倾调整、结构强度、建造成本及工艺性、航行（包括冰区航行）和锚泊布置等方面的影响。然而，改善船舶的流体动力性能仍是目前选用与确定球鼻首船型所考虑的主要因素。

**（一）球鼻首的降阻机理**

1. 高速船

对于 $Fr$ 在 0.25~0.35 之间的中高速船，安装球鼻首可以减小兴波阻力。泰勒首先提出球鼻首减小阻力的原因是一种兴波干扰现象。以后的理论和试验研究表明，球鼻首产生兴波由波谷开始，而船体首波系由波峰开始。如球鼻首产生的球首波系的波谷，恰好与主船体波系的波峰相重合，就可取得消波的效果。从理论上说，若两者波幅相等、相位相反，则可能完全消波。

2. 低速肥大型船舶

以前一般认为球鼻首仅适用于 $C_b < 0.70$ 的尖瘦船。近年来，球鼻首的应用已推广到低速肥大型船舶。这类船航速低（$Fr = 0.16~0.20$），压载航行时，首波系产生的兴波阻力约占总兴波阻力的 2/3，而总的兴波阻力仅为总阻力的 5%~15%。可是船模试验表

明,球鼻首船型与常规船型相比,总阻力减少达20%~25%,减少的阻力已超过首波系的兴波阻力,因此仅应用球鼻首的消波理论无法对此做出解释。破波阻力成分被揭示后,低速丰满船型球鼻首降阻机理得到明确。肥大船在压载航行时,首部水流冲击,紊流使首波破碎消耗能量,破波阻力相当明显。而球鼻首使船首前伸,该处横剖面面积曲线的陡度和首部水线半进流角减小,改善了船首柱附近的水压力分布,因而缓和了船首破波情况,从而降低了破波阻力。而在满载情况下,普通船型由于舭部半径很小,船底很平坦,首部舷侧水流绕过舭部斜向进入船底,与船底原来向后的水流交叉相混,形成舭涡,球鼻首具有整流作用,可将侧流顺导向后,大的首部舭半径也改善了舭部的流动,从而使船首部不发生或少发生舭涡,黏压阻力减小。根据资料,满载时球鼻首可使主机功率降低10%~20%,压载时可降低20%~25%。

**(二) 球鼻首的型式**

几种典型的球鼻首型式如图4-32所示。

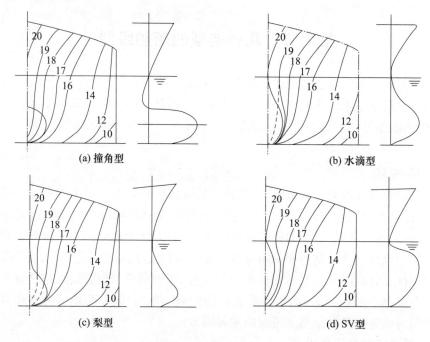

图4-32 球鼻首型式

撞角型球鼻首前伸较长,前端较尖,其横剖面呈圆形或椭圆形,浸深较大,通常用于低速丰满船型。满载和压载时降阻效果均较好。

水滴型球鼻首出现最早,其特征是体积较小且集中于中下部,此种球鼻首有利于减小设计水线的进流角,多用于中、高速船上。

SV型球鼻首于20世纪60年代提出并被广泛使用。其特征是首柱呈"S"形,球首下部横剖面呈V形。适用于首部剖面呈V形的船,在较宽广的速度范围内($Fr = 0.15$~$0.38$)均能降低船体阻力和提高推进效率,且能显著改善船首底部的砰击。此外,SV型球鼻首还有较好的破冰性能。

另外,为了克服球鼻首突出首垂线外对某些船舶在使用上造成不利影响,又出现了柱型球鼻首,如图 4-33 所示。研究表明,这种球鼻首也可以在快速性方面获得有效收益。

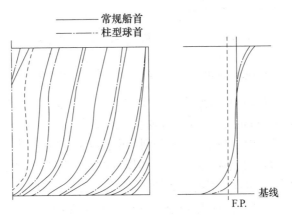

图 4-33 柱型球鼻首

**(三) 球鼻首的几何参数**

球鼻首的几何特征,通常由以下几个参数来描述,如图 4-34 所示。

(1) 球鼻面积比 $f_b(\%)$:$f_b$ 为首垂线处球鼻首横剖面面积 $A_b$ 与船中横剖面面积 $A_m$ 之比,即 $f_b = (A_b/A_m) \times 100$。此参数反映球鼻首幅值条件。

(2) 球鼻相对长度 $l_b(\%)$:$l_b$ 为球鼻首前端点距首垂线的距离 $L_b$ 与船长之比,即 $l_b = (L_b/L_{pp}) \times 100$。因此,$l_b$ 描述了球鼻首的前伸程度,反映球鼻首相位条件。

(3) 最大宽度比 $b_b(\%)$:$b_b$ 为首垂线处球鼻首横剖面的最大宽度 $b_{max}$ 与船型宽 $B$ 之比,即 $b_b = (b_{max}/B) \times 100$。它反映球鼻首幅值条件。

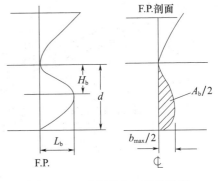

图 4-34 球鼻首几何参数示意

(4) 相对浸深 $h_b(\%)$:$h_b$ 为球鼻首前端点或最大宽度处至静水面的距离 $H_b$ 与船的设计吃水 $d$ 之比,即 $h_b = (H_b/d) \times 100$。它对相位、幅值都有影响,但主要是后者。

(5) 相对排水体积 $v_b(\%)$:$v_b$ 为球鼻首排水体积 $\nabla_b$ 与主船体排水体积 $\nabla$ 之比,即 $v_b = (\nabla_b/\nabla) \times 100$。它反映球鼻首幅值条件。

从快速性方面来说,球鼻首形状和要素主要与球鼻首波系的幅值、相位及首部流场的状态有关,也对船体首部横剖面面积曲线和水线形状产生很大的影响。因此,阻力上适宜的球鼻首要素是船型要素和 $Fr$ 的函数。具体设计时,选择球鼻首形状和要素的关键是使球鼻首与船体有适当的配合。一般做法是参考优秀母型船,分析其球鼻首的形状和要素与船体的配合情况,并根据设计船的特点,设计几种方案,通过船模试验来进行选择和作进一步的改进。

设计球鼻首时要首先判明设计船加设球鼻首后是否会有阻力收益。称使球鼻首开始有阻力收益的航速为"界限速度"。赛维尔雷通过大量试验分析,提出判断球鼻首有利的

限界$[Fr]_b$值为

$$[Fr]_b = 0.566 - 0.416C_b \tag{4-50}$$

对中速和低速船也可由下式大致估算：

中速货船　　　$[Fr]_b = 0.644 - 0.641C_b$

低速丰满船　　$[Fr]_b = 0.582 - 0.493C_b$ 　　　　(4-51)

图 4-35 给出设置球鼻首的范围，可供设计时参考。同一船型，球鼻面积比 $f_b$ 应随 $Fr$ 的增大而增加；当 $Fr$ 相同时适宜的 $f_b$ 应视船型而变。$C_b$ 大、$L/B$ 小者，其 $f_b$ 应比 $C_b$ 小、$L/B$ 大者为大。图 4-36 中的曲线 $a$ 及 $b$ 分别为推荐的适宜 $f_b$ 资料，可作为设计参考。

球鼻首的大小及形状对其他载况（尤其是压载航行）的阻力性能尤为重要。表 4.7 为海涅尔等对一艘快速货船的研究资料。船的主要要素为：$L_{PP}=165\text{m}$，$B=23.6\text{m}$，$d=9.34\text{m}$，$\nabla=20000\text{m}^3$，$C_b=0.55$。研究表明，航速超过 20kn（$Fr>0.26$）后，采用球鼻首在设计载况下可降低主机功率 5%~10%，航速可提高 0.4~0.7kn，$f_b$ 越大越有利；压载（$\nabla=10000\text{m}^3$，尾倾）航行时，航速损失 1~2kn，$f_b$ 越大越不利。就球鼻首的形状来说，几种球鼻首在设计载况时效果差别不大，但在压载航行时，则流线型球鼻首尤其是下部瘦削的 SV 型有利。

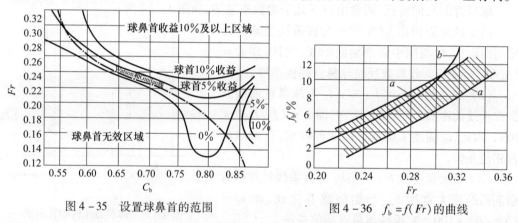

图 4-35　设置球鼻首的范围　　　　图 4-36　$f_b = f(Fr)$ 的曲线

大球鼻首在压载情况下的不利性，可粗略地解释为：球鼻首造成了激波（局部碎波）。首部流线变坏使形状阻力增加，摩擦阻力也增加，而球鼻首波系与船波的有利干扰则降低。因此，为改善快速船及一般船压载航行时的快速性，球鼻首尺度不宜大，且要注意下部的尖瘦性，球鼻首极端点以在压载水线之上为宜。

表 4.7　球鼻首要素对剩余阻力的影响

| $\nabla/\text{m}^3$ | 型式 | $f_b/\%$ | $l_b/\%$ | $R_r$ 变化/% | | |
|---|---|---|---|---|---|---|
| | | | | $Fr=0.25$ | $Fr=0.29$ | $Fr=0.32$ |
| 20000<br>（满载） | 撞角型 | 9.0 | 4.0 | -20.7 | -21.3 | -23.6 |
| | 梨型 | 9.0 | 3.4 | -23.9 | -23.3 | -23.6 |
| | 水滴型 | 9.0 | 3.2 | -20.7 | -21.3 | -22.7 |
| | 水滴型 | 3.0 | 1.4 | -6.5 | 6.4 | -8.7 |
| | SV 型 | 6.0 | 2.5 | -13.7 | -14.0 | -15.1 |

(续)

| $\nabla/m^3$ | 型式 | $f_b/\%$ | $l_b/\%$ | $R_r$ 变化/% | | |
|---|---|---|---|---|---|---|
| | | | | $Fr=0.25$ | $Fr=0.29$ | $Fr=0.32$ |
| 10000<br>(压载) | 撞角型 | 15.0 | 4.0 | 111.0 | 67.0 | 39.0 |
| | 梨型 | 15.0 | 3.4 | 92.0 | 57.0 | 35.0 |
| | 水滴型 | 15.0 | 3.2 | 63.0 | 36.0 | 27.0 |
| | 水滴型 | 5.0 | 1.4 | 5.5 | -3.0 | -3.9 |
| | SV 型 | 10.0 | 2.5 | 1.3 | -3.4 | 0.8 |

表 4.8 给出货船随着 $C_b$、$Fr$ 的变化,球鼻首参数的范围,可供设计参考。

表 4.8 货船球鼻首参数范围

| 球鼻<br>首参数 | 低速丰满船<br>($C_b \leq 0.8, Fr \geq 0.22$) | 中速货船<br>($C_b = 0.67, Fr = 0.22 \sim 0.26$) | 高速货船<br>($C_b = 0.55 \sim 0.58$,<br>$Fr = 0.27 \sim 0.38$) |
|---|---|---|---|
| $v_b = \dfrac{\nabla_b}{\nabla}$ | $0.002 \sim 0.005$ | <0.014 | |
| | 设计航速超过界限速度越大,在操船使用允许情况下选用大<br>些的 $v_b$ 值有利,对尺度小的低速丰满船,取 $v_b$ 值小些好,反之应取大些 | | |
| $f_b = \dfrac{A_b}{A_m}$ | $0.15 \sim 0.12$ | $\leq 0.11$ | |
| | 此项与 $v_b$ 有密切关系。对中、高速船,较大的 $f_b$ 在速度<br>较高时阻力收益大,但在压载状态时将引起阻力恶化 | | |
| $l_b = \dfrac{L_b}{L}$ | 圆柱型:球鼻首中心应在首柱<br>$(1.0\% \sim 1.5\%)L$;<br>SV 型和水滴型:<br>$L_b/b_{max} = 1.0 \sim 1.4$ | $0.03 \sim 0.035$ | $0.025 \sim 0.05$ |
| $h_b = \dfrac{H_b}{d}$ | 水滴型:$0.7 \sim 0.65$<br>SV 型:$0.55 \sim 0.65$ | SV 型:$0.40 \sim 0.50$ | 水滴型:0.75<br>SV 型:$0.35 \sim 0.40$<br>圆柱型:$0.65 \sim 0.70$ |
| | 此项与球鼻首形式有关,过大的 $h_b$ 在低速时效果不明显 | | |

## 二、球尾

早在 20 世纪 30 年代就产生了球尾型线的设想,如 1932 年提出了霍格纳(Hogner)雪茄型球尾(图 4-37),后来在现代商船上得到广泛应用。球尾的球状部分位于螺旋桨轴的圆心上、并光顺成轻微外鼓的壳体。球的上部由光顺曲面与普通船体连接。之后,荷兰船模水池和瑞典船模试验水池(SSPA)相继对球尾船型进行了阻力、推进和伴流测量等系列试验研究,并与普通的 U 形和 V 形尾型进行了对比分析。20 世纪 80 年代开始,国内也对球尾船型进行了一系列研究,并成功开发出多型球尾船型。

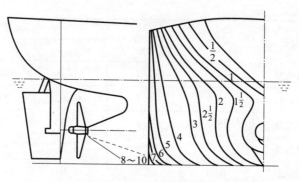

图 4-37 雪茄型球尾

球尾被现代商船普遍采用的主要原因之一是节省功率。例如,某 5000 吨级货船采用球尾船型后,满载时可节能 5%,压载时节能 6%~8%。某 294kW 渔船采用同心球尾,与普通船尾相比,阻力可减少 5%,节省主机功率 16.5%。

球尾船型影响因素较普通船型复杂得多,虽然国内外都在积极研究,但尚未得出普遍性的结论。球尾船型的主要节能机理是:由于球尾的整流作用,其推进因子较常规的 V 形和 U 形均有所改善。推力减额下降,伴流分数增大(满载时),从而使船身效率提高 4%~10%,相对旋转效率也上升。另外,伴流测量结果表明,球尾型线尾部伴流均匀,因此可降低螺旋桨的激振力,对改善船舶振动有利。

在设计球尾时,应选择适宜的球尾特征参数。球尾的特征参数由球尾体积、球心高度、特征站(在尾垂线前 5% $L_{pp}$ 处)上的宽度比 $a/b$、高度比 $h_b/h_s$、尾球体浸水深度等参数来表达,如图 4-38 所示。

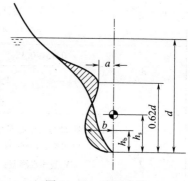

图 4-38 球尾参数

### 三、双尾鳍船型

20 世纪 40 年代,瑞典船模试验水池(SSPA)对世界上第一艘双尾鳍船型(1.75 万吨油船)进行了试验研究,之后的 70 年代,SSPA 发表了对约 100 种双尾鳍船型进行模型试验的结果,此后日本、西班牙、荷兰、丹麦、挪威、芬兰、中国等都开展了相关研究工作,一致认为双尾鳍是一种很有效的节能船型。

双尾鳍船型从 20 世纪 80 年代开始被广泛应用于油船、散货船、车客渡船、滚装船等远洋及内河船舶。80 年代日本将一艘 13 万吨散货船设计为双尾鳍船型,尾鳍相互平行、倾角为零。试验结果表明阻力下降 6%,节约主机功率 17%。日本造船研究中心对 $L/B=6$、$B/d=3.75$、$C_b=0.7$、$V=17$kn 的滚装船和 $L/B=4$、$B/d=5.0$、$C_b=0.8$、$V=13$kn 的散货船进行单桨、双尾鳍、三尾鳍方案船模试验研究,结果表明滚装船的双尾鳍型较常规双桨船型可降低主机功率 20%,散货船则可节约功率 5%。日本钢管公司 10 万吨油船采用双尾鳍船型,较常规船型节省运输成本 22%。1982 年,川崎重工推出采用双尾鳍船型的超宽浅吃水运输船(11164t),较常规单桨方案节省主机功率 12% 以上。

双尾鳍特别适用于$L/B$较小、$B/d$较大、浮心纵向位置位于船中之后、后体丰满的船型。双尾鳍船型有如下主要优点。

1. 阻力性能好

图4-39和表4.9为某双尾鳍滚装船与普通单尾船的阻力及推进性能比较。

从图4-39可以看出,当$Fr>0.2$时,双尾鳍船型的阻力比常规单尾船型低,这是因为双尾鳍之间形成的中央隧道为纵流型线,对减小阻力有利。双尾鳍船型的两个尾体,可分别看成是一个细长体,若两桨尾轴之间距为船宽的一半,则细长体可看成是细长船之尾部,细长船的长宽比为原船的2倍,而宽度吃水比为原船的一半,因而具有良好的阻力性能。另外,由于尾部型线的纵向梯度较小,可避免边界层分离,从而降低黏压阻力,所以总阻力比常规单尾船型小。当$Fr<0.2$时,由于船的总阻力中绝大部分是摩擦阻力,该阻力与船体湿表面积大小成正比,而双尾鳍船型的湿表面积较大,所以摩擦阻力也大。

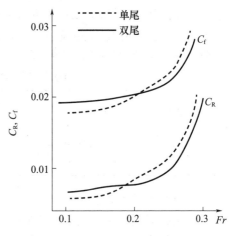

图4-39 双尾滚装船阻力试验结果

双尾鳍船由于两个尾细长体使中央隧道平顺,船体的去流段可能缩短,允许最大横剖面自船中后移10%~15%船长,这样对前体而言就相当于较长船的前体,因而其兴波阻力系数减小。

2. 推进效率高

表4.9是双尾鳍与常规船型阻力和推进性能对比数据。可见,双桨船对提高螺旋桨效率$\eta_0$具有显著效果,这是因为双桨船每一个桨上所承受的负荷只有单桨船的1/2,螺旋桨的负荷减轻,有利于提高螺旋桨效率,因此在相同的转速下,螺旋桨的效率$\eta_0$比单桨船有较大幅度提高。但是也可看出,常规双桨船的推进效率反而比单桨船低,这是因为双桨船的螺旋桨离船体较远,不能很好地利用船体伴流,引起船身效率显著下降,导致双桨船的推进性能比单桨船差。

表4.9 双尾鳍船与单尾船阻力和推进性能比较

| 船　型 | 螺旋桨转速 $n/(r/min)$ | 螺旋桨效率 $\eta_0$ | 船身效率 $\eta_h$ | 黏压阻力 $R$ | $\eta_0\eta_h$ | $R/\eta_0\eta_h$ |
|---|---|---|---|---|---|---|
| 常规双桨 | 120 | 0.63 | 1.00 | $1.05R_0$ | 0.63 | $1.67R_0$ |
| 常规单桨 | 120 | 0.54 | 1.24 | $R_0$ | 0.67 | $1.49R_0$ |
| 双尾双桨 | 60 | 0.74 | 1.02 | $0.94R_0$ | 0.75 | $1.25R_0$ |

芬兰在1978—1981年间建造了6艘航行于波罗的海的车客渡船,其中两艘为常规双桨船型,两艘为双尾鳍船型,两艘为常规纵流混合船型,推进效率分别为0.571,0.695,0.625,证明了双尾鳍船型推进效率高。

由于双尾鳍船型为降低螺旋桨转速创造了条件,因而在双桨效率较高的基础上通过降低转速进一步提高了螺旋桨效率,而且直径也不必过大,从而可减少船尾振动及空泡等现象。

双尾鳍船型由于其内侧是限制流场,外侧是无限流场,两侧是不对称的,故通常会产生一外旋流场,导致螺旋桨内旋和外旋时船身效率不同,可以根据这一特性将螺旋桨设计成内旋,以充分利用反桨效应获得较高的推进效率。根据试验结果,双尾鳍船的内外旋伴流分数及船身效率如表4.10所列。

表4.10  双尾鳍船伴流分数 $\omega$ 及船身效率 $\eta$

| 船型编号 | 伴流分数 $\omega$ | | 船身效率 $\eta_h$ | |
|---|---|---|---|---|
| | 外旋 | 内旋 | 外旋 | 内旋 |
| A | 0.28~0.34 | 0.29~0.38 | 1.14~1.20 | 1.18~1.32 |
| B | 0.28 | 0.296 | 1.27 | 1.31 |

**3. 操纵性和耐波性好**

双尾鳍船型耐波性比常规船型好,主要表现在横摇、纵摇幅值小等方面。常规双桨船轴间距通常为 $0.3B~0.35B$,而双尾鳍船型的轴间距可达 $0.55B$ 以上,转船力矩大,配合满舵可实现原地回转。双尾鳍的两个尾体相当于增加了水下侧面积,改善了航向稳定性。双尾鳍船型的舵效灵敏,用舵1°~2°即有舵效,这是常规船型达不到的。另外,双尾鳍船型的倒航时尾流经过双尾鳍之间的隧道整流后通畅地流向首部,大大地提高了倒航的直航稳定性。

在设计双尾鳍时,应选择适宜的特征参数,主要包括:内旋、外旋选择;尾鳍倾斜方式(垂直、内斜或外斜);两鳍间距与斜度;鳍的形状(轴对称或非对称);建造与布置因素等。

对沿海客货船双尾鳍船型(图4-40)进行了试验研究,其中方案(a)为常规双桨船型,方案(b)为外倾双尾鳍船型(尾体横向间距为 $0.32B$)。试验结果表明,方案(b)虽然其湿表面积比方案(a)增加4%,但其总阻力仍然比方案(a)低,满载时低4%~8%,轻载时低8%~9%;方案(a)无论内旋或外旋,其推进因子变化不大,方案(b)内旋时其伴流比方案(a)增加很多,相对旋转效率也有所提高,外旋时则与方案(a)接近;在相同航速下,方案(b)较方案(a)可节约主机功率12.8%,在相同的主机功率下,可提高航速0.7kn。

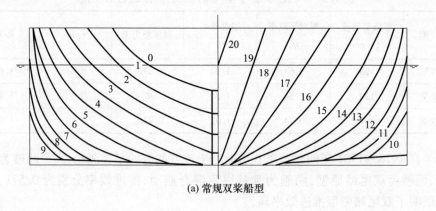

(a) 常规双桨船型

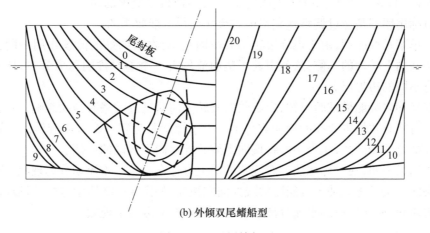

(b) 外倾双尾鳍船型

图 4-40 双尾鳍船型

另外,对于航行于长江的运输船舶,通常受到航道水深对吃水的限制,使得 $B/d$ 达到 4.5~5.0 的较大范围。同时,为了增加载重量,提高运输经济性,需要取较大的方形系数。为了减少船舶阻力,提高推进效率,近年来开发了球首、双尾船型,如图 4-41 所示。试验结果证明,该船型在方形系数为 0.75~0.82,对应 $Fr$ 为 0.16~0.21 时具有优良的快速性,比同类常规船型节能 10% 以上。与双尾鳍船型相比,双尾船型的尾体体积较大,船长反向长度也较长,在海况恶劣条件下耐波性较差,因此该船型只适用于吃水受限的内河船舶。

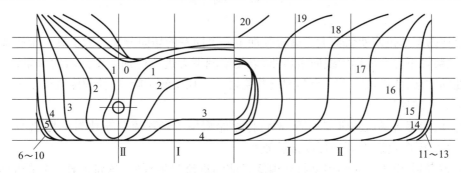

图 4-41 内河球首双尾船型

## 四、不对称尾船型

1948 年,法国人卡洛蒂(Calotti)对对称的平底线型船体尾部设计了一个不对称鳍,使螺旋桨前方来流反向预旋以获得节能效果。1950 年,法国建造了一艘 900t 排水量客船,运用了卡洛蒂的设想,将桨轴附近的船底进行了扭曲,成为世界上第一艘不对称船舶。此后,德国、荷兰、韩国等国家相继建造不对称船舶,到 1988 年,全世界已经有 40 余艘不对称尾型实船投入营运,其中包括客船、多用途船、集装箱船、拖船等。国内外对不对称尾船型研究表明,该船型在满载和压载工况下,比对称船型分别节能 4.5%~10.1% 和 4.5%~9.4%。德国开发的不对称尾配合补偿导管船型,模型试验节能 10%~14%,配合大直径低转速桨节能 8%～11%。可见，不对称尾船型是一种节能效果显著的船型。

不对称尾船型是通过调整螺旋桨前方流场取得节能效果的。

对于单桨对称船型，由于螺旋桨转动方向固定，对左右两舷的流场作用不同，压力中心移向桨叶向下转动的一侧，这就引起了桨前流场有一个不对称的压力分布，导致在左、右两舷有不同的边界层。

由双桨和多桨船模试验可知，螺旋桨的旋转方向对推进效率有很大影响，改变螺旋桨的旋向有可能导致推进效率的增加或减小。由于螺旋桨是朝一个方向旋转的，其左旋和右旋的性能是不相同的，压力中心将偏向螺旋桨叶片向下运动的一侧。

试验结果表明，在对称尾船型右旋桨的前上方存在着较严重流动分离现象，不对称尾型的解决的办法是将桨轴上方船尾舯线处向左扭曲，如图 4-42 所示，这样可以减小水线左侧的去流角，使该区域的水流分离减弱，分离区缩小，取得节能效果。

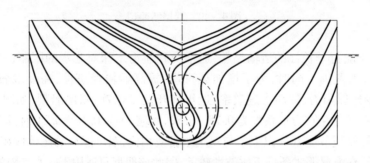

图 4-42 不对称船尾

上述的尾部扭曲使桨轴上方进流叠加了一个向左的切向分量。为了进一步使来流预旋，再把桨轴下方的船尾中线向右扭曲，以使桨轴下方进流叠加一个向右的分量，上下同时扭曲的结果，使进流产生一个与螺旋桨旋转方向相反的预旋，这种预旋流可以减少螺旋桨尾流的旋转损失。

另外，对尾流场试验研究表明，不对称尾船型尾流场伴流分布比对称尾船型更加均匀，从而改善了伴流，有利于提高推进效率。

应该看到，由于不对称尾型将使螺旋桨前的进流产生预旋，这将消耗一定的能量，故不对称尾船型通常比对称尾船型阻力要略大，通常不超过 3%。另外，在设计不对称尾船型时，要兼顾满载和压载两个不同的工况。

### 五、涡尾船型

意大利学者 G. B. Tommasi 于 1960 年提出涡尾船型的构想，其主要特征是可在船尾形成一个十分均匀的轴向和周向伴流场。1975 年开始，华中理工大学对涡尾船型进行了系列研究，对适用于内河客货船、机动驳船和推拖船的涡尾船型进行研究开发，有 10 余艘采用平头涡尾船型的内河客船建造并投入营运，节能 7%～25%；对球首涡尾船型的研究，在消波减阻和提高推进效率方面取得了收益。模型试验结果表明，在相同船舶主尺度和主机条件下，在 $Fr \geq 0.24$ 时，新船型比常规优秀船型减少兴波阻力 30% 以上，节省功率 22%～32%。

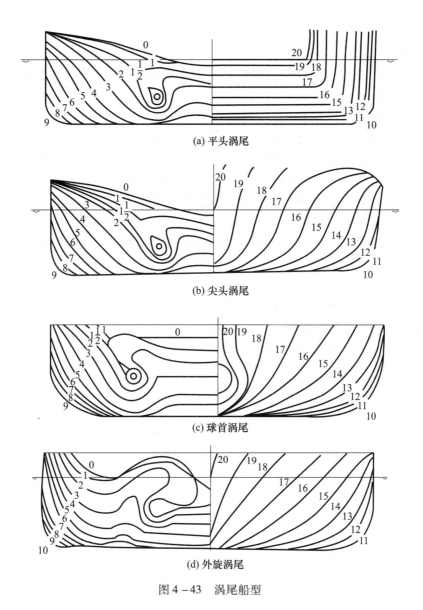

图 4-43 涡尾船型

涡尾能够显著提高船舶的推进效率,其主要节能原理是尾流中轴向能量回收,即主要回收了以摩擦阻力形式消耗于边界层中的能量,利用了此形式中的高轴向伴流。涡槽一般起始于 $0.75L$ 处,这正是通常开始出现原边界层的区域,涡槽的作用相当于人为地造成流场横向压力梯度,促使原边界层在涡槽内形成,把边界层的能量集中到涡槽中来,并顺着涡槽把这股已被船体带动的水流一直送到螺旋桨主要工作区域加以利用。

此外,由于船涡尾槽的诱导作用,使来流在螺旋桨前方形成一个与螺旋桨旋向相反的预旋流,可以减少由于螺旋桨工作时形成旋涡而引起的能量损耗。因此,既提高了推进效率,又由于伴流均匀而改善了船尾振动。

### 六、隧道船型

隧道船型的目的主要是增大螺旋桨直径,降低螺旋桨转速。隧道船型主要应用于内河浅水航道中航行的船舶。

降低转速,增大直径,可使螺旋桨的效率显著提高。在一般情况下,螺旋桨转速每降低10%,就可使螺旋桨效率提高3%左右。如果采用低转速主机并通过减速齿轮传动,则有可能将目前常用的螺旋桨转速降低25%~30%,这样将可使螺旋桨的推进效率提高8%~9%,扣除减速齿轮的功率损失,其效率仍可提高约6%~7%。以某货船为例,其方形系数为0.7,设计航速为16kn,如果螺旋桨转速由150r/min减到112r/min和58r/min,按楚思德B系列四叶图谱进行计算,则螺旋桨直径将由5.20m加大到6.20m和9.05m,螺旋桨敞水效率将由0.55提高到0.604和0.705,即分别提高9.8%和28.2%。不过,总推进效率的收益将低于敞水效率的收益,这是因为螺旋桨直径加大后伴流分数减小,船身效率有所下降,但总推进效率仍可提高10%左右。

为了达到既能增大伴流收益,又能减小空泡及螺旋桨激振力的不良影响,必须把伴流引向螺旋桨盘面并使之分布均匀。隧道型线设计的好坏直接影响到船的速度和拖力,好的隧道型线可使水流顺畅地通过隧道并充满隧洞,有力而平滑地流入螺旋桨盘面。图4-44为T形隧道船尾示意图。

由于隧道形状较复杂,决定隧道形状的参数较多,主要包括:隧道长度$h$,隧道顶线反曲点处切线夹角$\theta$,隧道顶线最高点在桨盘处至水线的距离$b$,闭式隧道尾封板在水下浸沉深度$t$,螺旋桨盘面处隧道侧壁在水下浸深$t_1$,隧道进口处宽度,双桨隧道船型的轴间距与船型比值等,如图4-45所示。

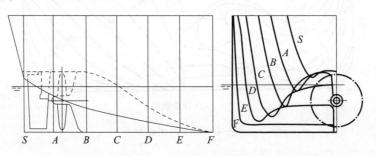

图4-44 T形隧道船尾型

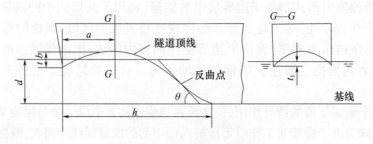

图4-45 隧道线型主要参数

### 七、纵流船型

纵流船型适用于内河、浅水航行船舶。内河船舶因受航道水深的限制，$B/d$ 和 $L/d$ 都比较大，而 $L/B$ 则偏小，因此对内河快速船舶，如果采用一般船型，常使船的首波（尤其是散波）较大，阻力性能较差，同时产生的船首波对其他小船的安全及对堤岸的保护极为不利，在浅水急流的险滩航行时，对冲过险滩也很不利，而纵流船型可以较好地解决上述问题。纵流船型前半体横剖线如图4-46所示。

纵流船型特点是宽度吃水比大，尾部纵剖线比较平顺，水流主要沿纵剖线方向流动，在消波（尤其是首波）方面有显著的效果。

阻力方面。纵流船型诱导速度低，大部分水流以较短的路径沿船底向后流动。纵流压浪船型首部伸出水线以上并与水面成较小的夹角，制约了水流的升高并迫使水流向底部流动，起了压浪板的作用，因此消波作用显著。另外，纵流船型的水线较平直，也有利于减少兴波，尤其是首散波。

推进性能方面。前体为平底的纵流船型的水流基本上是底部的二因次流动，桨前来流均匀且供水充分，推力减额分数普遍小于常规船型。另外，浅水状态下船体伴流分数随航速变化的规律是当 $Fr$ 增大到某一程度时，其平均伴流分数普遍有下降趋势，这与深水状态时平均伴流分数可看作定值显然不同。平头纵流船型在浅水航行状态下船体伴流分数下降量较常规船型要小。

试验资料表明，如图4-47所示的压浪长度 $l$ 及纵流角 $\varphi$ 是纵流船型的两个重要参数。当 $Fr = 0.27 \sim 0.35$ 时，宜取 $l/L_{WL} = 4\% \sim 3.5\%$（$Fr$ 大时取低值），$\varphi = 6°$，$l_1/L_{WL} \approx 5\%$，$t_1/d \approx 0.2$。

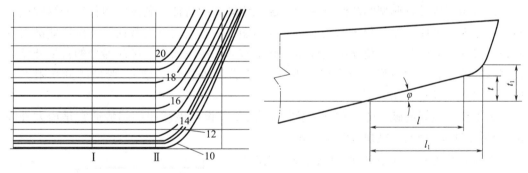

图4-46 纵流船型前半体横剖线　　图4-47 纵流船型首部设计参数

在实际应用中，纵流船型还有下列优点：甲板面积大，稳性好，型线简单，施工容易，内河中可用船头顶岸停靠等。

纵流船型的缺点是：在风浪中航行时底部容易发生拍击，因此，航行在开阔水域的船舶，是否采用这种船型必须慎重考虑。

### 八、破冰船型

破冰船型应用于结冰水域及航道航行的船舶，极地航行船舶普遍采用破冰船型。破冰船的首部线型有直首柱楔形首、怀特凹形首、梅尔维尔首、绞刀型勺形首、山脊型半勺形首、平式系列、蒂森瓦斯首等。近年来，又发展了前后双向破冰船型、斜向破冰船型、三体破冰船型等新船型。

中国船级社极地船舶指南对于冰区航行船舶破冰首型设计参数定义如图4-48所示。

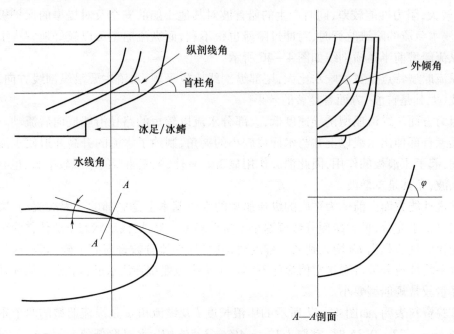

图4-48 破冰船首部特征参数

破冰船型均具有典型的前倾首柱和首部舷侧倾斜的特征。破冰船型首柱和纵剖线前倾主要是为了方便船舶骑爬至冰层上面并为船舶提供垂直向下的载荷使冰层弯曲破裂达到破冰目的。合适的首柱角和纵剖线角有利于破冰和浸没效率。破冰船型的首部外倾角直接影响破冰和浸没效率。研究结果表明，随着首部外飘角的增大，船型的静水阻力增加。水线角有利于排冰效率。

为了获得更好的破冰能力和冰区航行能力，目前设计破冰船的趋势通常是增大外倾角、降低水线角、降低首柱角和纵剖线角。

破冰船首可考虑安装冰足/冰鳍，以防止船体撞击冰块损坏和限制船舶骑上冰的程度。破冰船的首部与船中区域应逐步过渡，以避免冰块过度撞击肩部区域。

破冰船中部形状应考虑对阻力、适航性、建造成本和载重量的影响。具有高破冰能力的船型可考虑船中部设置垂向倾斜舷侧以利于压弯式破冰，如4-49所示。

极地破冰船的尾部形状设计应使船舶在后退操作时有利于对尾部推进装置的保护。对具有尾

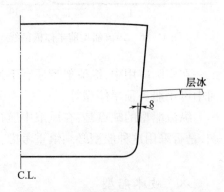

图4-49 高冰级船型中横剖面示意图

向破冰能力的船舶,其尾部区域应按照首部区域和首部过渡区的要求进行设计,并考虑在舵后设置冰刀,以偏转和劈开浮冰块,保护舵和螺旋桨免于过度撞击冰块。

某冰区巡逻船的首部线型如图 4-50 所示。

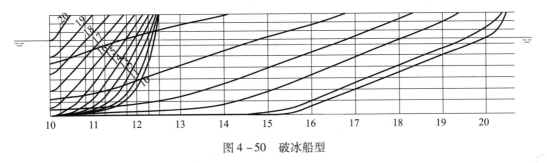

图 4-50 破冰船型

## 习 题

1. 船体型线设计时通常要考虑满足哪些方面的要求?
2. 表征船体外形特征的参数有哪些?
3. 横剖面面积曲线能够反映出船的哪些特征参数?
4. 型线设计选择棱形系数 $C_p$ 时应考虑哪些因素?
5. 低速船和中速船选择浮心纵向位置 $X_b$ 时分别应考虑哪些因素?
6. 为什么中、低速货船多数设平行中体?有什么作用?如何确定平行中体的长度及位置?
7. 型线设计时满载水线的形状有什么作用?它由哪些特征和参数组成?
8. 试分析设计水线端部形状对快速性的影响规律。
9. 从减小船舶阻力角度,分析低速船、中速船、高速船为什么采用球鼻首?
10. 首部和尾部横剖面线型有 U 形和 V 形两种基本形式,各自适用于哪些船型,为什么?
11. 船舶线型中首轮廓形状有哪几种?分别适用于哪些船型?
12. 设计船舶尾轮廓线型形状时应考虑哪些因素?
13. 球鼻首的设计参数主要有哪些?试述球鼻首的减阻节能机理。
14. 简要分析方尾、球尾、不对称尾、涡尾、隧道尾、双尾鳍及纵流船型的主要参数、设计思路及节能机理。
15. 船舶线型主要对船舶的哪些性能有较大影响?
16. 型线设计中母型船选择与哪些因素有关?
17. 型线设计中母型法改造横剖面面积曲线的目的是什么?
18. 试分析"$1-C_p$"法的优缺点。
19. 试分析 Lackenby 方法的优缺点。
20. 试分析夏氏法的特点。
21. 试述迁移法的作用和特点。

22. 简述线型自行设计法的步骤与方法。

23. 简述"$1-C_p$"法改造母型船横剖面面积曲线的方法和步骤。

24. 试证明下列两式成立：

(1) $C_p = \dfrac{1}{2}(C_{pf} + C_{pa})$；(2) $C_{pE} = 1 - \dfrac{1-C_{pf}}{2(L_E/L_{PP})}$

25. 某船横剖面面积曲线(已规格化)如题 25 图所示。试求该船的以下船型要素：
(1)前、后半体棱形系数；(2)进、去流段棱形系数；(3)全船棱形系数；(4)球鼻首特征参数。

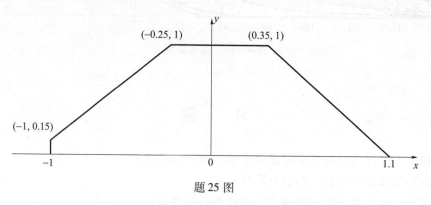

题 25 图

26. 某 1300TEU 集装箱船，其有关数据为：船长 $L_{PP} = 157.6$m，型宽 $B = 26.0$m，型深 $D = 13.5$m，吃水 $d = 9.0$m，排水量 $\Delta = 25600$t，航速 $V = 18.6$kn，单机单桨。简要说明作该船型线设计时，应如何考虑以下问题：

(1)从改善阻力性能角度，棱形系数 $C_p$ 与方形系数 $C_b$ 配合；

(2)首部和尾部采用什么线型较合适，为什么？

27. 甲、乙两船的横剖面面积曲线(已规格化)如题 27 图所示，其中甲船表示为实线，乙船表示为虚线。试通过计算、对比，分析两船在船型特征和船型参数等方面的异同点。

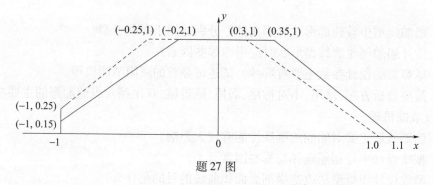

题 27 图

28. 试证明：采用 Lakenby 法，当保持变化前、后进流段棱形系数不变去改造母型船面积曲线时，设计船面积曲线的形变函数可表达为 $\delta x = \dfrac{1-x}{1-l_{pf}}\delta l_{pf}$。

29. 某船横剖面面积曲线(已规格化)如题 29 图所示。以该船为母型船，设计一艘新船。已知新船的船型要素：棱形系数 $C_p = 0.75$，浮心纵向位置 $X_b = 5\% L_{PP}$（船中前）。

试求：(1)用自行设计法，在图中求出设计船的横剖面面积曲线；(2)求设计船的前半体棱形系数 $C_{pf}$。

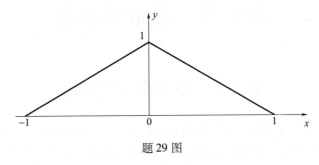

题 29 图

30. 试述破冰型船首的特征设计参数及其在破冰时的作用。

# 第五章 总布置设计

## 第一节 总布置设计概述

总布置设计是船舶设计中一项重要的任务,其特点是涉及面广,要考虑的设计内容和影响因素多,实践性强。总布置设计对船的使用效能、航行性能、安全性能、船舶结构和建造工艺性能都有直接的影响。总布置设计也是后续设计和计算的主要依据。因此,在船舶主尺度及排水量确定、结构设计和型线设计时,就需对总布置方案有所构思。

总布置设计的主要内容包括:船舶主体和上层建筑设计,各典型载况下船舶的浮态调整,船舶舱室和设备布置设计,通道和梯道设计,船舶造型设计等。

船舶类型不同,使用要求也就不同,总布置方案必然有其特殊性。如液货船的安全性,液面对结构和稳性的影响,具有专用压载舱的液货船,专用压载舱地位对结构强度和纵倾影响等;如矿砂船因载运的货物较重,应防止运输过程中发生倒矿,必须注意解决稳性和适航性间的矛盾;如散装谷物船,在布置上要注意解决横倾时谷物移动对安全性的影响;客船要解决好安全性和舒适性问题;渔船要注意便于捕捞作业;拖船拖钩偏后不利于操纵性,欲将拖钩位置前移则往往和上层建筑的设置发生矛盾,况且拖钩位置越接近船中则越不利于急牵稳性等。

在同一类型的船舶中,也因使用要求不同而带来布置上的差异,如运输大件的货船,其货舱和舱口的尺度,以及起货设备能力等可能有特殊要求。

就是在解决同一条船的布置时,对同一个问题处理措施不同,也会产生不同的影响。如增加货舱长度,可减少货舱和起货设备数量,但造成装卸时间增长;由于横舱壁数量减少,对船体横向强度和抗沉性产生不利影响。

在总布置设计中,除了特殊要求以外,各类船舶在布置上应遵循的一般原则如下:

(1) 最大限度地提高船舶的使用性能。如对货舱的布置应首先从保证货舱容积、提高装卸货效率、保证货物运输中不受损伤等方面着眼;对客船应以旅客的舒适安全、舱室布置的经济实用、交通方便为重点来提高其使用性能;在布置工作舱时,注意考虑工作需要,追求布局的合理性和便利性。

(2) 对船舶安全性能、航海性能、结构性能的把握。如对重货船的货舱布置要注意解决好稳性和适航性间的矛盾,保证船舶在各种装载情况下有适宜的浮态和稳性;从降低受风面积和重心高度以及改变开口位置等方面解决好大角稳性;合理地布置水密舱壁以改善船的抗沉性和结构性能;良好的驾驶视线与航行和信号设备的布置等以减少航行事故。此外,在布置上还要注意当事故发生时便于船员的施救和逃生等措施。

（3）船舶结构的合理性。如在总布置设计中应避免结构失去连续性和截面的突变；注意开口对强度的不利影响；上层建筑内的纵横隔壁和支柱应与甲板纵桁和甲板横梁相配合，起重柱（或桅）应尽量置于主隔舱舱壁位置上等。

（4）便于建造、修理、检查、保养以及设备的更换。在布置各项设备时，除考虑设备自身占据的空间地位外，还要给予操纵、检查、维修等必要的空间地位；确定结构空间（如双层底高度）要注意焊接工艺和装配的方便；确定机舱开口时，要考虑到机器零件拆换时，吊出和吊入所需要的空间。

（5）在经济、实用前提下，船舶造型应美观和大方。

总布置设计的成果主要体现在总布置图上和船舶总体说明书中。总布置图通常由侧面图、正视图、各层甲板图、舱底平面图、平台平面图等组成。附图1为某长江油船总布置图，附图2为某沿海冰区渔政船总布置图。

总布置设计时首先应选择相应的船舶总体建筑形式并对主船体和上层建筑进行规划设计。船舶区域划分可分别按纵向和竖向进行。纵向是以横舱壁沿船长方向划分船舱，如货舱、机（炉）舱、首尖舱、尾尖舱、燃料舱和水舱等。纵向区划的目的是隔开不同用途的船舱，保证船舶具有足够的横向和纵向强度，保证船舶破舱进水后的浮态及稳性，防止因某一舱内发生火灾从而波及全船的危险等。竖向则以内底、平台、各层连续甲板和上层建筑甲板将船体和上层建筑予以分隔，以保证航行安全和船体强度，满足载货及乘员工作和生活的需要，以及设备的布置和使用要求等。

## 第二节　主船体分舱设计

主船体通常是指船体连续露天甲板以下与船体外壳板所围的部分。主船体分舱设计是一项影响船舶设计全局的工作，需满足船舶使用要求，有关规范、法规、公约的规定，考虑建造工艺性等因素。

### 一、水密横舱壁

**（一）水密横舱壁的设置**

《钢质海船入级规范》（以下简称规范）对船舶的水密舱壁一般要求不少于表5.1所列的数目，并规定船舶应设有通到舱壁甲板的水密防撞舱壁（首尖舱舱壁）。货船的防撞舱壁距首垂线的距离应不小于$0.05L$，对船长$L$大于200m的船舶，应不小于10m；并且均应不大于$0.08L$。对具有球鼻首的船舶，防撞舱壁距首垂线的距离可减小球鼻首在首垂线前方夏季载重水线上投影长度的一半，但$L \leqslant 200m$时减小值应不大于$0.015L$；$L > 200m$时减小值应不大于3m。

客船防撞舱壁距首垂线的距离不小于$0.05L$，但不大于$3m + 0.05L$。对具有球鼻首的客船防撞舱壁距首垂线的距离可减小球鼻首在首垂线前方最深分舱载重线上投影长度的一半，但减小值应不大于：$L \leqslant 200m$时为$0.015L$；$L > 200m$时为3m。对具有长首楼的客船，其防撞舱壁应延伸至舱壁甲板的上一层甲板；如延伸部分不在同一平面内，而呈台阶形时，此延伸部分距首垂线至少为$0.05L$。

表 5.1　船舶的水密舱壁总数

| 船长/m | $L \leqslant 60$ | $60 < L \leqslant 85$ | $85 < L \leqslant 105$ | $105 < L \leqslant 125$ | $125 < L \leqslant 145$ | $145 < L \leqslant 165$ | $165 < L \leqslant 190$ | $190 < L \leqslant 210$ | $L > 210$ |
|---|---|---|---|---|---|---|---|---|---|
| 中机型 | 4 | 4 | 5 | 6 | 7 | 8 | 9 | 10 | 另行考虑 |
| 尾机型 | 3 | 4 | 5 | 6 | 6 | 7 | 8 | 9 | 另行考虑 |

船舶应设水密的尾尖舱舱壁,其位置由尾轴管长度、尾轴管安装和密封所需的地位来决定,一般取为 $0.035L \sim 0.045L$,对小型船舶可取到 $0.04L \sim 0.05L$。

机舱端壁应水密;水密舱壁除尾尖舱舱壁外,均应通至舱壁甲板。有关资料指出,水密舱的长度不宜超过 30m,否则应采取措施保证船体的横向强度。

另外要提及的是防撞舱壁位置的决定,还应考虑到锚链舱和首舱的容积,在保证安全的前提下,尽量保证它们的要求。

**(二)肋骨间距**

通常各横舱壁设在相应的肋位上。为了确定水密横舱壁的位置,通常需沿船长方向划分肋位,确定肋骨间距。规范规定,肋骨标准间距 $S_b$ 按下式计算:

$$S_b = 0.0016L + 0.5 \tag{5-1}$$

式中,$L$ 为垂线间长(m)。

规范还规定,在首尾尖舱内以及在防撞舱壁至距首垂线 $0.2L$ 区域内,肋骨的标准间距 $S_b$ 应为按上式计算所得值或下述规定值的较小者。首、尾尖舱内:0.6m;防撞舱壁至距首垂线 $0.2L$ 区域内:0.7m。

肋骨的最大间距应不大于 1.0m。小型海船常用 0.6m 或更小的肋距。

## 二、机舱位置及长度

根据机舱在船上的位置不同,运输船又区分为机舱位于船中部的"中机型"、位于船尾部的"尾机型",以及偏离船中部的"中后或中前机型"。

机舱位置的不同,则影响到船的上层建筑形式、船体结构与强度、货舱的布置、船的纵倾调整、驾驶视野、抗沉性以及机舱的长度和布置等方面的问题。

对比"中机型"与"尾机型",各有利弊。尾机型,从改善货舱与舱口的合理布置上、船体纵向构件的连续性上、缩短轴系长度用以增加货舱容积,以及减少轴系重量和功率在轴系上的损失诸方面与中机型相比是有利的。但是也存在不利的方面,如把机舱布置在船尾,由于机舱单位体积的重量比货物的单位体积的重量要轻,造成船的重心前移,引起纵倾调整的困难(特别对航速较高的船);此外使驾驶视野变差,这会给进出港和航行于狭窄水域的船在驾驶方面造成困难;再次,机舱设在尾部,由于尾部型线较瘦,使得机舱长度比中机型要长些,这会使中小型船舶的抗沉性难以满足一舱不沉的要求。对高速船,由于型线瘦削会给机舱布置上造成困难。

在设计尾机型的船舶时,对上述一些不利的因素,要采取相应措施加以适当地解决。为克服尾机型船在纵倾调整、抗沉性上的困难,设计中,应该预先对主机选型、型线设计加以分析考虑,力求压缩机舱长度,把浮心纵向位置 $X_b$ 适当往前移,尾部横剖面取 U 形,尾舷弧加大些。如这些措施仍然不解决问题，可在首部设置空舱。

机舱位置的选择直接影响到上层建筑的形式及其他水密舱的划分和布置，从而也就影响船的使用性能和技术、经济性能。因此，机舱位置的选择是总布置设计的一项重要任务。最终要由船的具体任务、使用及构造特点、技术上是否可能等因素来决定。

几种典型船舶机舱位置如下。

1. 油船、散装货船、集装箱船、滚装船

油船采用尾机型，其他几种船多数采用尾机型。由以上分析可知，机舱位置不同，带来的主要问题是货舱地位及舱容的改善、提高卸装效率等方面与纵倾调整、驾驶视线、轴系长度和机舱布置等另一方面之间的矛盾。上述几种货船，由于把改善货舱的地位及合理布置，提高装卸效率，加速货物的周转等放在首要地位，因而采用了尾机型。如对油船，采用尾机型，有利于货油系统的布置，使轴隧不通过货油舱，有利于防火和对安全性的保证；对散货船，采用尾机型，除了能将船上宽敞的空间用来布置货舱，使货舱地位及舱容得到改善，又能提高装卸效率；对装有船用装卸桥的大型谷物船，对装卸桥的布置有利，由于装卸桥运行时，不受中部上层建筑的阻碍，所以只设一台即可；对集装箱船，采用尾机型能提高货舱容积的利用率且有利于集装箱货物的装卸。

对上述几种运输船，主要是为提高船的货舱容积和改善布置，提高货物装卸效率，改善结构布置和提高船体强度等，这些方面是主要的。然而，对那些次要方面，也必须逐一地加以解决。如驾驶视线，可通过提高尾楼高度或在首部设瞭望台等措施加以解决；对纵倾调整问题，可从货油舱的长度合理划分、油水舱合理布置、型线设计的合理配合等方面予以解决。

2. 其他船舶

对沿海小型杂货船，因机舱占船长的比例较大，为增加货舱容积，改善货舱形状，多采用尾机型。较大型的杂货船（如万吨级左右），过去设计成中机型居多。近年来趋向将机舱移向尾部，出现了"中后机型"船。这样的船型，一方面使货舱的布置得以改善，与纯尾机型相比较纵倾调整又能得到较好的解决。此外，中后机型对船体强度的影响比中机型或尾机型都显得有利，这是因为尾机型的杂货船满载时中垂弯矩大，而空载时中拱弯矩大，如将机舱由尾向前移，就会使这两种状态的不利弯矩均有所降低，对船体强度有利。船体总纵弯矩的降低，在保证船舶安全性的同时，又减轻了船体钢料重量，降低了船舶造价，提高了运输船的经济性。

拖船、渔船根据舱面作业的要求，并考虑纵倾调整、前部及后部船舱的安排等因素，客船根据前后水密舱和旅客舱室的区划及其他因素，一般都采用中机型或中后机型。关于机舱长度，要由机舱所需要的面积和容积来决定。它与机舱的位置、主机的种类、螺旋桨的数目、主机的功率以及机舱内平台层数和设备数量等因素有关。图5-1所示为具有一层中间平台甲板的尾机型干货船机舱布置图。

通常船舶辅机类设备作立体布置，不仅要考虑机舱的长度和面积，也要考虑容积方面的需要。对中机型单桨船，因为主机两侧面积较大，可以布置辅机，机舱长度容易确定。而对尾机型及双桨船，因为船肥瘦程度和断面形状都给机舱长度带来影响，所以要考虑机舱的面积和容积，以决定机舱长度。最后采用的机舱长度一般都是通过对机舱设备进行实际布置后确定的。

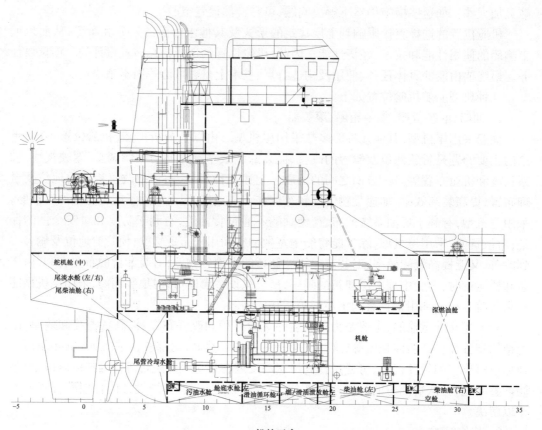

机舱平台

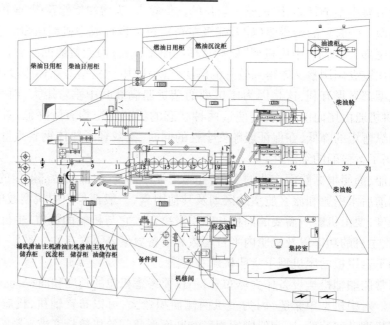

图 5-1 尾机型干货船机舱布置图

在初步设计阶段,可按使用同一主机的母型船来确定机舱长度,也可以用统计公式来初步估算。对低速柴油机,可根据主机长度 $L_{m1}$ 来估算,即

$$L_m = L_{m1} + c \tag{5-2}$$

式中,中机型取 $c = 4 \sim 5 m$;中后机型取 $c = 4 \sim 6 m$;尾机型取 $c = 10 \sim 12 m$。

### 三、甲板及平台

#### (一) 层数

油船、散货船、集装箱船只设单层连续上甲板,在机(炉)舱区域,为了布置辅助机械设备和油水储存柜,设置数层平台。对小型货船、拖船和渔船,由于型深较低,也只设单层连续上甲板。

使用要求是考虑甲板层数的主要因素。对大中型杂货船,因载运件杂货和各种包装货等多种货物,为防止玷污、混杂和挤压以及便于理货,依型深的高度而设二层或多层甲板。对多用途干货船,一般均设置二层全通甲板。滚装船根据需要设置多层甲板。世界上最大的滚装船有13层甲板。客船最下层旅客甲板(或平台)一般海船不低于设计水线1.2m,内河船不低于设计水线1.5m,并按上层连续甲板到设计水线间的高度决定中间甲板的层数。

#### (二) 甲板间高

甲板间高主要根据货种及作业条件等使用特点来决定。对杂货船,甲板间高一般在2.45m以上。目前杂货船有加大甲板间高的趋势,有的达到2.75m,大型远洋杂货船趋向于增大到3m以上,以提高其适应性。多用途干货船甲板间高近年来也有增高趋势。以往的多用途干货船甲板间高约为2.5~3.5m,而现在则为3.5~5.0m,船长在150m左右的船多在4.4m以上。甲板间高的原因是所载运的货物(如设备、车辆等)的尺度增大,同时需要在甲板间使用叉车。滚装船甲板间高度一般在3.0~6.0m,要根据滚装工艺(带轮运输还是拖车系统)、货物种类(车辆还是集装箱)及货物堆放层数等因素来决定。滚装船甲板间高不必相等,例如型深在20m左右,设置三层甲板,可取两层6.3m净高,一层3.2m净高。其3.2m净高可装载小汽车或件杂货,6.3m净高可装两层集装箱。客船设双层铺的甲板间高不宜低于2.4~2.6m,以保证有适宜的净高度。

中间甲板及平台现在趋向于不设梁拱和舷弧,以利于施工和使用。

### 四、双层底

规范规定,船舶应尽可能从防撞舱壁到尾尖舱壁设置双层底。对 $L_{PP} \geq 50m$ 的客船,规范作了强制性的规定:当 $50m \leq L_{PP} < 61m$ 时,至少应自机舱前舱壁至防撞舱壁或尽可能接近该处之间设置双层底;当 $61m \leq L_{PP} < 76m$ 时,至少应在机舱以外设置双层底,并应延伸至防撞舱壁及尾尖舱舱壁或尽可能接近该处;当 $L_{PP} \geq 76m$ 时,应在船中部设置双层底,并延伸至防撞舱壁及尾尖舱舱壁或尽可能接近该处。

因为双层底有利于搁浅、触礁时的安全性,并且可作为淡水、燃油及压载舱之用,所以,除小型船舶因地位限制难以采用外,中型以上的干货船都设双层底。

双层底高度 $h_d$ 在任何情况下不得小于700mm,且不小于按下式计算所得之值:

$$h_d = 25B + 42d + 300 \text{(mm)} \tag{5-3}$$

一般船的双层底高度在满足规范要求情况下,除还要考虑油、水舱容积上的需要和管弄高度满足管路安装、检修的要求,可作适当加高外,一般不易过高,以免增加结构重量,损失货舱舱容。

双层底内的油舱与锅炉给水舱、食用水舱之间,应设有隔离空舱。

### 五、液舱

在船体内部主要船舱划分的同时,还应对燃油、滑油、炉水、清水、压载水等舱进行布置。有关油、水舱的划分,应与机舱布置、管系布置、纵倾调整等配合进行,布置时一般多参考实船。

1. 燃油舱

燃料重油一般布置在双层底内以及机舱前的深油舱内,对续航力较大的船也有布置在舷边舱内的。在靠近主机日用燃油柜的舱内划出一个沉淀舱,为日用燃油柜供油。日用燃油柜一般都设在机舱平台上或机舱内。辅机用的及主机启动和进出港用的轻柴油都布置在机舱双层底内。因重油需要加热才能抽出,所以希望双层底里的重油舱离机舱越近越好,以节省管路和减少热量损耗。但尾机型船燃油消耗后容易首倾,这虽然可用压载水来调整,但总感到不便,为此,也有将部分重油舱布置到较前的双层底内。

2. 滑油舱柜

滑油储存柜、沉淀柜、汽缸滑油柜的容积不大,一般都放在机舱平台上。滑油循环柜和污油柜、溢油柜的容积也不大,一般设在主机下双层底内。滑油循环柜也有设在机舱平台上和储存柜放在一起的。

3. 炉水、食用淡水、洗涤用水舱柜及海水柜

这些舱柜在双层底,首、尾尖舱等处都可布置。容积较小的日用水柜可设在机舱平台上或其他空处。

4. 压载水舱

压载水舱可设置在首及尾尖舱、双层底内以及舷边舱和顶边舱内。压载水量及压载水舱的位置,要保证各种装载情况下的适宜的浮态及初稳性,也要尽量减小中拱或中垂弯矩。例如杂货船,要满足压载航行时 $T_{fb} = 2.5\% L_{PP} \sim 3.0\% L_{PP}$ 和一定尾吃水 $d_{ab}$ 的要求。需要的压载水量如果很大,单靠正常高度的双层底和首、尾尖舱的容积是不够的。因此,一般都利用装货不便的1号货舱底部、轴隧两侧设平台构成压载舱,或在首尖舱后设短的深压载舱。首部压载过大,使压载时中拱弯矩过大,满载时中垂弯矩过大。从强度观点看,以增加双层底高度或在中部适当区域设舷侧深舱或在下甲板以下设短的横向压载深舱为宜。杂货船由于增加压载舱容量十分困难,因而浮态常达不到上面所提出的要求,低者 $T_{fb}$ 只有 $2.0\% L_{PP}$。

在布置油、水舱(柜)时,各种油舱与清水舱之间、燃油舱与滑油舱之间、不同种类的滑油之间,清水舱与压载水舱之间应设置隔离舱。燃油舱与压载水舱之间一般可以不设隔离舱。

在布置油、水舱(柜)时,还应全盘考虑和注意以下几个方面的问题。

(1) 燃油舱柜的出气管不要通过生活舱室,燃油舱(柜)的位置须特别注意安全。

（2）为了不使燃油、淡水消耗后船的浮态变化过大，布置时应尽可能使它们的公共重心接近船中。

（3）充分利用不宜于装货的狭窄处所。另外，在满足使用要求的同时，力求节省管路。避免油管穿过淡（炉）水舱，或者淡（炉）水管路穿过油舱，否则应采取规范规定的措施加以保护。

（4）燃油舱或淡水舱不宜集中布置，以避免该处破损后失去供应。

### 六、油船的泵舱、污水油舱、隔离舱及浮力舱

油船的特殊之处还在于设有泵舱、污水油舱、隔离舱及浮力舱等舱室。

1. 泵舱

泵舱是用来布置货油泵、压载泵、扫舱泵设备的舱室。泵舱在船上的位置，要从轮机人员的操作管理方便、节省泵系统的重量以及对油船总强度的影响等方面考虑。大多数布置在机舱前面，也有布置在中部区域的。泵舱下部如凸入机舱（泵立式布置），凸入部位自基线向上的高度一般应不大于船舶型深的 1/3；载重量不超过 25000t 的船舶，经验船部门同意可以增高，但最高不得超过型深的 1/2，如图 5-2 所示。

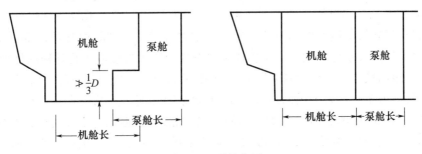

图 5-2 泵舱位置

2. 污水油舱

在货油舱区后面两舷各设一个污水油舱，其总容积约为货油舱总容积的 2%~3%。污水油舱用来存放洗舱水，也可兼作货油舱。载重量 70000t 及以上的油船至少应设有两个污水油舱。

3. 隔离舱

货油舱前后两端应设有隔离舱，以便与机炉舱、干货舱、居住舱室等隔离。隔离舱舱壁间应有足够的距离，以便于进出，至少不小于 760mm，且应遮隔全部货油舱端部舱壁面积。

泵舱、压载舱、燃油舱可兼作隔离舱。

船舶驾驶部位与生活区如设在货油舱区域上方，则与货油舱甲板间用一至少为 2m 高度的开敞空间将其隔离。

4. 浮力舱

对不设专用压载舱的油船，为解决纵倾调整，通常采取设首浮力舱来平衡。首浮力舱长度要由纵倾调整需要确定。现今只在小型油船上才沿用这种办法，对设置专用压载舱的大型油舱，可不设首浮力舱。

### 七、货舱

运输船舶由于装载货物、包装方式及运输方式等的不同,货舱的形式各异,但应满足装卸货效率高、船舶分舱和破舱稳性等基本要求。下面介绍几种常见运输船的货舱特征。

#### (一) 散货船和矿砂船

由于散装谷物具有流动性和表面下沉性,装运散装谷物的船舶在航行中摇摆、颠簸、振动时,会使谷物下沉和横向移动。谷物的横移将产生横倾力矩和横倾角,货物重心位置也可能升高。当船舶稳性不足时,会导致翻船事故。据统计,自1898年到1948年的50年间,倾覆的船舶中57%是散货船,自1954年至1964年的10年间又有150余艘散货船发生海损事故。频繁发生的事故造成巨大的经济损失,也促使人们深入分析事故发生的原因,提出防止和解决这一问题的办法,并逐步形成了对散装谷物船舶稳性的规范要求。这些要求源于国际海事组织1973年大会$A_1 264(Ⅷ)$决议的条例及1974年国际海上人命安全公约中对散装谷物船稳性计算、校核的相关条例。我国《国际航行船舶法定技术检验规则》中"谷物装运"的内容与国际公约相符合。

为了解决谷物稳性问题,散货船一般均设顶边舱。散装谷物船在谷物落舱时有一自然堆角(休止角),该角度因货物类别而异,一般约为30°~35°。散装谷物这一物理特性,使得在装载谷物时,货舱的舷侧顶部出现三角空隙地带。设计时通常把这部分空间做成顶边舱,用来作压载水舱等用途。设置顶边舱有效限制了货舱内散装谷物的移动,谷物因摇荡下沉的距离较小,下沉后谷物的顶面仍保持在缩小了的舱宽范围内,所以,大大地减小了谷物移动力矩。如果不设舷顶边舱,很难满足国际海上人命安全公约中关于谷物的下沉和移动引起的船舶静横倾角$\theta \not> 12°$的规定。此外,占据舱容不多的舷顶边舱用来装压载水,提高压载时船的重心高度,改善了船的横摇性能,这对几乎有一半空放的船更显得有利。谷物船顶边舱及其货舱内部的适宜尺寸,如图5-3(a)所示,其中:$e = 0.6 \sim 1.2\text{m}, f = 0.7 \sim 0.8\text{m}, \alpha \not< 30°, h = b + (4 \sim 8)\text{m}, v = 35° \sim 50°$。

散装货船(散装谷物船和散装煤船)的内底边板常做成如图5-3(a)所示的向上倾斜的形式,倾角$\beta$大约为35°~50°,以便卸货时减少清舱工作量,所形成的边舱也可做压载舱。

矿砂船的边舱形式如图5-3(c)所示。矿砂因属重货,其积载因数$\mu$较小,因而货舱容积容易保证。货舱两舷设置舷边压载舱,使货舱形成漏斗式形状,加之提高双层底高度,以解决矿砂船重心较低引起摇摆恶化的缺点,这样也可以防止倒矿的危险。矿砂船双层底一般可取普通干货船双层底高度标准值的2倍左右。

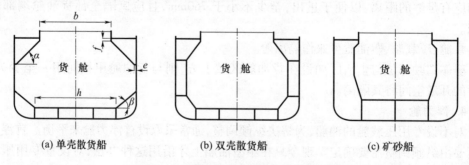

(a) 单壳散货船　　　　(b) 双壳散货船　　　　(c) 矿砂船

图5-3　散货船和矿砂船货舱横剖面

在满足抗沉性条件下,尽量减少货舱数目,这样可使起货设备数量减少,避免甲板上布置拥挤,使装卸效率提高;另外也能减轻船舶重量,从而降低船舶造价。

对于专门载运散装谷物、煤或矿砂的散装货船,两端货舱可适当长些,其他各舱以等舱长划分为宜,这样可以均衡装卸时间。舱数多些可以节省些装卸时间,但增加了清舱工作量,船体重量和起货设备数量也有所增加。对设置起货设备的船,要考虑起货设备的配置;不设置起货设备的船,要根据装、卸货港的装卸条件全面考虑。

谷物兼运矿砂的散货船,因两种货物的积载因数差别很大,可采用大小舱结合的布置方式,大舱装谷物,小舱装矿砂,这样不至使装运矿砂时重心过低,引起激烈的横摇。小舱不宜太短,一般取大舱长度的 7/10 左右。

船长超过 100m 的货船要考虑一舱不沉的要求。

**(二) 集装箱船**

集装箱船的货舱区基本结构形式为双层底和双层壳体(舷边舱),如图 5-4 所示。

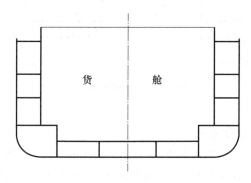

图 5-4 集装箱船货舱横剖面

集装箱船的货船长度、宽度和高度应根据舱内装载集装箱的行数、列数和层数并考虑适当的间隙来决定。此间隙包括货箱各行及列之间的间隙、货箱与前后横舱壁之间的间隙、货箱与左右舷货船纵舱壁之间的间隙、顶层货箱与舱口盖之间的间隙等。由于装载的货物是集装箱,集装箱船的货舱艉部通常呈阶梯状。

舷边舱可上下分为多层舱室。通常在左、右舷边舱中均设置纵向人行通道。双层底和舷边舱中的舱室还可作为燃油舱、淡水舱、压载水舱和空舱和空舱等使用。在双层底和舷边舱中按需要设置压载水舱,可用来调整不同装载情况下的重心位置以获得合适的浮态和稳性。同时,设置双层壳体对增强船体强度和安全性也是有利的,舷侧双层壳体内的箱形结构对具有宽大舱口的货舱增强抗扭转强度具有重要作用。

**(三) 油船**

油船主要载运石油。石油是闪点为 60℃ 左右的易燃品。随着温度的变化其体积要增减。另外,货舱内货油的自由液面对船舶稳性不利。油船发生碰撞或搁浅事故时容易造成对海洋的污染。对于油船,其结构、货油舱区的区划等都与普通的干货船有所不同。

1. 油船的双层底和双壳体

考虑防污染因素,防污染公约对油船提出了设双壳体和双层底舱的要求。

载重量600t及以上，但小于5000t的油船，在整个货油舱长度范围内，应至少设置双层底舱或处所，其高度 $h=B/15$，但不得小于0.76m，其典型货油舱横剖面如图5-5(a)所示。

凡载重量5000t以上的油船，应设双层底舱和双壳体，其典型货油舱横剖面如图5-5(b)所示。双壳体间距 $b_w$ 应不小于 $b_w = 0.5 + \dfrac{DW}{20000}$ (m) 或 $b_w = 2.0$ m，取小者，但最小值 $b_w = 1.0$ m；双层底舱或处所的高度 $h$ 应不小于 $h = B/15$ m 或 $h = 2$ m，取小值，但最小值 $h = 1.0$ m。

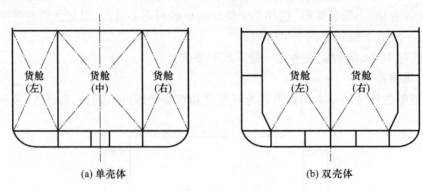

图5-5 油船货舱横剖面

### 2. 货油舱的尺度限制和布置

油船是尾机型单甲板船，规范对油船纵舱壁的设置、油舱长度及结构形式作了规定：对于船长大于90m的油船应在整个货油舱区设置两道连续纵舱壁。船长等于或小于90m的油船可以仅在纵中剖面处设一道连续纵舱壁。每一货油舱长度应不大于10m，或按表5.2规定的数值，取二者中之大值。表中 $L$ 为85%$D$ 处水线长度的96%，或该水线处两柱间长度之大者(m)；$B$ 为船舶型宽(m)；$b_w$ 为边舱宽度(m)。

表5.2 货油舱许用长度

| 纵舱壁数 | | 1（中纵剖面处） | 2 | 3（一道在中纵剖面处） | 当纵舱壁开口时 |
|---|---|---|---|---|---|
| 边舱长度 | | 0.15$L$ | 0.2$L$ | 0.2$L$ | |
| 中舱长度 | $b_w \geq 0.2B$ | — | 0.2$L$ | 0.2$L$ 左、右舷 | 0.1$L$ |
| | $b_w < 0.2B$ | — | $\left(0.5\dfrac{b_w}{B}+0.1\right)L$ | $\left(0.5\dfrac{b_w}{B}+0.1\right)L$ 左右舷 | |

### 3. 专用压载舱

油船货油舱的设置还应该满足相关防污染公约、规范对保护面积和假设流油量的要求。

凡载重量为20000t及以上的新原油油船及载重量为30000t及以上的新成品油船，均应设专用压载舱。货油舱区域的专用压载舱通常设置在舷侧和双层底中。

1）对专用压载舱的容量要求

压载时吃水应达到：船中部型吃水不小于 $d_m = 2.0 + 0.02L$；首、尾垂线处吃水差不得大于 0.015$L$；船尾垂线处吃水必须使螺旋桨全部浸没。

2)专用压载舱的保护位置要求

在货油舱长度($L_t$)范围内的专用压载舱及非油舱处所,其布置应符合下列要求:

$$\sum PA_c + \sum PA_s \geqslant J[L_t(B+2D)] \tag{5-4}$$

式中:$PA_c$ 为每一压载舱或非油舱处所按型尺度在舷侧的投影面积($m^2$);$PA_s$ 为每一上述的舱或处所按型尺度在船底的投影面积($m^2$);$L_t$ 为货油舱区的长度(m);$J$ 为保护面积系数,根据载重量 $DW$ 按以下方式决定:$DW=20000t,J=0.45$;$DW \geqslant 200000t,J=0.30$;$200000t > DW > 20000t,J$ 按内插法求得。

4. 假定泄油量

油船或油舱的尺度和布置应能使在船长范围内的任何位置上,按下述规定计算的假定舷侧泄油量 $O_c$ 和底部泄油量 $O_s$ 都不超过 $30000m^3$ 或 $400\sqrt[3]{DW}$ $m^3$,取较大值,但最大不得超过 $40000m^3$。

在船侧损坏和船底损坏时,假定的损坏范围列于表5.3中。

表5.3 破损范围假定

| 损坏方向 | 船侧损坏 | | 船底损坏 | | |
|---|---|---|---|---|---|
| | 符号 | 整个货油区 | 符号 | 自首垂线起0.3L以内 | 其他部位 |
| 纵向范围 | $l_c$ | $\frac{1}{3}L^{\frac{2}{3}}$ 或 14.5m,取小者 | $l_s$ | $\frac{L}{10}$ | $\frac{L}{10}$ 或 5m,取小者 |
| 横向范围 | $t_c$ | $\frac{B}{5}$ 或 11.5m,取小者(在夏季干舷水面处量得) | $t_s$ | $\frac{B}{6}$ 或 10m,取小者,但不小于 5m | 5m |
| 垂向范围 | $v_c$ | 自基线向上无限制 | $v_s$ | (自基线量起)$\frac{B}{15}$ 或 6m,取小者 | |

在上述破损范围内的泄油量按下述公式计算。

对于船侧损坏: $$O_c = \sum W_i + \sum K_i C_i \quad (m^3) \tag{5-5}$$

对于船底损坏: $$O_s = \frac{1}{3}\sum Z_i W_i + \sum Z_i C_i \quad (m^3) \tag{5-6}$$

式中:$W_i$ 为在假定破损范围内破裂的一个边舱的容积($m^3$),对于专用压载舱 $W_i$ 可取为零;$C_i$ 为在假定破损范围内破裂的一个中间舱的容积($m^3$),对于专用压载舱 $C_i$ 可取为零。

$K_i = 1 - \frac{b_i}{t_c}$;当 $b_i \geqslant t_c$ 时,$K_i$ 应取为零。

$Z_i = 1 - \frac{h_i}{V_s}$;当 $h_i \geqslant V_s$ 时,$Z_i$ 应取为零。

式中:$b_i$ 为所涉及的边舱的宽度(m),在夏季干舷水平面,自舷侧向船内中心线垂直量取;$h_i$ 为所涉及的双层底的最小深度(m),如无双层底则 $h_i$ 应取为零。

任一舷侧油舱的容积,不得超过假定流出量限额的75%,任何一个中间货油舱的容积,不得超过 $50000m^3$。

对假定的油船船侧和船底破损,应满足规定的分舱和破舱稳性要求。

## (四) 多用途船

多用途干货船货舱除了设置双层底和中间平台甲板外,一般均设舷边舱。

设于甲板间,如图 5-6(a)所示。这种形式的主要优点是在上部形成箱形结构,这对总纵强度及扭转强度有利;在空载航行时用作压载舱可提高重心,改善压载航行性能。同时甲板间货舱的宽度减小,有利于载运谷物。这种形式对稳性紧张的船,在满载集装箱时无法用于压载来改善稳性。有的船为了弥补上述缺点,再在 1~2 个大舱内增设舷边舱,这样就能照顾上述各点,并且大舱内的舷边舱还可用于调整装重货或装集装箱时的横倾或作减摇水舱用。

设于大舱内,如图 5-6(b)所示。这种形式的舷边舱,其钢材利用率不高,从强度上看似乎没有什么好处,但该舱用于压载时,可降低重心,提高初稳性高度,这对稳性较紧张的船是有利的。同时,空船重心也较其他形式稍低些,有的船再在 1~2 个舱内设置甲板间舷边舱,使兼有上一形式的优点。

设于整个舷侧,如图 5-6(c)所示。这是上述两种形式的结合。大多用于单甲板船或载运重货的船,即容量要求不高,压载量要求大,且船体强度要求高的船。

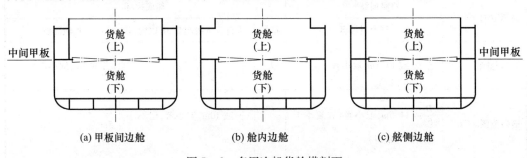

图 5-6 多用途船货舱横剖面

多用途船常设深舱。深舱可用作压载舱、船用水舱、货油舱、燃油舱或散货舱。深舱一般设在首部、中部及机舱前。设在首部的深舱用作压载舱时有利于纵倾调整,这对尾机型船来说是极有效的。深舱设在中部可减小压载航行时的中拱弯矩。设在机舱前的深舱常用作燃油舱。有的船深舱设在吊杆下,这样整个深舱结构成为吊杆或甲板上传来集中荷重的底座,并将荷重分散至船底及舷侧。

## (五) 杂货船

为了方便转运杂货,杂货船通常设中间甲板(一层或多层),以提高货舱利用率。

杂货船双层底的内底板边板常做成水平的或向下倾斜的,如图 5-7 所示。

## (六) 滚装船

为了提高滚装货(如汽车)装载量,滚装船通常设有多层甲板,其中的某一层甲板设计为干舷甲板。其典型货舱剖面图如图 5-8 所示。各层甲板之间设有供滚装货上下的通道。每一层甲板的货舱尽量不设(或少设)横舱壁,以利于提高滚装货装卸效率。滚装船也可在下甲板以下设置左右边舱。该船型因具有相对较高的型深,要满足稳性要求而不加固体压载或液体压载是较为困难的,所以在下甲板以下设置边舱。此外,该边舱也用以平衡因快速装卸造成左右舷货物不均衡所产生的横倾力矩。

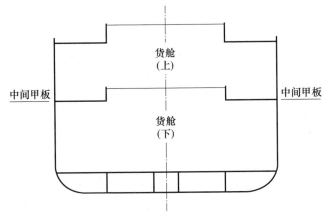

图 5-7 杂货船货舱横剖面

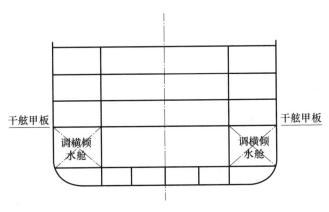

图 5-8 滚装船货舱横剖面

## 第三节 上层建筑设计

### 一、上层建筑总体布局

上层建筑位于上层连续甲板上,由一舷延伸至另一舷或其侧壁板离船壳板向内不大于船宽4%的围蔽建筑,如首楼、桥楼、尾楼等。不属于上层建筑的其他围蔽建筑称为甲板室。当上层建筑及甲板室的长度大于0.15L,且不小于其高度6倍时,称为长上层建筑及长甲板室,其余的称为短上层建筑及短甲板室。

上层建筑及甲板室的设置,从使用功能上,需要布置各种工作和生活处所,从对技术性能的影响上,上层建筑有利于改善船舶溅湿性和稳性,另外从船舶建筑艺术表现上也有重要作用。因此,对上层建筑及甲板室的形式选择及布置,必须处理好上述关系,达到使用合理、技术先进与造型美观三者的有机结合。在总布置设计时,要依据船的用途、航区、机舱地位、船舶性能特点、立面造型诸方面进行综合分析设计。另外,各个部位的上层建筑及甲板室担负着不同的作用,因而其构造型式也不相同。现分述如下。

### (一) 首楼

首楼的设置及尺度首先要考虑甲板上浪,因为船在迎浪或斜迎浪航行时,首部容易上浪。甲板上浪将严重威胁甲板上船员、货物、设备和甲板开口封闭装置等的安全。实践证明,设置首楼对防止甲板上浪,保持甲板干燥,保护人员、货物及设备安全是十分有效的。

首楼的设置及其长度与船的大小、船的干舷大小、舷弧高度、海域情况以及首楼甲板上设备的布置需要诸因素有关。《钢质海船入级规范》规定所有船舶应设置首楼或增大舷弧,使船首最小高度符合《海船载重线规范》的要求。该规范规定,凡设置首楼以满足规范对首部最小干舷高度要求的船舶,自首垂线算起的首楼长度应不小于 $0.07L_{pp}$,并且在船长 $L_{pp} \not> 100\mathrm{m}$ 时,首楼的封闭条件还应满足规范的规定。在此基础上,首楼甲板面积还应顾及锚泊设备和其他设备的布置要求。首楼长度约略的统计数是船长的 8%~10%。

一般海船的首部干舷都不够高,故都设置短首楼。在短首楼的内部布置锚机控制室、灯具间、油漆间、缆索与索具、木工工作室等。

除短首楼外,有的船从实际出发,采用长首楼。如有的货船为弥补 1 号货舱舱容的不足,将首楼延长到 1 号货舱的后端,所得的容积用于增加货舱舱容,同时可以均衡各货舱的装卸时间。又如有的海洋拖轮,为改善航行中的溅浸性和使拖钩布置在船重心附近,也设置长首楼。

小型船舶,考虑到驾驶视线或重心高度,有设置半升式首楼(首楼底在上甲板之下)的。客船、客货船因干舷甲板之上通常还设连续甲板,所以,一般不设首楼。对高型深和高首舷弧的大型船,因为能保证首部干舷也可不设首楼。

### (二) 中部及尾部上层建筑

"中机型"船舶大都设置中部上层建筑,用以布置船员工作和生活舱室,保护机(炉)舱开口,布置烟囱和艇设备之用。即使是"尾机型"船,也有为改善驾驶视线等原因而设置了中部上层建筑的。

中部上层建筑分桥楼型和甲板室型。甲板室型因其两侧有外走廊,对甲板上前后交通联系方便,一些甲板作业频繁的船(如渔船、拖船、大型货船等)皆喜欢采用甲板室型。甲板室型在防止甲板上浪和舱室面积方面有其不足之处,所以一些小型运输船及客船则常采用桥楼型。

中部上层建筑在甲板上跨越的长度,既要满足布置生活和工作舱室面积的需要,又要防止不合理的增长而影响装卸效率。从提高装卸货物效率的角度,希望舱口要大,就要求中部上层建筑的端壁不能过多跨越货舱的范围。通常其端壁跨越货舱壁的长度以不大于 5m 为宜,否则将影响货舱口的尺度。中部上层建筑依船只大小一般设有 2~4 层,最下层长度要照顾到遮住机(炉)舱长度的需要,约略统计范围为船长的 15%~20%,并自下而上在后端逐层缩短缩窄,但其尺寸应满足舱室、艇设备、机舱天窗和烟囱的布置要求。

"尾机型"船根据机舱棚和烟囱、生活和工作舱室的布置要求,都要设置尾部上层建筑;"中机型"船为解决舱室布置的拥挤问题,也都设置单层的尾甲板室。另外,在个别尾机型大船上因尾部驾驶视野不好,而在中部或首部另设短的上层建筑,布置驾驶部人员的全部或部分舱室。

上层建筑集中在机舱区段,这样布置有利于减少生活设施,节约甲板空间和造价,方便船员工作和生活,有利于机舱棚的布置和人员进出通道的安全。

客船及其他需要较大舱室空间的船舶,上层建筑常由中部向首、尾延伸,并有相当长度。

**(三)主上层建筑**

主上层建筑的尺度和层数,应根据需要的舱室面积、露天上甲板的布置要求(如运输船货舱口的安排)、艇设备的布置、驾驶视野、重量和重心高度、受风面积等因素来决定。大型运输船舶,舱室面积矛盾不大。中小型船舶因甲板面积受限,这时应按在保证船员必需的生活条件下,尽量不影响船的使用效能的原则来处理,做到适当兼顾。

驾驶视野的要求无确切的标准。原则上从驾驶室里驾驶员眼睛到首端舷墙顶点引一直线,通常把这一直线与水面的交点和首柱间的一段区域称为"盲区"。盲区应尽量小,有利于观察船首附近水域的情况。不同类型船的盲区长度差别较大,一般参考实船资料来决定。客船的盲区长度为 $0.60L_{PP} \sim 0.70L_{PP}$,货船及油船满载时平均为 $1.25L_{PP}$,压载航行时约为 $2.0L_{PP}$。

上层建筑的层数与船的主尺度有密切关系,小船通常为 1~2 层,中型及大型船舶为 3~4 层,尾机型的大型船考虑驾驶视野,甚至高达 5 层以上。各层自下而上在后端逐渐内缩,长度和宽度应满足舱室、艇设备、机舱棚和烟囱等布置需要。各层甲板的高度,小型船通常取较低的层高,如 2.1m,以降低船舶重心和减小受风面积;中型以上船舶层高按舱室用途不同取 2.3~2.6m。

## 二、舱室及通道布置

当总体布局设计基本完成之后,就要对上层建筑内的工作舱室及生活舱室布置等进行设计,并对其内部进行家具、设备布置;与此同时要规划全船的通道与梯道口。对客船等布置型船,只有当上层建筑内的各种舱室、梯道划分布置妥当,才能使船的总体布局最后确定下来。舱室布置设计对合理地利用和分配空间,充分提高船舶有限空间的使用率,对船舶的适用、经济与安全等方面来说,都具有重要的意义。

上层建筑内部通常可分为驾驶工作区、轮机工作区、船员生活区、旅客居住区和公共活动区等。由于船舶纵摇、横摇、振动、噪声和温度等的不利影响,再考虑到自然通风和采光的条件,船舶各个部位的舒适程度是不同的。因此,在舱室布置设计时,要注意方便和有利于工作及生活,减少相互干扰,改善舒适性,注意相互协调。一般而言,毗邻机舱、厨房等工作舱的区域,受振动及噪声的干扰较大,总体上是位于中层和中前部的舱室较舒适。

图 5-9 为某集装箱船上层建筑的驾驶甲板、船长甲板、艇甲板、船员甲板舱室布置图。

**(一)工作舱室**

工作舱室由驾驶室、海图室、报务室、雷达室、广播室、理货室、木工间、电工间、机修间,以及各种储物间等组成。工作舱室随船型、航线及业务性质而异。

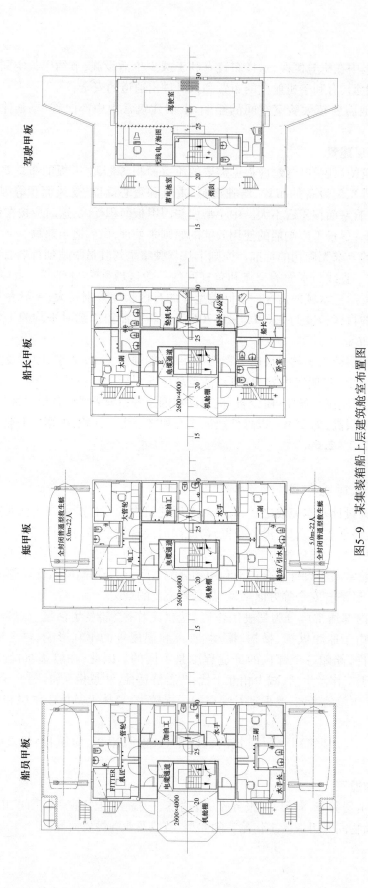

图5-9 某集装箱船上层建筑舱室布置图

驾驶室、海图室、报务室是船舶的主要航海部位,为便于航行中相互联系,这些工作舱室都放在同一层上。

驾驶室是船舶的指挥和控制部位,要求有良好的视野,通常驾驶室都放在上层建筑最高一层甲板(称驾驶甲板)上。确定驾驶室的高度和在船上的纵向位置时,要尽量缩短前端的盲区,为此,当船舶具有船中部上层建筑时,驾驶室都设在船中部。驾驶室的面积要满足布置航电设备和工作人员活动所必需的场所需要,前后方向长度须有 2.5~3.0m,横向一般不通到两舷,留着的驾驶甲板,用于驾驶员瞭望观测。驾驶室两边设有扶梯通向罗经甲板。

海图室是供存放海图并进行海图作业的场所。对大型船舶一般是放在驾驶室的后右侧,并有门与驾驶室相通。对小型船,由于面积的限制,多放在驾驶室内部。海图室的面积要满足放置海图桌、航海资料文件柜、测位仪表等物品和人员工作活动的需要,一般须有 $6~16m^2$。

报务室是设置无线电通信设备,从事船与船、船与陆地通信联系的工作场所。报务员担负着经常为驾驶人员提供情况的任务,所以通常把报务室放在驾驶室后左侧。室内应有良好的绝热隔音设施,要有直通露天甲板的门,以供应急之用。

雷达室是放置和操纵雷达装置的部位。雷达显示器应装在驾驶室或海图室,考虑与驾驶室联系方便和缩短雷达装置与天线的距离以及减少导波管的弯折次数,雷达室通常设在驾驶室同层和靠近雷达天线下面的区域。有些船由于面积的限制,不能单独设雷达室,而将雷达装置放在海图室内。雷达室面积主要根据设备台数、工作台大小等决定,小船 $5m^2$ 左右,大船 $11~20m^2$。

应急发电机室要放在较安全地带,多设在艇甲板上,并设有单独通向露天甲板的门,以保证发电机故障或海损时应急供电。应急蓄电池室也设在该层内,也须设通向露天甲板的出口。

机修间供修理主辅机及各种设备配件之用,通常设在机舱区域的平台上面或其他邻近机舱便于工作的处所。

灯具间、油漆间、木工间一般都设在首楼内部,货船上也有布置在起货机平台下的。灯具间和油漆间应以钢隔壁分开,均须有良好的通风设备和直通露天甲板的出入口。

电工间多设在电匠居住舱室附近。

理货室是用来接待外界商务人员的舱室。考虑到接待方便而又不影响船内的工作,理货室宜放在上甲板层,并应设直通的出入口。

此外,尚有一些工作舱室,可根据各室设备特点和同型船布置的经验进行布置。例如报务用的变流机,多放在报务室同层的变流机室内,并有通向露天甲板的门。电罗经的变流机最好放在主罗经旁的单独房间内。电罗经室应尽可能设在船的摇摆中心附近,消防用的灭火剂(如 $CO_2$)多储放在桅室或上甲板上专门的房间内,不可放在生活舱室区。

**(二)生活舱室**

1. 船员舱室

船员等级及舱室配置标准如表 5.4 所列。

表5.4 船员等级

| 级别 | | 职务 | 舱室配置 |
|---|---|---|---|
| 高级船员 | 船长级 | 船长、轮机长 | 大办公室、卧室、卫生间 |
| | 大副级 | 电机员、大副、大管轮、报务主任 | 办公室、卧室、卫生间 |
| | 一般干部级 | 二副、三副、二管轮、三管轮、报务员、业务员、事务长、客运员、医生、引航员 | 卧室、卫生间 |
| 普通船员 | 水手长级 | 水手长、木匠、厨师长 | 单人间、独用或双人合用卫生间 |
| | 一般船员 | 水手、机匠、电工、厨工、服务员 | 单人间或双人间 |

通常将上层建筑里舒适程度较高的区域用来布置船员住舱。通常是将住舱布置在各层甲板的外侧地带，使住舱获得良好的自然通风和采光条件。船员居住位置应考虑便利各部门船员的工作，尽量靠近各部门船员的工作场所。船长、轮机长和驾驶部门、轮机部门的干部住舱一般是放在驾驶甲板的下一层。船长的住舱应放在住舱区的右前方，使其能经常观察首和右舷的情况；大副、二副和三副的住舱要与船长住舱靠近；轮机长和大管轮、二管轮、三管轮的住舱要互相靠近，以便加强联系，通常是放到桥楼甲板的前端；其他船员住舱按其工作性质应分别靠近其工作处所。如报务员舱靠近报务室，厨工住舱要靠近厨房和餐厅，甲板部人员住舱放在起居甲板(主甲板)这一层，轮机部船员住舱放到桥楼甲板或甲板部人员住舱的对侧。远洋船的领航员室，从既有利对外工作需要，又有利船上安全来考虑，放在干部住舱附近较为合适。

规范还提出了关于船员舱室设备配置的有关规定。例如，对船员卧室的甲板面积应不小于表5.5中列出的数值。规范还对卧室、餐厅、休息室、办公处所、卫生医疗设施、照明设备、取暖和通风设备、饮用水和淡水、舱室、通道和出入口的布置及结构等一系列项目做了具体规定。

表5.5 船员卧室甲板面积 （单位：$m^2$/人）

| 船员级别 | 总吨位 | | |
|---|---|---|---|
| | 1000~2999 | 30000~9999 | ≥10000 |
| 普通船员(单人间) | 3.75 | 4.25 | 4.75 |
| 普通船员(双人间) | 2.75 | 3.25 | 3.75 |
| 高级船员 | 6.5 | 7.5 | |
| 客船普通船员 | 2.35 | 3.75(单人间) 3.00(双人间、三人间、四人间) | |

2. 客船的旅客舱室

《法规》将客船分为两类和三个等级，对每一类、每一等级的舱室设备都给出了最低配备要求，如表5.6所列。

表5.6 乘客最小居住面积 （单位：$m^2$/人）

| 客 船 | 一 等 | 二 等 | 三 等 |
|---|---|---|---|
| 第一类 | 4.5 | 3.0 | 1.7 |
| 第二类 | 3.5 | 2.2 | 1.4 |

注：第一类客船为航行时间在24h及以上的国际航行客船；第二类客船为航行时间在24h以下的国际航行客船。

客船上船员的生活舱室与旅客舱室应尽可能分成各自独立的区域。旅客舱室尽可能分级分区布置,高级客舱布置在上层建筑的上层,再逐级向下安排。公共处所,如餐厅、俱乐部等,其地位要适中,以方便各区的旅客来往。不同性质的公共处所(如热闹的、安静的)应根据它们不同的特点选择适宜的地位,避免干扰。要结合防火区、梯道的布置等考虑客舱分区,各生活区应设立独立的卫生设施。旅客舱室不应设在规则规定的不应载运乘客的处所,例如:船员居住处所及工作处所,净高不足1.9m的舱室,在上甲板首尖舱舱壁以前和向上延伸的处所,在底层货舱内及最深分舱载重线下第一层甲板以下的任何甲板间处所,在最深分舱载重线以下超过1.2m的第一层甲板上的处所等。

3. 公共舱室

公共舱室包括厨房、餐厅、会议室、厕所、浴室、盥洗室等公共性舱室。公共舱室布置应注意以下几个方面。

1) 厨房、餐厅、粮食库和冷藏库的布置

厨房、餐厅、粮食库和冷藏库要互相靠近,便于厨工备餐和取送食物。为此,厨房和餐厅要放到同一层甲板上,并且相互靠近;粮食库和冷藏库可设在厨房的下面。

厨房、餐厅要远离厕所、浴室和病房,要有较好的自然通风和采光的条件,考虑到厨房的环境,一般将它布置在上层建筑底层的后端部。餐厅布置在该层机舱棚的侧面。为扩大餐厅的面积,餐厅和机舱棚间无需留走廊。

货船上一般只设一个船员餐厅。对大中型船,餐厅面积尽可能使全体船员能同时就餐。远洋船在会议室附近设配餐室,供接待客人就餐用。在餐厅靠近厨房的一端要设配餐间和餐具洗涤间。

厨房的面积要满足各种炉灶和设备的布置及厨工配餐操作时必需面积的需要。不允许有经过厨房而通向其他处所的通道。在进行具体布置时,主要应从船舶上层建筑的实际情况出发,并根据同型船的布置经验而定。

2) 厕所、浴室和盥洗室的布置

厕所、浴室和盥洗室(通称卫生间)的布置和设置,应避免其气味渗入邻近居住舱室、公共处所、粮库、食品库、医务室、餐厅和厨房等处。卫生间除不能设在厨房之上外,也应尽量避免设在餐厅、粮库和食品库之上。各层甲板上的卫生间布置应尽可能置于同一垂直区域内,这不仅可节省管路,而且也可避免污水管路穿过住舱。驾驶甲板值班人员易于到达处所应设有卫生间。机舱出入口附近区域最好设卫生间,方便轮机人员换班洗澡等。

3) 会议室、文娱和体育活动及休息处所的布置

货船的会议室一般兼作接待室,最好放在交通方便、空气流畅、光线好且宜于瞭望的地方。以往的货船上多放在桥楼甲板的前端,会议室要陈设大型会议桌、软椅和沙发等设备。对客船和客货船要设文娱室,要放在全船旅客容易接近的地方。对大型远洋货船,一般放在主甲板这一层的尾甲板室或其他较宽敞的地方。每艘油船及类似船舶应该有一间吸烟室。大型客船、旅游船上通常设有放映室、酒吧、健身房、超市、游泳池等。

(三) 通道、出入口与扶梯

船舶上层建筑内各生活区、各工作处所、各层甲板及平台间通过通道和扶梯联通为一体。船舶甲板面积和舱室空间有限,梯道设计应该满足实用、方便、安全、有效的要求,同时要满足规范的有关要求。

1. 通道、出入口与扶梯的布置

（1）各舱室的船员、乘客易于从其居住舱室进出。

（2）各舱室的船员、乘客易于到达露天甲板。

（3）遇有紧急情况，各舱室的船员、乘客易于到达救生艇登乘甲板。

2. 各种通道宽度要求

除客船外，船上各种通道的最小宽度应不小于 0.8m，客船上各种通道的最小净宽度应不小于表 5.7 的规定。

表 5.7 客船的通道宽度要求

| 客船种类 | 第一、二类客船/m | 第三、四类客船/m |
| --- | --- | --- |
| 露天甲板两舷外通道 | 1.2 | 1.0 |
| 客舱通往露天甲板的通道 | 1.0 | 1.0 |
| 客舱内通道(50 人及以下) | 0.8 | 0.8 |
| 客舱内通道(50 人以上) | 1.0 | 1.0 |
| 乘客铺位之间的通道 | 0.8 | 0.8 |
| 乘客坐椅之间的通道：<br>当同向而坐时<br>当对向而坐时 | | 0.5<br>0.75 |

3. 出入口布置

卧室的门应向内开；通往开敞甲板的门应向外开，但驾驶室通向露天甲板的门应为移门；梯道的门应为自闭式门；餐厅、会议室、休息室和吸烟室的门应向外开或两面均可开关的活动门。

位于围蔽处所内的客舱，应沿着有两个出入口通向露天甲板的通道布置，通道的最小宽度应符合表 5.7 的要求。当客舱内的乘客人数超过 12 人时，该舱室至少应有两个出入口通向上述通道或直接通向开敞甲板。

上甲板以下的客舱通向露天甲板的出入口，应设置在上层建筑或甲板室内的通道处；如出入口直接通向露天甲板时，则应在出入口处设围蔽室，该围蔽室的出入口应朝向船尾。其净高度不得低于 1.85m。

所有出入口处门的宽度应与通道或扶梯的宽度相适应，在任何情况下客舱门的宽度应不小于 0.6m，坐席客舱门的宽度应不小于 0.8m。除非客舱设有可供紧急逃生时用的窗口，否则该舱室的门应带有应急逃口（在门的下半部），逃口的尺寸应不小于 350mm×450mm。餐厅及公共舱室门的宽度应不小于 0.8m。

消防要求方面，只有一个脱险通道的走廊或走廊的一部分，长度不可超过 7m。

4. 梯道布置

船上竖向各层甲板间应设内部梯道。扶梯应为钢质结构。船员居住区内扶梯最大倾角（与地面夹角）不得超过 60°，除客船外，梯宽不得小于 0.8m，梯踏步的垂向间距应不大于 0.25m，梯踏步深度应不小于 0.173m。扶梯的高度大于 1m 时，应该有扶手。

由固定舱壁所围蔽的每个乘客居住处所应设置供乘客上下的扶梯，扶梯数及宽度应按该处所乘客人数而定，并应按上下二层甲板中载客较多的一层甲板的乘客人数配置，其最低要求应按表5.8的规定。

表5.8 梯道布置最低要求

| 乘客人数 | 扶梯数/部 | 扶梯最小宽度/m |
|---|---|---|
| 不超过100人 | 2 | 0.8 |
| 101~150人 | 2 | 1.0 |
| | 3 | 0.8 |
| 151~200人 | 2 | 1.3 |
| | 3 | 1.0 |
| 200人以上 | 2 | 1.5 |
| | 3 | 1.0 |

注：如乘客不超过30人的处所设置两部扶梯有实际困难，其中一个可以用应急出口代替。

客船扶梯的倾角（与地板的夹角）一般应不大于45°，经船级社同意，可放宽到50°，梯踏步的垂直间距应不大于0.25m，踏步的深度应不小于0.25m。当扶梯的高度大于1m时，应设有扶手。

只少数人使用的扶梯可以窄些、陡些，甚至用直梯来节省空间。扶梯应尽可能纵向布置，这有利于横摇时的安全。各层甲板间的梯道，最好重叠布置，货舱及油船的泵舱可设竖向垂直的爬梯，货油舱则采用竖梯和斜梯混合的形式。

## 第四节 舾装设备布置

为了满足船舶在航行和操作中的各种要求，船上还应配置各种必要的设备，诸如锚泊和系泊设备、操纵设备、起货设备、救生设备、消防设备、航行信号设备等。还有在拖船上的拖曳设备、渔船上的捕捞设备等。具体设计时，船舶设备的选型与配置需参考有关资料以及有关的规范、规则。这里只就货船的起货设备、锚泊及系泊设备、救生设备、操纵设备等主要设备的布置等作简略的介绍。

### 一、装卸货设备

货船上的装卸货设备一般分吊货杆形式和船用起重机两类。船用起重机又有固定旋转形式（克林吊）和移动旋转形式（如大型谷物船上的装卸桥）。采用船用起重机可省去起货机平台，能使货舱口纵向尺度做得更大些，同时甲板面积宽敞更有利于甲板上其他设备的布置和方便交通。目前在货船上装卸货物，通常采用起货吊杆、起货吊杆配以克林吊、单独采用克林吊等方式。起货吊杆形式的起货设备主要是由吊货杆、起重柱（或桅）和起货绞车组成。克林吊的基本形式如图5-10所示。图中起重量、跨距、吊钩高度、起重柱相关尺寸等是选择克林吊型号的重要参考数据。

1. 起货设备的配置

起货设备的配置应与货舱口尺寸相配合。当舱口较长时，可在舱口两端各设一台起货设备，也有在两舱之间设一台起货设备的，供两舱共用。设有重吊的船舶宜尽量将重吊设于船长中部，利于配载。

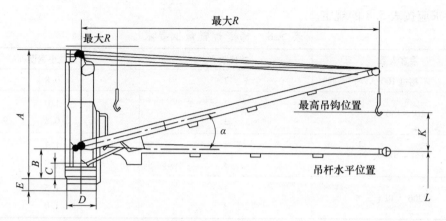

图 5-10 克林吊

2. 起货设备的能力

起货设备的起重能力应根据使用要求决定。一般杂货船的轻型吊杆,单杆操作时起重能力达到 1.5~3t,双杆操作时达到 3~5t。较大型船舶的起货吊杆可设计成 5~10t。对装卸重大件货物的船舶,配置的重型吊杆起重能力可达到 30~120t。现代散货船、集装箱船及多用途船普遍采用克林吊,为装卸集装箱,起重能力通常需要达到 35~40t。

3. 起货设备的布置要求

起货设备的布置应考虑作业范围、舷外跨距及吊钩高度等因素。对于吊杆装置,一般规定,在水平偏角 45°~60° 和仰角 30°~45° 时,轻型吊杆的吊钩能跨出舷外 3~5m,重型吊杆为 5~6m,吊钩至少能达到舱口长度的 2/3 范围,吊杆能升到距甲板 6~7m 以上的高度。

## 二、锚泊及系泊设备

海船的锚泊及系泊设备根据舾装数 N,按《钢质海船入级与建造规范》舾装有关规定选取。舾装数计算出来以后,由规范查得首锚的数量、每个重量、有挡锚链直径和总长度、拖索的长度和直径、系船索的根数、每根长度和直径。

海船舾装数 N 按下式计算:

$$N = \Delta^{2/3} + 2Bh + \frac{A}{10} \tag{5-7}$$

式中:$\Delta$ 为夏季载重线下的型排水量(t);$h$ 为船中部的夏季干舷加上上层建筑的高度和各层宽度大于 $B/4$ 的甲板室高度的总和(m);$A$ 为船长 $L_{pp}$ 范围内夏季载重水线以上的船体部分和上层建筑以及各层宽度大于 $B/4$ 的甲板室的侧投影面积的总和($m^2$)。

内河船也有相应的舾装数公式,这里不再赘述。

选定有关设备后,就可参考相近母型,初步布置锚泊和系泊设备。

**(一)锚泊设备的布置**

图 5-11 所示为首部露天甲板锚设备布置图。布置锚设备时须考虑以下问题。

(1)注意使锚设备与首部系泊设备互相配合,防止产生干扰。

(2)锚链舱、锚链管、起锚机链轮、锚链筒的相互位置正确,保证收放锚链时能正常工作。

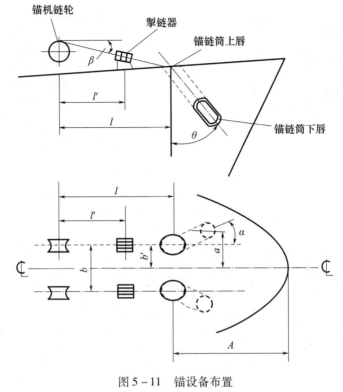

图 5-11 锚设备布置

(3) 掣链器靠近锚链筒,以减少锚链工作长度。

(4) 弃链器的操纵部位放到锚链舱外易于迅速达到的地方,以便在应急的情况下能迅速操纵弃链器予以解脱。

(5) 采用陡削式的锚链筒能使锚链处于受拉的工作状态,根据出口处船体型线选择适当的 $\theta$ 角(锚链筒中心线与铅直线间夹角,一般为 $35°\sim45°$),并设计出合适的弧形唇,以使锚爪贴紧船壳。

(6) 锚链筒在首楼甲板上开口中心线间距由起锚机链轮间距而定。锚链筒中心线在甲板上的水平投影线与船中心线间夹角 $\alpha=5°\sim15°$,以不大于 $20°$ 为合适。因为 $\alpha$ 角大时造成锚链筒外偏度大,使锚链收放困难。同样,$\beta$ 角不宜过小,以免造成锚链收放困难。

为防止收、放锚时撞击球鼻首,并且保证锚链筒处于适宜的 $\alpha$ 和 $\beta$ 角度,就需要加大甲板上开口的间距并提高在船壳板上出口的高度,所以通常设两台锚机。

(7) 锚链筒内径和实长必须满足除容纳锚链链径外尚有余隙,容纳住锚杆和连接锚这一端的转环尚有裕度。锚链筒的最短长度在设计初始阶段可参照同型船初步确定,最后还要通过绘展开图进行实际检查。

(8) 航行时锚不得低于首波,锚爪不高于船体折角线,在收藏位置能抗浪击。

**(二) 系泊设备的布置**

系泊设备通常由缆索(拖索、系船索)、导缆器(导缆孔、导缆钳、滚轮导缆器、导向滚轮等)、系缆桩、绞缆机、缆索卷车等组成。系泊设备布置图如图 5-12 所示。

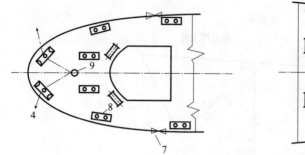
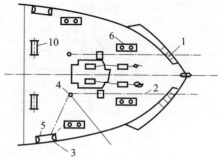

图 5-12 系泊设备布置图
1—三滚轮导缆器;2—拖索;3—系缆索;4—导向滚轮;5—双滚轮导缆器;
6—拖缆桩;7—导缆孔;8—带缆桩;9—绞盘;10—绳车。

系船索、拖索的规格和数量根据舾装数 $N$ 的大小来配备。系缆桩的尺寸(直径)一般可根据缆索直径从标准中选取,系缆桩的数量可由实船使用经验而定,排水量在4万吨以内的船可参照表5.9引用。

表5.9 系缆桩的数量

| 区域 | 排水量/t | | | | | |
|---|---|---|---|---|---|---|
| | 126~300 | 301~1000 | 1001~3000 | 3001~7500 | 7501~28000 | 28001~42000 |
| 首端/个 | 2 | 4 | 4 | 4 | 4 | 6 |
| 船中间部分/个 | 2 | 2 | 4 | 6 | 8 | 10 |
| 尾端/个 | 2 | 4 | 4 | 4 | 4 | 6 |

系缆绞车,首部用起锚机代用;中部,对干货船用起货机代替,对油船,须设一定数量的绞车;尾部设绞车。

布置船舶系泊设备通常都与锚泊设备以及拖带装置一起综合考虑,应满足以下几方面的要求。

(1) 系泊设备一般均为左右舷对称布置,以保证船舶两舷都能系靠。

(2) 布置时要处理好绞车、系缆桩、导缆孔、导向柱相互间的位置,以便系缆时能发挥它们各自的作用。绞车的位置要照顾多数系缆桩的需要,充分发挥其最大的作用;导向柱的位置要保证绞车滚轮的正常工作;系缆桩的位置不能妨碍缆索的收放等。

(3) 船首尾部要各设一对兼作拖船用的大型带缆桩。船首部要放在锚机前外侧;尾部要放在绞车的后方。首桩处老鹰板两侧各设一具三滚轮导缆钳,其中心线尽量与起锚机滚轮中心对准。供系缆用的系缆桩靠两舷安放于起锚机的两侧或后方。船首尾尚须布设拖带缆绳的发射器。尾部供系缆用的系缆桩放在绞车两侧的前后方。

(4) 系缆桩要靠近导缆孔(或导缆器),通常在1.5~2.5m范围。系缆桩距舷墙不小于0.5m,在周围1m范围内不要有任何障碍物。通常在系缆桩的前后配备一个或一对导缆器(导缆孔)。

(5) 缆索卷车应放在便于收藏缆索和不影响船上交通的地方,通常可放在首部的后端和尾部的前方。

### 三、救生设备

救生设备由救生艇、救助艇、救生筏(气胀式救生筏、可吊式气胀救生筏)、个人救生设备(救生圈、救生衣、浸水保温服等)、弹抛器具、通信设备(救生艇筏用手提无线电设备、救助艇用无线电报装置、救生艇筏用应急无线电示位标、双向无线电话设备等)、遇险火焰信号以及艇筏的登乘及降落装置等组成。

救生设备可根据《海船法定检验技术规则》要求,按船的航区、船的类型、船上总人数及船的长度等来决定。内河船也有相应的规范可供决定救生设备时使用。

如《国际航行船舶法定检验技术规则》对国际航行货船的救生艇筏的配备要求是每舷至少应配备1艘符合要求的全封闭式救生艇,每舷救生艇总容量应能容纳船上总人数。同时,还要配备1只或多只气胀式或刚性救生筏,要将其安放在一个单层开敞甲板上方便作舷对舷转移的地方,并且其总容量能容纳船上人员总数。如果救生筏不是存放在上述位置,则每舷可用的总容量应能足以容纳船上人员总数。

实际上,航行于不同水域或用途不同的船舶,救生设备的配备要求也不同。例如:从事国内港口间旅客运输船舶上配备的救生艇、救助艇、救生筏和浮具的乘员定额数对船上总人数的百分比按表5.10配备。

表5.10 客船救生设备配备 (单位:%)

| 船舶等级 | 船长 $L/m$ | 救生艇 | 吊架降落救生筏 | 抛投式救生筏 | 全船总客量 | 救助艇 |
|---|---|---|---|---|---|---|
| Ⅰ | — | 50E | 50E | 75 | 125 | 1艘G |
| Ⅱ | ≥85 | 30F | 30F | 80 | 110 | 1艘G |
| Ⅲ | <85 | — | 20 | 90 | 110 | 1艘G |

注:E 每舷至少应配备1艘部分封闭式或全封闭式救生艇,其中吊架降落救生筏的容量不应超过20%。
　　F 每舷至少应配备1艘部分封闭式或全封闭式救生艇。
　　G 可由具有救助艇能力的救生艇替代。

在布置救生设备时,应注意以下几个问题。

(1) 救生艇和要求备有可降落装置的救生筏,应存放在尽可能靠近起居和服务处所的地方。

(2) 集合和登乘站均应设在容易从起居和工作区域到达的地方。

(3) 集合站应设在紧靠登乘站处。每个集合站应有足够的场地,以容纳指定在站集合的所有人员。

(4) 救生艇筏的存放,在安全和可行的情况下尽可能靠近水面,同时,当满载船舶在不利纵倾情况下向任一舷横倾达20°或横倾到船舶露天甲板的边缘浸入水中的角度(以两者中较小角度者为准)时,在登乘位置上的救生艇筏应离水线不少于2m。

(5) 顺船舷降落的救生艇应存放在船舶推进器之前尽量远的地方。在 $80m \leq L < 120m$ 的货船上,每艘救生艇的存放,应使救生艇尾端在船舶推进器之前的距离至少为该救生艇的长度。在 $L \geq 120m$ 的货船和 $L \geq 80m$ 的客船上,每艘救生艇的存放,应使救生艇尾端在船舶推进器之前的距离至少为该救生艇长度的1.5倍,防止艇落到水中后被推进器水流吸入。

### 四、舵系

舵是船的主要操纵设备。舵系主要由舵机、舵杆、舵叶及其控制、供油、供电、冷却、润滑系统等部分组成。除舵叶外舵系主要布置在舵机舱中。

按照舵面沿舵轴前后分布不同分为平衡舵、半平衡舵、非平衡舵；依舵在船尾的支撑形式不同分为双支承舵、悬挂舵和半悬挂舵；依舵的翼型不同分为平板舵、普通流线型舵和反应舵等。

舵的形式和船尾形状有关，对具有尾框（但无舵柱）的巡洋舰船尾的单桨船，多采用有舵轴和有两个舵销的平衡舵；对双桨巡洋舰尾船，可采用半悬挂式舵；对方形尾船多采用悬挂式舵等。目前设计和建造的单桨巡洋舰尾的运输船多采用有舵轴或有两个舵销的普通流线型（或整流型）平衡舵。

舵面积的大小要根据机动性能要求而定，大多按现有船舶的一般使用经验来选择舵面积。对机动性能要求高的船，舵的面积要大。在进行型线设计确定船尾轮廓形状的时候，除了要考虑螺旋桨和船体间的关系，也要考虑舵的尺度对船体尾形和螺旋桨的影响，舵的面积可按下式估算：

$$S = \mu L d \tag{5-8}$$

式中：$\mu$ 为舵面积系数，对单桨海船 $\mu = 1.6\% \sim 1.9\%$，对双桨海船 $\mu = 1.5\% \sim 2.1\%$。$\mu$ 的范围较大，设计时可分析优良的同型船的 $\mu$ 的数值加以选定。

舵的展舷比 $\lambda$，即舵高与舵宽之比，对货船，其平均范围约为 $1.82 \sim 2.0$。

舵数目的选择除与操纵性要求有关外，也与船尾形状、螺旋桨的数目有关。从经济性考虑，除为满足特殊要求和受特殊限制外，总取最少数量的舵。绝大多数海上运输船都使用单舵。从生命力方面考虑军舰常使用双舵或多舵。

舵的位置、舵与螺旋桨的配合以及与船尾的关系，对舵效都有影响。对单轴单舵船必须把舵放在螺旋桨的直后方；对双桨单舵船应把舵放在两个螺旋桨后方船尾中线处；对双桨双舵船则把舵各自放到桨的后方。为了利用螺旋桨尾流对舵的有利影响，二者间必须保持适当间隙。

舵的外缘尽量置于船体最外轮廓以内，以防止其他障碍物碰损舵板；从阻力性能方面要求船尾轮廓须埋入水线以下较深的型线，希望舵不宜过高，此时可改变展舷比或适当地改变舵板形状来解决。

### 五、航行、信号设备

《海船法定检验技术规则》及《长江水系钢船建造规范》还分别对海船及内河船的航行设备和信号设备的配备、安装及布置作出规定。信号设备包括号灯、号型与号旗及声响信号器具等。归纳起来有以下要点。

(1) 桅灯。总长大于等于 50m 的海船，应设置前后桅灯，长度大于等于 20m 的机动船，前桅灯在船体以上的高度应不小于 6m，如船宽大于 6m，则灯高应不小于船宽，但不必大于 12m。长度为 12m 或 12m 以上但小于 20m 的机动船，前桅灯在舷缘以上的高度应不小于 2.5m。长度小于 12m 的机动船，其桅灯在舷缘以上高度可小于 2.5m，但至少高于舷灯 1m。前桅灯应装在船舶纵中剖面上,离船首不大于 1/4 船长之内。后桅灯应高于前桅灯至少 4.5m,并且也应装在船舶纵中剖面上。前、后桅灯的水平距离应不小于船长的一半,但不必大于 100m。

(2)舷灯。机动船的舷灯在船体以上的高度,应不超过前桅灯高度的 3/4,但不应低到受甲板灯光的干扰,长度大于等于 20m 的机动船的舷灯,不应安装在前桅灯的前面,并应装设在舷侧或接近舷侧处。

(3)尾灯。尾灯应安装在尽可能接近船尾处。通常装在尾楼甲板后壁或尾部甲板栏杆上。

(4)锚灯。如设一盏锚灯,应安装在船舶的前部。当装设两盏锚灯时,前锚灯应高于后锚灯不小于 4.5m。长度大于等于 50m 的船舶,前锚灯应装设在船体以上高度不小于 6m 处,后锚灯应安装在船尾或接近船尾处。

另外,还有失控灯、拖带灯等可按要求配置。

## 第五节  船舶浮态与稳性

船舶在各种装载情况下的浮态(首、尾吃水)对船舶快速性、安全性、航向稳定性等有很大的影响。一般在型线设计和总体布局区划的基础上,先对各种典型载况下船的浮态和初稳性进行校核,然后根据计算结果,调整总体布置,直到浮态满足要求为止。调整浮态的过程就称为纵倾调整。本节将介绍船舶在航行中对适宜浮态的要求,浮态计算及纵倾调整方法。

### 一、船舶浮态要求

船舶装载情况变化,船的浮态也随之发生变化。当尾吃水不足时,将使桨叶出水,使推进效率降低,引起空泡和振动;当首吃水不足时,首拍击现象严重,将引起首底破坏;而平均吃水过小,则船的受风面积增大,对稳性及航向稳定性都不利。因此,要求船舶必须有适宜的浮态。

在船舶的典型载况中,一般来说满载出港和空船压载状态是作为设计重点来考虑的。

(1)满载出港状态。该状态是决定船的主尺度和技术经济性能的状态。很明显,这一状态的平均吃水和首、尾吃水比较大,螺旋桨的埋深不成问题,主要是要具有适宜的纵倾。对货船,一般要求船舶具有正浮状态,稍许的尾倾也是允许的。

(2)空船压载状态。空船时,船的平均吃水是比较小的,为达到适宜的平均吃水和纵倾,主要借助加压载水及其在船上的合理布置来解决。一般希望首吃水达到 $2.5\% L_{PP}$ ~ $3.0\% L_{PP}$,尾吃水则要求能使螺旋桨充分沉没水中。对普通杂货船,由于不具备专用压载舱,通常认为桨直径的 3/4 必须没入水中,对航行于大洋中的远洋货轮需要更大些。对载重量 $DW \geqslant 20000t$ 的原油船空船加压载时的浮态必须满足国际防污染公约及其议定书中的规定。

### 二、浮态和稳性计算

随着设计的深入,在总布置图、型线图、静水力曲线图、邦戎曲线图完成之后,就可以进行各种典型装载情况下的浮态计算,目前常采用的步骤大致如下。

(1) 设计舱柜布置图。舱柜布置图可反映出舱柜在船上的位置及几何尺寸。对于液体舱,包括货油舱、燃油舱、滑油舱、淡水舱、压载水舱等液体舱,结合总布置图和液体舱所需的体积进行划分,并使各舱提供的容积略大于所需容积。前已述及,燃油、淡水通常布置在双层底内。如果双层底容积不够,可适当加大双层底高度,再有困难,可设深油舱及舷边舱等。压载水可根据具体情况布置在双层底,首、尾尖舱,舷边舱及顶边舱等处。

(2) 绘制舱容要素曲线图。由于在营运过程中,油水均可有变化,因此其重量和重心随之变化。设计者应提供各液体舱柜的容积和容积形心随液面高度变化的曲线,即舱容要素曲线图。

舱容要素曲线图包括各液面高度处体积 $V$,形心坐标 $X_v$、$Z_v$,以及自由液面通过其面积形心的纵轴的惯性矩 $i_x$,计算时液面高度 $Z$ 通常从舱柜底面算起。

舱容要素曲线可用来计算各种载况时油水装载量 $W_j$ 和重心位置 $(X_{Gj}, Z_{Gj})$,是计算船舶浮态与稳性的基础资料。

(3) 计算各货舱载货量 $W_{ci}$ 及其重心位置 $(X_{Gi}, Z_{Gi})$。各货舱容积及形心位置的计算方法与舱容要素的计算方法相同。各货舱的载货量可根据总载货量按容积分配,也可在容积允许的范围内,根据需要来确定各货舱的载货量。

(4) 计算人员、行李及食品等的重量和重心位置。

(5) 计算空船重量和重心位置。初步设计阶段,重量和重心计算可用第二章所述方法结合总布置图计算或估算。随着设计不断深入,条件具备时应对空船重量和重心进行及时修正。为了校核初稳性,通常也附带算出上述各项重量的重心高度 $Z_{Gi}$。

(6) 计算各种典型装载情况下全船的重量及重心。

(7) 浮态及初稳性计算。对每一种典型载况计算船舶浮态,并校核该装载情况下的浮态是否适宜,如果不符合要求,则应采取措施进行调整。

### 三、船舶纵倾调整方法

船舶纵倾调整主要是解决重心 $X_G$ 与浮心 $X_B$ 二者的关系问题。当 $X_G \neq X_B$ 且 $X_G$ 与 $X_B$ 差异较大时,就造成船舶浮态不符合要求。因此,纵倾调整方法的实质,就是采取何种措施改变重心纵向位置 $X_G$ 和型线设计时合理选择浮心纵向位置 $X_B$ 的问题。

当浮态计算出现首倾或尾倾偏大时,可用下列一种方法或几种方法配合进行调整。

1. 改变双层底内油、水舱的布置

设将某一油、水舱移动一下位置,其移动重量为 $W_i$,移动距离为 $X_i$,则移动力矩为 $M_{xi} = W_i \cdot X_i$。该移动力矩 $M_{xi}$ 使船的重心移动 $\delta X_G$,且 $\delta X_G = \dfrac{W_i}{\Delta} X_i$。

通常因双层底内某液体重量有限,所以,只有当需要 $X_G$ 改变不大时,采取此种方法才有效,否则必须使移动距离 $X_i$ 很大,而这在实际布置上往往不能实现。

2. 改变双层底以上舱室的相互位置

由于液体、货物的密度不同,相互调换双层底以上的液体舱、泵舱、压载舱、货舱的位置就可以调整重心纵向位置 $X_G$。

设某液体舱移动一个距离 $X_i$（向前或向后移动视需要而定），假设是液体舱与货舱位置对换，则船的重心纵向位置变化 $\delta X_G$ 为

$$\delta X_G = \frac{V_i}{\Delta}(\gamma_i - \gamma_c)X_i \tag{5-9}$$

式中：$V_i$ 为调整舱的容积；$(\gamma_i - \gamma_c)$ 为调整舱内液体密度与货物密度之差。

如果液体舱液体密度大于货物密度，船的重心沿液体舱移动方向移动，否则相反。

3. 移动机舱位置

机舱内及与机舱相邻的上层建筑重量较大，因此，机舱位置移动对船舶重心位置 $X_G$ 及纵倾调整影响很大，故设计时应特别注意机舱位置的确定。现代船舶机舱布置向立体化发展，有利于缩短机舱长度，也有利于纵倾调整。

4. 设置首部平衡空舱或深压载水舱

为解决尾机型船纵倾调整，可适当增加船长，于首部设置平衡空舱或深压载水舱。首平衡空舱起着使船的重心向后移动的作用，有助于纵倾调整。满载时该舱空着（或装少量储备品），空载时该舱可多放些货物，配合首部压载水舱以达到必要的首吃水值。对现代大型富裕干舷的油船，由于设专用压载舱，则可通过合理布置货油舱、压载舱以及油水舱，来解决两种航行状态的纵倾调整，无需设首平衡空舱。

在首部设置深压载水舱也有利于空载时的纵倾调整，但是增加了空载时的中拱弯矩。

5. 改变浮心位置

当船舶型线图完成后，若改动浮心纵向位置 $X_b$，就等于重新制作型线图。所以，只有当改变布置有很大困难时，才考虑改变型线。这就要求在型线设计时，浮心纵向位置的选择，不能单从快速性角度考虑，必须结合总布置的合理性和纵倾调整的需要，参考型船加以全面权衡，避免型线设计后的返工。

上述浮态计算及纵倾调整方法，对各种类型的运输船、对船舶的各种装载情况都适用，是普遍的方法。应该指出，有时变动货舱及油、水舱的位置使压载状态的浮态达到要求，可能满载载况的浮态又受到影响，需重新计算满载载况。这样，要经过反复计算一直调到各种装载情况都满意为止。另外，在调整过程中必须注意自由液面对稳性的影响。通常都将所用的压载舱装满或者空着，不要采用半舱压载的办法。如果一个压载舱太大，可分成两个舱。

一般来说，可作压载舱的舱室多的船，纵倾调整就容易些。半载情况更易于靠压载来调整纵倾。因为浮心随吃水减小而前移，所以只要布置时使燃油、淡水的公共重心距船中不太远，满载中途及满载到港的浮态一般不成问题。所以，纵倾调整的重点是满载出港或到港、空载压载出港或到港的状态。

## 四、浮态及稳性算例

本例为一艘载重量 17000t 多用途货船"满载出港"状态的浮态及稳性计算。该船主尺度：垂线间长 $L_{PP} = 150\text{m}$；型宽 $B = 23\text{m}$；吃水 $d = 9.2\text{m}$；型深 $D = 14\text{m}$。

按"海船法定检验技术规则"稳性基本要求的有关规定计算。航区为远海航区。

计算中应用资料：总布置图，静水力曲线，稳性插值曲线，进水角曲线，舱容图，受风面积及风压倾侧力矩计算书，空船重量重心计算书，大倾角自由液面对稳性修正计算书。

## (一)满载出港状态重量重心计算(表5.11)

表5.11 满载出港装载情况计算

| 序号 | 项目 | 重量 /t | 垂向 离基线 | | 纵向 离船中(前) | | 纵向 离船中(后) | |
|---|---|---|---|---|---|---|---|---|
| | | | 力臂 /m | 力矩 /(t·m) | 力臂 /m | 力矩 /(t·m) | 力臂 /m | 力矩 /(t·m) |
| (1) | (2) | (3) | (4) | (5) | (6) | (7) | (8) | (9) |
| 1 | 空船 | 7180 | 10.34 | 74241 | — | — | 9.61 | 69000 |
| 2 | 货物 | 15030 | 8.18 | 122945 | 11.23 | 168787 | — | — |
| 3 | 燃油 | 1220 | 1.52 | 1854 | — | — | 13.61 | 16604 |
| 4 | 滑油 | 51.5 | 6.49 | 334 | — | — | 47.69 | 2456 |
| 5 | 淡水 | 365 | 7.25 | 2646 | — | — | 31.11 | 11355 |
| 6 | 船员行李、食品及备件 | 333.5 | 15.03 | 5013 | — | — | 2.06 | 687 |
| | Σ | 24180 | 8.56 | 207034 | 2.84 | 68685 | — | — |

## (二)满载出港浮态及初稳性计算(表5.12)

表5.12 满载出港浮态及初稳性计算

| 序号 | 项目 | 单位 | 符号及公式 | 数值 |
|---|---|---|---|---|
| 1 | 排水量 | t | $\Delta$ | 24180 |
| 2 | 排水体积 | m³ | $\nabla$ | 23521 |
| 3 | 平均吃水 | m | $d_m$ | 9.2 |
| 4 | 重心纵坐标 | m | $X_g$ | 2.84 |
| 5 | 浮心纵坐标 | m | $X_c$ | 2.98 |
| 6 | 每厘米纵倾力矩 | t·m | $M_{cm}$ | 266 |
| 7 | 纵倾值 | m | $\delta d = \dfrac{(X_g - X_c)\Delta}{100 M_{cm}}$ | -0.13 |
| 8 | 漂心纵坐标 | m | $X_f$ | -1.43 |
| 9 | 首吃水增量 | m | $\delta d_f = (L/2 - X_f)\delta d / L$ | -0.07 |
| 10 | 尾吃水增量 | m | $\delta d_f = -(L/2 - X_f)\delta d / L$ | 0.06 |
| 11 | 首吃水 | m | $d_f = d_m + \delta d_f$ | 9.13 |
| 12 | 尾吃水 | m | $d_a = d_m + \delta d_a$ | 9.26 |
| 13 | 重心距基线高 | m | $Z_g$ | 8.56 |
| 14 | 横稳心距基线高 | m | $Z_m$ | 9.33 |
| 15 | 自由液面惯性矩 | t·m | $\sum r_i$ | 258 |
| 16 | 自由液面修正值 | m | $\delta h = \dfrac{\sum r_i}{\Delta}$ | 0.01 |
| 17 | 初稳性高 | m | $h = Z_m - Z_g$ | 0.77 |
| 18 | 修正后初稳性高 | m | $h_0 = h - \delta h$ | 0.76 |

## (三) 稳性计算

由表 5.12 查得:排水量 $\Delta = 24180 \text{t}$;型排水体积 $\nabla = 23521 \text{m}^3$;平均吃水 $d_m = 9.2 \text{m}$;自由液面修正后初稳性高 $h = 0.76 \text{m}$;还可以查得静稳性臂及动稳性臂数据。

假设重心距基线 $Z_s = 0$,重心与假设重心间距离 $Z_{gs} = Z_g - Z_s = 8.56 \text{m}$,$1/2\delta\theta = 0.0873 \text{rad}$。按照表 5.13 对静稳性臂和动稳性臂进行计算。

表 5.13 静稳性臂和动稳性臂计算

| 横倾角 $\theta$ | $l_0$ | $\sin\theta$ | $Z_{gs}\sin\theta$ | 自由液面修正 $\Delta l$ | $l = (2) - (4) - (5)$ | (6)的积分和 | $l_d = \dfrac{\delta\theta}{2} \times (7)$ |
|---|---|---|---|---|---|---|---|
| (1) | (2) | (3) | (4) | (5) | (6) | (7) | (8) |
| 10° | 1.630 | 0.174 | 1.486 | 0.026 | 0.118 | 0.118 | 0.010 |
| 20° | 3.310 | 0.342 | 2.928 | 0.029 | 0.353 | 0.589 | 0.051 |
| 30° | 4.900 | 0.500 | 4.280 | 0.028 | 0.592 | 1.534 | 0.134 |
| 40° | 6.290 | 0.643 | 5.502 | 0.026 | 0.762 | 2.888 | 0.252 |
| 50° | 7.260 | 0.766 | 6.557 | 0.022 | 0.681 | 4.331 | 0.378 |
| 60° | 7.840 | 0.866 | 7.413 | 0.019 | 0.408 | 5.420 | 0.473 |
| 70° | 8.110 | 0.940 | 8.044 | 0.014 | 0.052 | 5.880 | 0.513 |

稳性衡准数计算:

风压倾侧力矩(取自受风面积及风压倾侧力矩计算书) $M_f = 1591 \text{t} \cdot \text{m}$

风压倾侧力臂 $l_f = \dfrac{M_f}{\Delta} = \dfrac{1591}{24180} = 0.0658 \text{m}$

浸水角 $\theta_j$(取自进水角曲线)为 30.2°。

横摇角按《法规》规定计算:

$$\theta = 11.75 C_1 C_4 \sqrt{\dfrac{C_2}{C_3}} = 11.75 \times 0.191 \times 0.75 \times \sqrt{\dfrac{0.688}{0.011}} = 13.34°$$

式中:系数 $C_1$ 按无限航区及自摇周期 $T_\theta$,由《法规》查得 $C_1 = 0.191$。船的自摇周期为

$$T_\theta = 0.58f\sqrt{\dfrac{B^2 + 4Z_g^2}{h_0}} = 0.58 \times 1 \times \sqrt{\dfrac{23^2 + 4 \times 8.56^2}{0.77}} = 18.95(\text{s})$$

$f$ 根据 $B/T = 2.5$ 由《法规》中查得,$f = 1.0$,系数 $C_2$ 按下式计算

$$C_2 = 0.13 + 0.6 \dfrac{Z_g}{d} = 0.13 + 0.6 \times \dfrac{8.56}{9.2} = 0.688$$

系数 $C_3$ 根据 $B/T = 2.5$,由《法规》查得 $C_3 = 0.011$;

系数 $C_4$ 根据舭龙骨面积 $A_b$ 与 $LB$ 之比,本船 $A_b/LB = 2.54\%$,查得 $C_4 = 0.75$。

由图 5-13 得最小倾覆力臂 $l_q = 0.142 \text{m}$。

稳性衡准数 $K = \dfrac{l_q}{l_f} = \dfrac{0.142}{0.0658} = 2.158 > 1$

结论:本船该航行状态的稳性满足远海航区稳性要求。

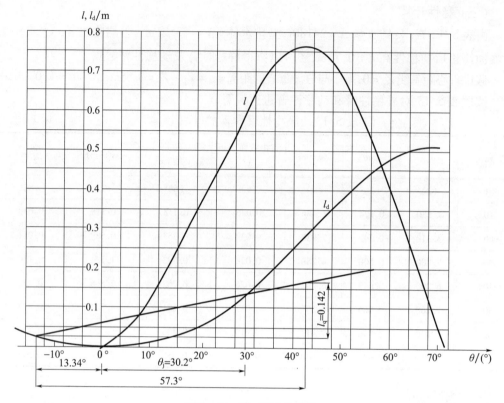

图 5-13 静、动稳性曲线

## 第六节 船舶造型与内装设计

船舶是工程设计与艺术设计相结合的作品,应具有适用、经济合理的功能和优美、和谐的外观。这是通过船舶外部造型设计、舱室内装设计等方面表现出来的。船舶美学设计是一项富有创造性的工作。

### 一、船舶造型设计

造型设计也是总布置设计的一项重要内容。上层建筑的尺度、层数和布局对船的外观造型效果有直接影响。造型设计时,应根据船的用途、尺度、航速等因素,把船舶主体、上层建筑、烟囱、桅杆、救生艇等单体从船舶总体外观上进行协调及色彩设计,使不同用途的船舶在造型上体现出不同的风格特点。例如,大型运输船应体现高大、稳重效果,高速船应体现快捷、灵巧特点,观光旅游船应给人以优美、舒适感觉。

总之,造型设计应使船舶主体轮廓及色彩主次分明并具有稳定向前的动感。船舶各局部单体之间平衡、协调、紧凑,做到整体与局部、局部与局部、主体与单体之间,由首至尾、自上而下尺度比例匀称、色彩协调、有节奏感和韵律感。此外,造型设计还应体现时代特征,并在追求外观造型时应考虑尽量简化造船工艺、降低造船成本等。

### (一)造型设计基本内容

船舶外观即船舶舱室外部的可见部分。船舶造型设计既包括船舶外观形式设计,也包括船舶色彩设计,主要包括以下内容。

(1) 船舶外观轮廓造型。包括上层建筑和甲板室平面及立面轮廓形状设计与匹配,这是船舶造型最具表现力的部分。通过比例设计与虚实布置达到设计效果。

(2) 主船体造型。主要指水上部分,通过首尾形状、甲板线形状、舷弧线形状、舷墙等外轮廓表达船的外形。

(3) 舾装设备造型与布置。包括烟囱、桅杆、救生艇等的造型与布置,在船舶造型中具有独特地位,可使船舶造型更加丰富生动、突出个性。

(4) 船舶外装色彩、文字、图案。

### (二)造型设计原则

船舶造型设计是以满足船舶的使用性能为前提的。船舶造型设计必须从船舶功能合理性出发,考虑船舶的吨位大小、船上人员数量多少、航速快慢、主尺度匹配等条件,以及结构合理性、建造工艺可行性、使用安全性和方便性等要求。离开上述条件,孤立地谈造型艺术是没有意义的。

此外,船舶造型应具有鲜明的民族性和地区性,还应体现强烈的时代感。

### (三)总体造型设计

1. 主体轮廓造型

船舶主体造型应兼顾体现船舶的快速感与美感,注重舱室空间利用效率,并与时代感相结合。

上层建筑外形轮廓线应注重光顺和流线型配合,整个形体表现出船舶昂首向前的动感效果,在形体的比例和分布上体现出均衡和稳定感。上层建筑主要是侧面造型,其次是平面造型。组合形成的正面、后面造型,尤其是从首尾斜视的造型效果均不可忽视。理想的船舶造型应该是全方位的最佳造型组合。

2. 船首与船尾造型

首先从船舶抗风浪及操纵性方面考虑船首的造型设计。船首造型涉及船舶正面形象。从总体上讲,它是对船舶运动特征(速度与力)的表现。

船舶尾部是前进中船的余势的体现。船尾造型与船首造型相互呼应来塑造主船体的形象。

3. 烟囱造型

烟囱在船舶形态美中处于突出地位,烟囱造型常常用来表达船舶的个性,这是因为垂直方向设置的烟囱与水平的船体形成强烈对比,烟囱形体大并居于船舶制高点位置,配合高亮度的色彩及图案标志,极易成为视觉的中心。又由于烟囱与船舶动力装置、排烟道相连,它又是船舶"速度与威力"的象征。烟囱的形态也是船舶造型中最丰富多彩的,可以充分展示设计者的艺术造诣。

4. 外装色彩设计

船舶外装色彩主要是由船体色彩、上层建筑色彩、烟囱、桅杆、救生艇、舷墙及栏杆等涂装体色彩以及其上的文字、图案等要素构成,同时受背景海洋、天空色彩衬托,形成一个完美和谐的整体。

从色彩结构角度,船舶外装色彩主体色是指船体和上层建筑色彩,强调色通常集中在烟囱的色彩上,背景色是海洋与天空。

沿全船水平方向应涂有色彩带,尤其是沿与主船体平行的甲板边线带状涂装,可以加强船舶的延伸感。

## 二、船舶内装设计

船舶内装设计是舱室功能设计和形式设计的结合,在舱室功能设计基础上,运用形式设计技巧,设计出功能美、形式美的舱室环境。因此,内装设计也是工程技术与建筑室内艺术的结合。

### (一)内装设计基本内容

1. 舱室形式设计

船舶舱室形式要素由空间、色彩、灯光、家具、陈设构成,对各舱室形式要素所进行的艺术设计就是舱室形式设计。因此,舱室形式设计内容包括舱室空间设计、舱室色彩设计、舱室灯光设计、舱室家具设计和舱室陈设(绿化)设计等方面。

舱室空间设计是通过舱室空间要素的划分和组合,为乘客提供一个具有实用性和观赏性的空间。色彩、灯光设计是为室内空间提供一个适宜的色彩世界和光明空间,通过灯光与色彩的配合,形成舱室主色调,为舱室空间赋予表达主题。家具设计为空间布局提供了位置、尺寸和线、面组合形式,通过家具造型,将空间形象化、具体化,使空间更生动、富于个性。陈设(绿化)设计使舱室空间增添了自然的色彩,富有生机,具有艺术性和自然性的美感效果。上述的几方面设计内容是和谐统一的整体。

2. 舱室功能设计

舱室功能设计是根据船舶使用功能要求将船舶舱室划分为工作舱室、生活舱室、娱乐休息舱室等处所,并进行具体结构和材料的设计。其基本内容包括:舱室区划与布置、防火分隔设计、甲板敷料与绝缘设计、材料设备清单编制、施工图绘制等。

### (二)内装设计原则

(1)舱室形式设计要服从舱室功能设计。

(2)舱室面积及空间大小,室内家具的陈设位置与尺寸应与人及人的活动空间相配合、协调,体现以人为本的原则。

(3)合理处理舱室空间、设施等的尺度与比例关系。

(4)舱室布局均衡,格调和谐。

### (三)各类舱室内装设计

舱室内装设计是指舱室内部固定和可移动部分的装饰与布置。与船舶内装设计不同,舱室内装设计是单一舱室的具体内部设计,而船舶内装设计是指全船的内部设计。舱室内装设计是既考虑功能需要,又考虑形式美观的实用性和具体性的设计。

舱室内装设计在满足船员和乘客的居住、工作、公共活动要求基础上,对舱室进行艺术形式的装饰,塑造舱室性格,体现出舱室的功能美。

1. 工作舱室

工作舱室包括驾驶室、海图室、报务室、集控室、会议室、办公室、厨房、播音室等。其舱室设计要求具有严肃、明快、平静、淡雅、和谐的气氛。

2. 居住舱室

居住舱室应讲究适用、安静、舒适、亲切。船员居住舱室设计可从环境控制和居住设施两方面考虑。环境控制包括温度、湿度、通风、噪声、振动、照明、色彩、防污、餐厅及食品供应、卫生设施等。船员舱室设计因船员等级而有所不同。

乘客居住舱室设计是客船、旅游渡船设计的重要内容。乘客居室设计基本原则是满足居住舒适性、方便性、安全性等功能要求,还应有舱室形态美。客船乘客居室水平等同于陆上星级饭店标准。

3. 公共活动场所

船舶公共活动场所通常是指船舶入口大厅、餐厅、酒吧、剧场与影院、休息室、舞厅、图书馆、商店、健身房、游泳池、运动场等。

不同的公共舱室有不同的设计要求。如会议室,应力求庄重、平静、大方;餐厅要宽敞、明亮、轻快、整洁;俱乐部或其他娱乐场所强调个性与特色;阅览室、休息室,要求安静、素雅。对大的公共舱室,如客船的入口大厅、餐厅,布置上应采用隔断分隔、陈设分隔、夹层分隔、立柱分隔、扶手分隔、楼梯分隔等空间分隔手法将大空间分隔成各个功能区域,使不同区域既能满足功能需要,还能丰富空间层次,创造美的视觉效果。

大型客船游客公共场所的设计已成为船舶内装设计的核心。各类公共场所的形式与风格设计极为考究,需进行周密的美装概念设计,赋予不同类型公共场所以不同性格与装饰风格,把艺术形式与实用功能完美结合起来。

## 习　题

1. 简要说明总布置设计、型线设计和结构设计之间的相互关系。
2. 总布置设计的主要工作是什么?
3. 总布置设计应遵循的一般原则是什么?
4. 如何确定水密舱壁的数目及位置?
5. 哪些船型大多数采用尾机型? 哪些大多数采用中机型? 为什么?
6. 双层底有哪些作用? 设计中应怎样确定双层底形式与高度?
7. 通常在哪些船上采用舷边舱与顶边舱? 它们的作用有哪些?
8. 船舶上层建筑中工作舱室、生活舱室、公共舱室的布置应遵守哪些原则?
9. 船舶的燃油舱、淡水舱、压载水舱等液体舱室的总布置设计原则有哪些?
10. 油船的隔离舱有哪些? 分别在什么位置? 有什么用途?
11. 结合分舱简图说明油船、散货船、集装箱船、杂货船、矿砂船、多用途船、滚装船的主船体典型舱室分布情况及各主要舱室的作用。
12. 油船对货油舱区采取了哪些防污染的设计措施?
13. 针对货油区防火防爆,与普通货船相比,油船采取了哪些额外的设计措施?
14. 试对船舶锚系的设备组成及锚系的主要设计原则进行说明。
15. 在总布置设计中的主船体分舱设计、上层建筑设计中如何正确使用母型设计法?
16. 规范对油船货油舱区保护面积要求对油船的分舱设计和载重能力产生了什么影响?

17. 规范对假定流油量的要求对油船的设计产生了什么影响？
18. 船上通道、出入口与扶梯布置应遵循哪些原则？
19. 货船的装卸货设备在总布置设计中应如何考虑合理安排与布置？
20. 锚系布置主要考虑哪些因素？
21. 船上的救生设备主要包括哪些，分别布置在什么位置？
22. 何谓纵倾调整？通常对船的浮态要求有哪些？
23. 通常主船体中的哪些舱室可以被用来进行船舶纵倾调整？
24. 在船舶设计中，纵倾调整一般采用哪几种方法？

# 第六章　船型技术经济论证

## 第一节　船型论证概述

在现代船舶设计中,尤其是对于民用运输船舶而言,不仅要使设计船满足使用要求、具有良好的技术性能,还要对船舶的经济性能给予充分的重视。在设计一艘新船时,为完成给定的运输任务,从技术上说可以采用不同的船型方案,但这些技术方案的经济效果是不相同的。通过对各技术方案进行经济效果评价,就可以得到技术性能较先进可靠、营运经济性能好的方案。反之,如果在设计过程中片面追求技术指标的"先进性",而忽略船舶的经济性,将会造成船舶营运经济效益较差。

船舶经济性包括单船经济性、船队经济性和运输系统经济性。船队经济性分析包括船型、吨级、航速、船舶艘数、新船购置与旧船淘汰、船舶与港口航道的关联等方面的论证与分析。船队中单船经济性和船队总投资效果是评价船队建设方案最主要的依据。运输系统,如我国沿海煤炭港口海运系统,其经济性涉及港、航、船、厂诸方面的经济性问题,船舶在这个系统中只是一个环节。这时,单船经济性的分析与论证应与水运系统的经济性协调配合。不过,对单船经济性的研究和掌握是从事对船队经济性和运输系统经济性分析的基础。

分析单船经济性时,要涉及船舶的造价、年营运开支、年营运收入,评价船型方案的经济指标等几个方面,本章将对这些内容予以介绍。在上述内容基础上,就可以着手对船型方案进行技术经济论证和分析。

船型技术经济论证就是依据船舶使用任务要求,从船型技术性能、经济性能、营运环境、公约和规范、技术政策等方面,对设计方案进行论证分析、选优和试验研究,从可行方案中,依据评价指标进行综合分析,选择在满足技术性能要求前提下经济性能最佳的设计方案,使船舶获得良好的营运经济效益。

另外,设计技术任务书是船舶设计的依据,其中的各项规定和要求,对设计船技术性能和经济性能有很大的影响。如果设计技术任务书中的一些主要技术性能参数确定得不合理,造成的不良技术与经济后果很难在后续设计中补救。因此,制定船舶设计技术任务书是船舶设计中一项重要工作。一般来说,船舶设计技术任务书是在船舶技术经济论证基础上编制的。

船型技术经济论证主要包括调查研究,论证方案的设立,船型方案技术、营运及经济计算分析,船型选优决策和敏感性分析等基本内容。本章也将对上述内容作相关介绍。

## 第二节　船价估算

一、船价组成

船舶造价即造船成本,是指造船厂设计、建造一艘船舶所花费的总投资,包括材料费、人工费、外购设备与外包工费、科研设计费、企业管理费、利润和税金等。当船舶设计的主要图纸和技术文件(主要是材料及设备清单)完成后,估价人员就可以对船价逐项进行估算。这个估价可作为船厂报价或与船东谈判签订合同的依据。但应该指出,造船厂的造船成本与船厂在询价单上的报价并不是一回事。报价的高低还与船舶市场状况,如当时的船舶供需状况、同行间的竞争、付款方式、银行贷款利率、国际货币兑换率等因素有关。

影响造船成本的因素很多,如图6-1所示。

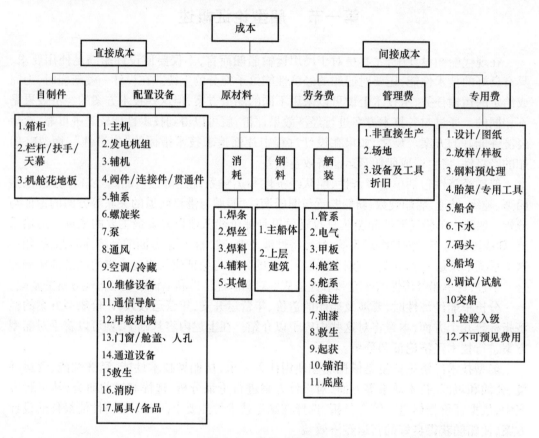

图6-1 造船成本组成

船舶为一综合性的工业产品,由于其种类、用途、航区、入级、挂旗的不同,组成成本的项目也不一致,且不同的船东对同型船的要求也不尽相同,因此必须对造船成本的组成有详细的了解。在具体估算时,可参考下述造船成本组成进行分析与计算。

(1)原材料费用。包括:船体钢材用量及金额;油漆用量及金额;管材;阀件;焊条;电缆;木材;其他材料。

(2)外购配套设备。包括:主机型号、数量、规格;发电机组型号、数量、规格;起货机(货船);货油泵(油船);甲板机械;电机与电器;其他。

(3)舾装件和自制件。

(4)备品和属具。

(5)人工费(工时总量及工时费用)。

(6) 专用费。包括：放样、胎架及生产准备；设计费；船台及下水费用；检验费；保险费；试航和交船费用；佣金；接待费；不可预见费；其他费用开支。

## 二、船价估算方法

船价估算，根据船舶的不同设计阶段和设计资料的完备程度，有不同的估算方法。在造价初步估算中，通常采用整船估算法、对比估算法或分项估算法。

### （一）整船估算法

在缺少资料，且对估价的精度要求不高的情况下，可根据载重量或排水量（客船可根据载客量、拖船可按主机功率）或立方模数等，参考同型船的资料进行估算。同型船的船价与其满载排水量的2/3次幂成比例，即

$$P = \frac{\Delta^{2/3}}{\Delta_0^{2/3}} P_0 \tag{6-1}$$

式中：$\Delta, \Delta_0$ 分别为设计船与母型船的满载排水量（t）；$P, P_0$ 分别为设计船与母型船的造价。

同型船的造价与其立方模数的2/3次幂成正比，即

$$P = \frac{(L_{PP}BD)^{2/3}}{(L_{PP0}B_0D_0)^{2/3}} \tag{6-2}$$

同型船的造价与其载重量成正比，即

$$P = \frac{DW}{DW_0} P_0 \tag{6-3}$$

上述方法均为概算法，除此之外，尚有以每个集装箱的船价估算同型集装箱船的新船船价，或以每单位主机功率的船价估算同型拖船的新船船价等。

在使用概算法估算船价时，所选用的同型船舶的技术参数应力求接近，若主机功率或其他主要设备差异较大，或存在时间因素的价格变更，则在上述公式中应设若干修正系数，如主机功率、起重能力、主要设备的型号以及物价指数等，对估算的船价进行修正。

### （二）对比估算法

在报价时间紧、资料少的情况下，常采用快速报价法提高报价的准确度，而对比法是最常见、最有效的办法之一。整船对比法是一种用整艘船与母型船进行对比得出新船价的方法，常见的是功能对比法。

1. 总体功能和价值的对比

这里指该船的入级、挂旗、航区和建造规范等。一般而言，入级不同的船级社会导致同一艘船的船价有所不同。这里不仅是由于按不同船级社的要求进行生产和设备选型导致的费用差异，在审图和施工过程中来厂检验等费用都会产生差异。

2. 尺度变化引起功能变化的对比

船舶长度变化引起钢材耗用量变化较大。船长增加引起钢材耗用量加大以比值的1.2次方反映出来，即

$$W_1 = \left(\frac{L_1}{L_2}\right)^{1.2} \cdot W_2 \tag{6-4}$$

式中:$W_1$,$L_1$ 分别为新船钢材重量和船长;$W_2$,$L_2$ 分别为母型船钢材重量和船长。

如某船长度原为60m,现新造船为62m,按式(6-4)计算可知,船长增加3.3%,而钢材却增加4.012%。

船宽的增加对钢材耗用量的影响仅限于尺度变化本身所增加的钢材。

$$W_1 = \left(\frac{B_1}{B_2}\right)W_2 \quad (6-5)$$

从结构设计角度考虑,剖面模数越大,结构抗扭性能将得到加强,刚性变好。型深增加与钢材耗用量变化的关系可表达为

$$W_1 = \left(\frac{D_1}{D_2}\right)^{0.8} \cdot W_2 \quad (6-6)$$

如一艘船由原型深$D = 5m$ 增加至$D_1 = 5.5m$,按式(6-6)计算可知其型深增加10%而钢材用量仅增加7.9%。

上述的尺度变化系假设在讨论某一尺度变化时其他尺度保持不变。

船舶主尺度的变化,必然引起满载排水量($\Delta$)、载重吨(DWT)以及舱容等一系列的变化。这里要特别指出的是,船舶主尺度变大后可能会引起总吨的增加,按照《法规》要求对该船的通信导航、防火、救生等设备可能会提高一个档次,增加船舶建造成本。再则,由于尺度的变化,特别是因甲板上层建筑而引起舾装数的改变,将对锚泊设备产生直接的影响,也会增加建造成本。

3. 航速增加而引起船价的变化

航速增加与主机功率变化规律可以表示为

$$\left(\frac{v_1}{v_2}\right)^{1/3} = \frac{HP_1}{HP_2} \quad (6-7)$$

式中:$v_1$,$HP_1$ 分别为新船的航速和主机功率;$v_2$,$HP_2$ 分别为母型船的航速和主机功率。

可见,对航速要求的提高必然导致主机功率显著增加,进一步可能引起机型、机舱位置、轴系、螺旋桨等的改变,这必然增加船舶的造价。

**(三)分项估算法**

当船舶的主要图纸和详细的技术规格书完成之后,报价人员根据技术规格书的要求将一艘复杂的船舶微分成各系统进行逐项报价,编制报价书,供船厂与船东商务洽谈报价。

## 第三节 营运经济性

一、运输能力

船舶在一年内所完成的货运量或货运周转量称为船舶运输能力,可以表示为

$$Q_T = 2\alpha_D W_c m \quad (吨/年) \quad (6-8)$$
$$Q_{TM} = 2\alpha_D W_c mL \quad (吨 \cdot 海里/年) \quad (6-9)$$

式中:$\alpha_D$ 为装载因数;$W_c$ 为船舶设计载货量(t);$m$ 为年航行次数;$L$ 为航线的航程(n mile)。

1. 装载因数 $\alpha_D$

$$装载因数 \alpha_D = 装载率 \alpha_L \times 满航率 \alpha_v \quad (6-10)$$

装载率 $a_L$ = 实际载货量/设计载货量

满航率 $\alpha_v$ = 载货航程/往返全航程

散货和石油货源充足,但油船运输有单向性(单程满载、单程空载),专用散货船也往往是单向运输,故 $\alpha_D = 0.5$;对杂货船,由于货物批量、货种的变化和货源组织等因素,往往是达不到满装载率及满航率的。对 $\alpha_D, \alpha_L, \alpha_v$ 的确定需进行实际统计分析。

2. 年航次数 $m$

一个航次为船舶航行一个往返。年航次数 $m$ 等于年营运天数除以航次时间,即

$$m = \frac{T_Z}{t} \quad (次) \quad (6-11)$$

(1) 年营运天数 $T_Z$(天)等于 365 天扣除修理船、航线港口冰冻封期天数等之后实际从事运输的时间。国内船舶营运期大致范围如表 6.1 所列。

表 6.1 国内各类船舶的营运期

| 航线与航程 | 远洋 | 沿海 | | | 长江 | |
|---|---|---|---|---|---|---|
| | 货船 | 货船 | 油船 | 客货船 | 拖船 | 驳船 |
| 营运率/% | 82~90 | 77~78 | 76~79 | 82~86 | 66~76 | 86~94 |
| 营运期/天 | 299~322 | 281~285 | 278~289 | 299~314 | 241~278 | 314~343 |

(2) 航次时间 $t$(天)

$$t = t_1 + t_2 + t_3 \quad (6-12)$$

式中:$t_1$ 为航次航行时间(天),包括以服务速度($v_s$)和压载航行速度($v_{bs}$)航行时间 $t_{11}$(天),以限制航速通过运河和进出港的时间 $t_{12}$(天);$t_2$ 为航次在港装货、卸货时间(天),根据航次货运量 $W_e$ 和装船、卸船定额(吨/时或吨/天)计算确定;$t_3$ 包括非生产性停泊时间(等泊位、候潮水、等调令等)和辅助作业时间(供油、水、物料,开闭舱口,起落吊杆,油船拆装油管等),可通过分析统计实船营运资料(航行报表)确定。

二、营运成本

船舶年营运开支是一艘船在一年内各种开支总和,也称单船年运输成本。我国现行营运开支的估算方法,分五个大项估算,即与船价有关费用、船员费用、燃润料费、港口费及其他费用。

(一) 与船价有关费用 $S_1$

1. 折旧费

船舶在使用过程中逐渐老化,其价值逐年减少。企业为了补偿船舶损耗,在一定年限内,按折旧率每年提取的一项费用称为折旧费。目前常用的折旧方法有直线折旧法、加速折旧法等。

1) 直线折旧法(SL)

SL 法是常用的折旧方法之一,它是由于假设船舶的账面价值随时间直线下降而得名的。船舶的账面价值等于船舶的原始投资与某时刻的总折旧费之差。通常折旧每年计算一次,若每年折旧费相同,则按 SL 折旧的每年的折旧费为

$$F_Z = \frac{P - \Delta P}{N_Z} \quad (\text{元}) \tag{6-13}$$

式中：$F_Z$ 为年度折旧费（元/年）；$P$ 为船舶造价（元）；$\Delta P$ 为船舶到计划使用期时的残值，通常取船价的一个百分数（一般为 10%）；$N_Z$ 为船舶计划使用年限（年）。

2）年数加总数折旧法（SYD）

年数加总数折旧法是一种加速折旧的技巧，用此法折旧，船舶大部分的价值在其寿命的前三分之一时间内将会快速折旧，即折旧金额在开始数年中相当高，而在船舶寿命后期，将迅速减少。

用年数加总数折旧法，首先求出船舶使用年数从 1 到 $N_Z$ 的总和，此和即为年数加总数。某一年之折旧金额等于船舶投资减去其残值后乘以船舶所余折旧年数（包括折旧当年）与年数加总数的商，即

$$F_{Zm} = \frac{\text{包括折旧当年在内的剩余折旧年数}}{\text{年数加总数}}(P - \Delta P) = \frac{N_Z - m + 1}{SYD}(P - \Delta P) \tag{6-14}$$

式中：$F_{Zm}$ 为第 $m$ 年和折旧费；$SYD = \sum_{m=1}^{N_Z} m = \frac{N_Z(N_Z + 1)}{2}$

第 1 年到第 $m$ 年总折旧费为

$$(P - \Delta P)\left(\frac{N_Z}{SYD} + \frac{N_Z - 1}{SYD} + \cdots + \frac{N_Z - m - 1}{SYD}\right) = \frac{m(N_Z - 0.5m + 0.5)}{SYD}(P - \Delta P) \tag{6-15}$$

于是，第 $m$ 年账面价值（$BV_m$）为

$$BV_m = P - \frac{m(N_Z - 0.5m + 0.5)}{SYD}(P - \Delta P) \tag{6-16}$$

3）余额递减折旧法（DB）

余额递减折旧法也称等额或固定百分率法，这是另一种加速折旧的技巧。折旧费等于该年账面价值乘以等额的百分率。例如，如果该等额百分率（折旧率）为 10%，则某一年的折旧费为该年账面价值的 10%。显然，折旧费在第一年最大，越往后则越小。

另一种折旧法允许的折旧比率为直线折旧率的两倍，即 $2/N_Z$，当利用此比率时，称为双倍余额递减法（DDB），因此，如果某一船舶的使用寿命为 10 年，直线折旧率为 $1/N_Z = 1/10$，或每年 10%，则双倍余额递减法可用 20% 的等额比率。

因为折旧费是由一递减数值（账面价值）的固定百分比来决定的，所以船舶的账面价值永远不会等于零。因此，允许在使用寿命中的任何时刻转换为直线折旧法，这样，企业可以享受较高折旧比率的好处。必须指出，当利用双倍余额折旧法计算折旧费时，残值不必从投资中扣除，这样可增加在船舶使用寿命早期的折旧率。

对于余额递减折旧法，若折旧率为 $R_Z$，则第 $m$ 年的折旧金额为

$$F_{Zm} = R_Z P (1 - R_Z)^{m-1} \tag{6-17}$$

由于在余额递减折旧法中，不直接应用残值 $\Delta P$，所以如果已知船的投资 $P$ 在 $N_Z$ 年后的残值为 $\Delta P$，则可用下式求得所需的折旧率：

因为 $\Delta P = BV_{N_Z} = P (1 - R_Z)^{N_Z}$

所以 $$R_Z = 1 - \left(\frac{\Delta P}{P}\right)^{1/N_Z} \quad (\Delta P > 0) \tag{6-18}$$

**例 6-1** 试利用 SL、SYD、DDB 和余额递减折旧法,计算并用图表示某船舶投资 $P = 800$ 万元,残值 $\Delta P = 100$ 万元,使用寿命 $N_Z = 10$ 年的折旧速度。

**解**:计算结果见表 6.2 和图 6-2 所示。

表 6.2 折旧计算

| 年次,$m$ | 直线法 | | 年数加总数 | | 双倍余额递减法 | | 余额递减法** | |
|---|---|---|---|---|---|---|---|---|
| | $F_{Zm}$ | $BV_m$ | $F_{Zm}$ | $BV_m$ | $F_{Zm}$ | $BV_m$ | $F_{Zm}$ | $BV_m$ |
| 0 | — | 800 | — | 800 | — | 800 | — | 800 |
| 1 | 70 | 730 | 127.27 | 672.73 | 160 | 640 | 150.20 | 649.8 |
| 2 | 70 | 660 | 114.55 | 558.18 | 128 | 512 | 122.0 | 527.8 |
| 3 | 70 | 590 | 101.82 | 456.36 | 102.4 | 409.6 | 99.1 | 428.7 |
| 4 | 70 | 520 | 89.09 | 367.27 | 81.92 | 327.68 | 80.49 | 348.21 |
| 5 | 70 | 450 | 76.36 | 290.91 | 65.53 | 262.14 | 65.38 | 282.83 |
| 6 | 70 | 380 | 63.64 | 227.27 | 52.43 | 209.71 | 53.10 | 229.73 |
| 7 | 70 | 310 | 50.91 | 176.36 | 41.94 | 167.77 | 43.13 | 186.60 |
| 8 | 70 | 240 | 38.18 | 138.18 | 33.55 | 134.22 | 35.03 | 151.57 |
| 9 | 70 | 170 | 25.45 | 112.73 | 26.84 | 107.38 | 23.46 | 123.11 |
| 10 | 70 | 100 | 12.73 | 100 | 7.38* | 100 | 23.11 | 100 |

注:* 根据国际税收法律,仅计折旧费为 7.38 万元。
   ** 余额递减法的折旧率 $R_Z = 1 - (100/800)^{1/10} = 0.18775$。

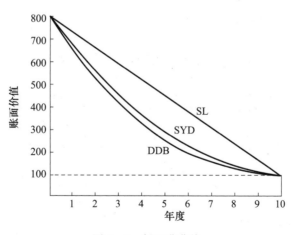

图 6-2 折旧费曲线

**4) 自由折旧法(FD)**

自由折旧是按企业的意图随意确定各年度的折旧额。最常用的做法是在营运的前几年,每年所得收益都用作折旧费,这样利润为零,税金也为零。等到船价全部折旧完毕,利润增加,税金也要多缴纳。但后面几年金额的现值是较小的,从经济上考虑,采用自由折旧是有利的。在开始几年,折旧费多,则企业所能掌握支配的金额也多,对企业进行技术改造,更新旧设备,扩大再生产有利。下面通过例子来比较自由折旧法与直线折旧法。

**例 6 - 2** 某货船船价 900 万元,折旧年限为 15 年,不计船的残值。年收益为 150 万元,要求基准投资收益率为 8%,如考虑税金,则税率为 50%,试计算下列 3 种情况的净现值:①免税情况;②需纳税,采用直线折旧法;③需纳税,采用自由折旧法。

**解**:(1) 免税情况

15 年收益的现值总和 = 1284 万元

船价现值 = 900 万元

净现值 $NPV$ = 15 年收益的现值总和 - 船价现值 = 1284 - 900 = 384 万元

(2) 需纳税,采用直线折旧法。

折旧费 $F_Z = P/N_Z = 900/15 = 60$ 万元

利润 $A_p = A - F_Z = 150 - 60 = 90$ 万元

税金 $T_A = A_p t = 90 \times 0.50 = 45$ 万元

税后收益 $A_T = A - T_A = 150 - 45 = 105$ 万元

15 年税后收益的现值 = 898.8 万元

船价现值 = 900 万元

净现值 $NPV$ = 15 年税后收益的现值 - 船价现值 = 898.8 - 900 = -1.2 万元

由于净现值为负,说明在这种情况下(需纳税,采用直线折旧法)不能达到所要求的基准投资收益率 8%。

(3) 需纳税,采用自由折旧法。

前 6 年的营运收益 900 万元完全把船价 900 万元折旧完。这样,前 6 年利润为零,不需缴纳税金,计算如表 6.3 所列。

15 年收益现值总和 = 988.69 万元

船价现值 = 900 万元

净现值 $NPV$ = 15 年收益现值总和 - 船价现值 = 988.69 - 900 = 88.69 万元

表 6.3 自由折旧法计算表

| 年度 | 税前收益/万元 | 折旧费/万元 | 纳税利润/万元 | 税金/万元 | 税后收益/万元 | $(P/F_{i,j})$ | 现值/万元 |
| --- | --- | --- | --- | --- | --- | --- | --- |
| 1 | 150 | 150 | 0 | 0 | 150 | 0.9259 | 138.89 |
| 2 | 150 | 150 | 0 | 0 | 150 | 0.8573 | 128.59 |
| 3 | 150 | 150 | 0 | 0 | 150 | 0.7933 | 119.07 |
| 4 | 150 | 150 | 0 | 0 | 150 | 0.7350 | 110.25 |
| 5 | 150 | 150 | 0 | 0 | 150 | 0.6806 | 102.09 |
| 6 | 150 | 150 | 0 | 0 | 150 | 0.6302 | 94.53 |
| 7 | 150 | 0 | 150 | 75 | 75 | 0.5837 | 43.78 |
| 8 | 150 | 0 | 150 | 75 | 75 | 0.5403 | 40.52 |

(续)

| 年度 | 税前收益/万元 | 折旧费/万元 | 纳税利润/万元 | 税金/万元 | 税后收益/万元 | $(P/F_{i,j})$ | 现值/万元 |
|---|---|---|---|---|---|---|---|
| 9 | 150 | 0 | 150 | 75 | 75 | 0.5002 | 37.52 |
| 10 | 150 | 0 | 150 | 75 | 75 | 0.4632 | 34.74 |
| 11 | 150 | 0 | 150 | 75 | 75 | 0.4288 | 32.16 |
| 12 | 150 | 0 | 150 | 75 | 75 | 0.3971 | 29.78 |
| 13 | 150 | 0 | 150 | 75 | 75 | 0.3677 | 27.58 |
| 14 | 150 | 0 | 150 | 75 | 75 | 0.3405 | 25.54 |
| 15 | 150 | 0 | 150 | 75 | 75 | 0.3152 | 23.64 |
| 合计 | 2250 | 900 | 1350 | 675 | 1575 | | 988.69 |

由于净现值为正值,因此,采用自由折旧法可以获得预期的8%的基准投资收益率。这是因为迟交税,虽后面几年多交税,但现值因数小了,所以有利。

2. 修理费

船舶在使用过程中为保持船舶持续营运,隔一定时间(除个别损坏事故外)要进行修理,分为岁修与特检等。船舶年修理费是船舶各种修理费用的年度分摊值,按船价的一定百分数计,此项费用也称修理基金提存。对远洋船修理费提存率为 2.5%,沿海船为 3.5%,长江船为 4.5%。

3. 保险费

保险费是用船部门向保险公司提出保险而交付的费用,一般取保价的一个百分数。远洋船向国外保险,由航运公司提出保险。保价不等于船价,在经济论证阶段可假设与船价相等,船舶年度保险费则取船价的一个百分数,一般杂货船取 0.55%,油船取 0.7%。

上述3项费用均与船价有关,表6.4给出其与船价相关的费率。

表6.4 与船价相关的费率 (单位:%)

| 分类 | 船别 | 折旧 | 修理 | 保险 | 共计 |
|---|---|---|---|---|---|
| 远洋 | 货船、客货船、拖船 | 3.6 | 2.5 | 0.55 | 6.65 |
| | 重油船 | 3.6 | 2.5 | 0.70 | 6.80 |
| | 原油与轻油船 | 6 | 2.5 | 0.70 | 9.20 |
| 沿海 | 货船、客货船、拖船、重油船 | 3 | 3.5 | | 6.50 |
| | 原油与轻油船 | 4.5 | 3.5 | | 8.00 |
| 长江 | 货船、客货船、拖船、重油船 | 2.57 | 4.5 | | 7.07 |
| | 原油与轻油船 | 3.6 | 4.5 | | 8.10 |

**(二) 船员费用 $S_2$**

每船每年付给船员的费用,分为基本工资、辅助工资、伙食费、航行津贴、奖金等项。我国船舶的船员费约占总营运费用的 3%~5%。

### (三) 燃润料费用 $S_3$

燃润料费用是指船舶动力装置所消耗的燃料与润料费用。根据主机、副机(如发电机)、锅炉设备的功率和单位耗油量以及工作时间,按当时的燃料及润料的价格计算出船舶年度的燃料及润料费用。具体计算时要分航行与停泊两种状况。航行时主机功率取最大持续功率的 80%~85%;柴油发电机功率,在航行时与用船上起货设备进行装卸时为 80%,停泊时为 70%;锅炉的使用,对柴油机船,航行时用废气锅炉,停泊时用燃油锅炉,其工作时间为停泊时间的 25%~50%。原油船和重质成品油船要考虑暖油问题的特殊需要而另加计算。

主机所用轻、重柴油比例:远洋船为 15%:85% 或 10%:90%;近海船为 20%:80%;长江及沿海船为 20%:80%。

润料费可按主机、辅机的实际需要而分别细算。在论证阶段可取燃料费的一个百分数计入,海船低速柴油机取为 7%~10%,中速柴油机取为 10%~15%,长江船取为 17%。蒸汽机装置的润料消耗比内燃机装置低得多,可取为 2%。

### (四) 港口费 $S_4$

港口费是在港口发生的各种费用,港口费分为与净吨有关的费用和与货吨有关的费用以及其他等项。

与净吨有关的费用包括引航、移泊、码头、港务等费用,可比例于净吨位计算;

与货吨有关的费用包括装卸费、保管费、理货费、代理费等,可比例于货物吨数计算;

其他项为使用拖轮费用、供油供水费用、开关舱费用等。

年度港口费 = 航次数 × 航次港口费。

航次港口费 = 净吨 × 与净吨有关费率 + 货吨 × 与货吨有关费率 + 航次其他港口费用。

对国内船舶可按现行规定标准计算。国外航行船舶,因国外港口费名目繁多,且港口规章制度各国不同,可分析同一航线相近船舶的营运实际资料确定平均单位费率(如每货吨费率或净吨费率)计算。

### (五) 其他费用

包括物料费、企业管理费、其他开支(如办公用品费、邮电费用、修理仪器费用等),一般占总成本的 15% 左右。

这样,年度总成本 $S$ 为

$$S = \frac{1}{0.85}(S_1 + S_2 + S_3 + S_4) \tag{6-19}$$

## 三、年收入及年利润

### (一) 年收入 $B$

$$B = 年运量 Q_T(吨) \times 货物运价(元/吨) \tag{6-20}$$

或

$$B = 年运输周转量 Q_{TM}(吨·海里) \times 货物运价(元/(吨·海里)) \tag{6-21}$$

货物运价(元/吨或元/(吨·海里))按运价标准选定,因货物种类及运输里程而变。

### (二) 年利润

由于企业要缴纳所得税,因此就有了税前收益和税后收益、税前利润和税后利润的概念。不计企业所得税的年收益和年利润即为税前年收益和税前年利润。税后年收益是船舶年营运收入扣除年营运费用和税金以后的余额。税后年利润是船舶年营运收入扣除年总成本和税金以后的余额。图 6-3 表明了它们之间的关系。

$$年收益 A = 年收入总额 B - 年营运费用 Y \tag{6-22}$$

年营运费用是船舶在营运一年中(不含折旧费)各项费用的总和。

$$年营运费用 Y = 年营运总成本 S - 年折旧费 F_Z \tag{6-23}$$

$$年利润 A_C = 年收益 A - 年折旧费 F_Z = 年总收入 B - 年总成本 S \tag{6-24}$$

$$税后年收益 A_T = 年度总收入 B - 年营运费用 Y - 所得税 T_A \tag{6-25}$$

$$税后年利润 A_{CT} = 年度总收入 B - 年总成本 S - 所得税 T_A \tag{6-26}$$

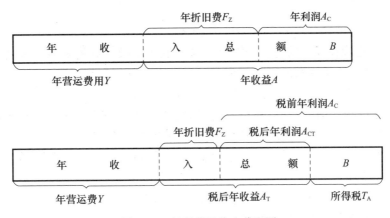

图 6-3 年度营运收入分配图

## 第四节 船舶主要经济指标

### 一、基本利息计算式

在船舶经济指标计算和船舶经济性评估中需考虑资金(投资)的时间价值,通常采用复利方式计算。复利是对本金加上先前周期中累积利息总额之和计算而得的利息。该计息体系中,每期利息均可对以后各期产生利息。

复利本息和计算式为

$$F = P(1+i)^n \tag{6-27}$$

式中:$P$ 为资金(或本金);$n$ 为计息期(按年或月);$i$ 为利率(%);$F$ 为本息和,即本金加利息。

在船舶经济分析论证中所遇到的财务处理情况是多种多样的,例如在付款、还款时有一次付清和分期付清等方式。为了适应现金的不同支付和偿还情况,有相应的基本利息计算式,现分别叙述如下:

**(一) 资金一次支付一次偿还情况**

资金一次支付一次偿还时,其现金流量图如图 6-4 所示。

终值 $F$:

$$F = P(1+i)^n$$

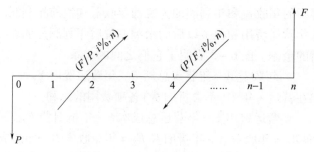

图 6-4 一次支付的现金流量图

现值 $P$:

$$P = F(1+i)^{-n}$$

终值因数:把现在发生的金额(称现值)按复利关系换算成将来某一时刻一次发生的金额所用的乘数。终值因数的表达式为

$$(F/P, i\%, n) = (1+i)^n \tag{6-28}$$

式中:$F$ 为资金的未来值(复利周期第 $n$ 期末的金额);$P$ 为现在发生的金额或规定的基准年发生的金额(现值);$n$ 为计算复利的周期数;$i$ 为每期利率(%)。

现值因数是把未来某时刻一次发生的金额,按复利关系换算成现值所用的乘数。现值因数的表达式为

$$(P/F, i\%, n) = (1+i)^{-n} \tag{6-29}$$

现值因数和终值因数互为倒数,即

$$(F/P, i\%, n) = \frac{1}{(P/F, i\%, n)}$$

## (二) 一次支付分期等额偿还情况

一次支付分期等额偿还情况,其现金流量图如图 6-5 所示。

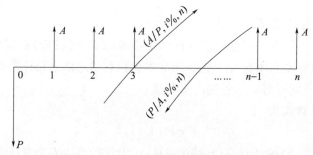

图 6-5 一次支付分期等额偿还现金流量图

如向银行一次贷款 $P$,以后以一定时间间隔(如一年一次或半年一次)等额分期偿还,每期还本息 $A$ 元,求 $A$ 与 $P$ 之间的关系。

假设向银行贷款 $P$ 元,年利率为 $i(\%)$。每年偿还一次的本息和为 $A$ 元,在今后 $n$ 年内分期偿还完。

在 $n$ 年内每年还款 $A$ 的现值是不同的,但还款现值总额等于贷款额 $P$。

$$P = A(1+i)^{-1} + A(1+i)^{-2} + A(1+i)^{-3} + \cdots + A(1+i)^{-(n-1)} + A(1+i)^{-n}$$
$$= A\frac{(1+i)^n - 1}{i(1+i)^n} = A(P/A, i\%, n)$$

则
$$(P/A, i\%, n) = \frac{(1+i)^n - 1}{i(1+i)^n} \tag{6-30}$$

称为等额现值因数。

由 $P$ 求 $A$ 的关系如下：
$$A = P\frac{i(1+i)^n}{(1+i)^n - 1} = P(A/P, i\%, n)$$

式中
$$(A/P, i\%, n) = \frac{i(1+i)^n}{(1+i)^n - 1} \tag{6-31}$$

称为资金回收因数。

资金回收因数是把资金的现值总数按复利关系换算成分期等额还款金额所用的乘数。

**例 6-3** 贷款 5000 元，以后分 5 次等额支付，按每年偿还一次的方式偿还本息，年利率 10%，求每年还款额。

**解**：每次还款额 $A = P(A/P, 10\%, 5)$
$$= 5000 \times \frac{0.1 \times (1+0.1)^5}{(1+0.1)^5 - 1}$$
$$= 5000 \times 0.2638 = 1319 \text{ 元}$$

### （三）等额分期支付一次偿还情况

等额分期支付一次偿还的情况，其现金流量图如图 6-6 所示。

如每年等额向银行存款 $A$ 元，复利计算，$n$ 年后得到 $F$ 元的情况就属等额分期支付一次偿还的类型，现求 $A$ 与 $F$ 间的关系。

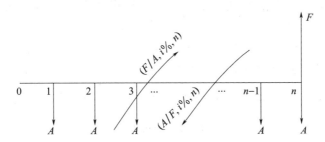

图 6-6 等额分期支付一次偿还现金流量图

由资金一次支付一次偿还的情况可知 $F$ 和 $P$ 的关系为
$$F = P(1+i)^n \tag{a}$$

又由一次支付分期等额偿还的情况知 $P$ 和 $A$ 的关系为
$$P = A(P/A, i\%, n) = A\frac{(1+i)^n - 1}{i(1+i)^n} \tag{b}$$

将（b）式代入（a）式可得

$$F = A\frac{(1+i)^n - 1}{i(1+i)^n}(1+i)^n$$

$$= A\frac{(1+i)^n - 1}{i}$$

$$= A(F/A, i\%, n)$$

这里

$$(F/A, i\%, n) = \frac{(1+i)^n - 1}{i} \qquad (6-32)$$

称为等额终值因数。

等额终值因数是把分期等额发生的金额按复利关系换算成将来某一时刻一次发生的未来值金额所用的乘数。

由 $F$ 求 $A$ 的关系式为

$$A = F\frac{i}{(1+i)^n - 1} = F(A/F, i\%, n)$$

这里

$$(A/F, i\%, n) = \frac{i}{(1+i)^n - 1} \qquad (6-33)$$

称为等额预付金因数。

等额预付金因数是把将来某一时刻一次发生的未来值金额按复利关系换算成分期等额发生的金额所用的乘数。等额终值因数 $(F/A, i\%, n)$ 与等额预付金因数 $(A/F, i\%, n)$ 互为倒数，即

$$(F/A, i\%, n) = \frac{1}{(A/F, i\%, n)}$$

**例 6-4** 一艘 7000t 沿海货船，船价为 1100 万元，全部由银行贷款。在交船时一次付清，贷款年利率为 15%。航运公司计划每年等额还本息一次，10 年还清，然后将船出售得船价 1/4（称残值）。问船的残值在该船的经济核算中所占的比重是多少？

**解：** 每年向银行还本息金额：

$$A_1 = P(A/P, 15\%, 10) = 1100 \times 0.1993 = 219.18(万元)$$

10 年后所得残值分配到各年度的金额：

$$A_2 = \frac{1}{4}P(A/F, 15\%, 10) = 275 \times 0.0493 = 13.54(万元)$$

$$A_2/A_1 = 13.54/219.18 = 6.2\%$$

所得残值仅占投资额的 6.2%。

此题另外解法：求 10 年后所得残值的现值

$$P_1 = \Delta P(1 + 0.15)^{-10} = 1100 \times \frac{1}{4} \times 1.1^{-10} = 275 \times 0.2472 = 67.98(万元)$$

则，$P_1/P = 67.98/1100 = 6.2\%$

## 二、主要经济指标

### （一）总费用现值 $PV$

当营运收入不能估计或者无收入的情况下，如军用舰艇、科学考察船及远洋调查船

等,若各方案的功能相同、营运年限相同,可以它作为评价投资效果指标。总费用现值 $PV$ 最小的方案,就是经济性最佳方案。

各年度营运费用($Y_i$)不等时,$PV$ 按下式计算:

$$PV = \sum_{n_j=1}^{n} Y_{n_j}(P/F, i\%, n_j) - \Delta P(P/F, i\%, n) + P \quad (元) \qquad (6-34)$$

式中:$Y_{n_j}$ 为第 $n_j$ 年的营运费用(元);$\Delta P$ 为船价残值(元);$P$ 为船舶造价(元);$(P/F, i\%, n_j)$ 为第 $n_j$ 年的现值因数;$(P/F, i\%, n)$ 为第 $n$ 年的现值因数。

各年度营运费用($Y$)相等时,$PV$ 按下式计算:

$$PV = Y \cdot (P/A, i\%, n) - \Delta P \cdot (P/F, i\%, n) + P \quad (元) \qquad (6-35)$$

式中:$Y$ 为各年的营运费用(元);$(P/A, i\%, n)$ 为等额现值因数。

### (二) 净现值 NPV

净现值是指船舶整个营运年限内,各年度的收入 $B_{n_j}$、各年度的营运费用 $Y_{n_j}$ 以及船价残值 $\Delta P$,按投资收益利率 $i$ 折现后的现值总和(含投资 $P_{n_j}$ 的现值)。

如各年度的收入、支出(营运费用)、投资支出不同时,$NPV$ 按下式计算:

$$NPV = \sum_{n_j=1}^{n} [B_{n_j}(P/F, i\%, n_j) - Y_{n_j}(P/F, i\%, n_j) - P_{n_j}(P/F, i\%, n_j)] + \Delta P \cdot (P/F, i\%, n) \quad (元) \qquad (6-36)$$

如各年的收入与支出(营运费用)相等,且一次投资时,$NPV$ 可按下式计算:

$$\begin{aligned} NPV &= B(P/A, i\%, n) - Y(P/A, i\%, n) + \Delta P(P/F, i\%, n) - P \\ &= (B - Y)(P/A, i\%, n) + \Delta P(P/F, i\%, n) - P \quad (元) \end{aligned} \qquad (6-37)$$

式中:$B_{n_j}$ 为第 $n_j$ 年的收入(元);$P_{n_j}$ 为第 $n_j$ 年的投资支出(元)。

净现值的含义是考虑到资金的时间价值后,在使用期内,能获得利润(还本付息后)的总现值。当其值为零时,方案的收支相抵,能达到预期的投资收益利率 $i$;如其值为正,表明可以超过预期的投资收益利率;其值为负时,表示达不到预期的投资收益利率。

### (三) 净现值指数 NPVI

当各船型方案的投资额 $P$ 不相同时,用该指标作为评价各方案好坏的标准,更能正确地反映出各方案的投资效果。

$$NPVI = \frac{NPV}{P} \qquad (6-38)$$

### (四) 平均年度费用 AAC

计入残值 $\Delta P$,考虑各船型方案的营运费用及投资(一次支付)的各年度均摊后,得到平均年度费用。

当各方案的年度营运费用不同时,$AAC$ 按下式计算:

$$AAC = (A/P, i\%, n)\left[P + \sum_{n_j=1}^{n} Y_{n_j}(P/F, i\%, n_j) - \Delta P(P/F, i\%, n)\right] \quad (元/年)$$

$$(6-39)$$

当各方案的年度营运费用相等时,$AAC$ 按下式计算:

$$AAC = Y + P(A/P, i\%, n) - \Delta P(A/F, i\%, n) \quad (元/年) \qquad (6-40)$$

式中:$(A/F,i\%,n)$为等额预付金因数;$(A/P,i\%,n)$为资金回收因数。

当各方案的收入不能预知,且营运年限又不相等时,应该用它作为衡量各方案投资效果的指标。AAC 最小的方案,就是经济上最佳的方案。

### (五) 必需运费率 RFR

其含义是为达到预期的投资收益利率,单位运量所必需的运费。当知道各方案的年货运量 $Q_T$ 时,采用该指标比 AAC 指标更能看出各方案投资效果的好坏。该指标最小的方案就是经济上最好的方案,必需费率按下式计算:

$$RFR = \frac{AAC}{Q_T} \quad (元/吨) \tag{6-41}$$

如各年度营运费用相同,且投资一次支付时,其计算式为

$$RFR = \frac{Y + P(A/P,i\%,n) - \Delta P(A/F,i\%,n)}{Q_T} (元/吨) \tag{6-42}$$

### (六) 内部收益率 IRR

还本付息期内使净现值等于零的投资收益利率称为内部收益率。如果计算所得的 IRR 值大于银行的贷款利率,表明该项投资是可进行的,能负担起贷款利率;如果 IRR 值再大于企业自己拟定的基准收益率(比贷款利率要高),则表示该方案可以获得预期的效益,否则,不会取得预期的经济效益。IRR 最大的方案是经济上最优的方案。

当忽略残值 $\Delta P$,且一次投资、各年度收益相同时,IRR 按下式求得

$$NPV = (B - Y)(P/A,i\%,n) - P = 0 \tag{6-43}$$

或

$$NPV = A(P/A,i\%,n) - P = 0$$

则

$$A/P = (A/P,i\%,n) = \frac{i(1+i)^n}{(1+i)^n - 1} \tag{6-44}$$

式中:$A = B - Y$。

若已知营运期 $n$,各年收益以及投资 $P$,即可求得 $i$,即内部收益率 IRR。

**例 6-5** 投资 1000 万元买一艘船,投入营运后年收益为 300 万元,要求 5 年内还本付息,求内部收益率。

**解:**

$$\frac{A}{P} = (A/P,i\%,n) = \frac{i(1+i)^n}{(1+i)^n - 1}$$

$$\frac{300}{1000} = \frac{i(1+i)^5}{(1+i)^5 - 1}$$

按逐次迭代法、作图法或查 $(A/P,i\%,5)$ 附表可得 IRR = 0.153。

### (七) 投资偿还期 PBP

依预期的投资收益率 $i$ 和营运的年度收益 $A$ 求得的投资偿还时间,称为投资偿还期。该指标最小的方案是最优方案。该指标计算式按投资一次支付,各年收益相等情况求得,即

$$\frac{P}{A} = (P/A,i\%,n) = \frac{(1+i)^n - 1}{i(1+i)^n}$$

通过对该式两端取对数求得 $n$,即投资偿还期为

$$n = PBP = \frac{\lg\frac{A}{A-Pi}}{\lg(1+i)} \quad (年) \tag{6-45}$$

计算 $PBP$ 时,当预期的投资收益率等于内部收益率 $IRR$ 时,则投资回收期 $PBP$ 等于船舶使用期;若预期的投资收益率小于 $IRR$ 时,则投资回收期 $PBP$ 小于船舶使用期。因此,$PBP$ 和 $IRR$ 对船型方案的评价是等价的。

**(八) 允许的最大投资额(最大船价)$P_{\max}$**

将整个营运期内的各年收益 $A_j$ 及残值 $\Delta P$ 折合成现值,就是允许的最大投资(最大船价)。

$$P_{\max} = \sum_{n_j=1}^{n} A_{n_j}(P/F, i\%, n_j) + \Delta P(P/F, i\%, n) \tag{6-46}$$

式中:$A_{n_j}$ 为第 $n_j$ 年度的收益(如果考虑所得税则为税后收益)。

若各年度收益相等,则最大投资额 $P_{\max}$ 按下式计算:

$$P_{\max} = A(P/A, i\%, n) + \Delta P(P/F, i\%, n) \tag{6-47}$$

除了以上介绍的几个主要经济指标外,还有平均年盈利、平均年盈利指数(单位投资年盈利)指标等。

综上所述,经济指标可有不同的形式,使用时须根据具体情况选择适宜的经济指标,各经济指标的适用情况如表 6.5 所列。

表 6.5 各经济指标的适用情况

| 投资额可预估 | | | | 投资额未定 |
|---|---|---|---|---|
| 收入不可预估 | | 收入可预估 | | |
| 营运期相同 | 营运期不同 | 营运期不同 | 营运期不同 | |
| $PV$<br>$RFR$<br>$AAC$ | $AAC$<br>$RFR$ | $NPV$<br>$NPVI$<br>$IRR$<br>$PBP$ | $IRR$<br>$NPVI$<br>$PBP$ | $P_{\max}$ |

**例 6 - 6** 某供应船的船价为 1000 万元,在签订合同时付 200 万元,1 年后上船台装配时付 400 万元,2 年后交船时再付 400 万元。船的使用年限为 10 年,每年营运费分别为 85,93,104,120,140,168,200,240,295,350(万元),然后把船出售得 300 万元,要求得到 18% 的基准投资收益率。求该营运船的平均年度费用 $AAC$。

**解:** 现金流量如图 6 - 7 所示。

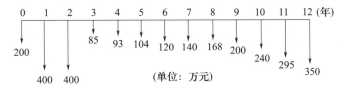

图 6 - 7 某船现金流量图

以船投入营运时为计算基点,计算如表 6.6 所列。

表 6.6 某船经济指标计算

| 项目 | 年末 K | 支付船价/万元 | $(P/F,i\%,K-2)$ | 现值/万元 |
|---|---|---|---|---|
| 船价部分 | 0 | -200 | 1.3924 | -278.48 |
| | 1 | -400 | 1.1800 | -472.00 |
| | 2 | -400 | 1.0000 | -400.00 |
| 回收船价 | 12 | 300 | 0.1911 | 57.33 |
| 船价现值 | | | | -1093.15 |
| | 年末 K | 支付营运费/万元 | $(P/F,i,K-2)$ | 现值/万元 |
| | 3 | -85 | 0.8475 | -72.04 |
| | 4 | -93 | 0.7184 | -66.81 |
| | 5 | -104 | 0.6086 | -63.29 |
| | 6 | -120 | 0.5158 | -61.90 |
| | 7 | -140 | 0.4371 | -61.19 |
| | 8 | -168 | 0.3704 | -62.23 |
| | 9 | -200 | 0.3139 | -62.78 |
| | 10 | -240 | 0.2660 | -63.84 |
| | 11 | -295 | 0.2250 | -66.38 |
| | 12 | -350 | 0.1911 | -66.89 |
| 营运费的现值 | | | | -647.35 |

$PV =$ 船价现值 + 营运费现值 $= 1093.15 + 647.35 = 1740.50$ 万元

$AAC = PV(A/P,18\%,10) = 1740.50 \times 0.2225 = 387.26$ 万元

## 第五节 船型技术经济论证

在设计一艘新船时,通常可根据航运需求及营运条件,拟订出一系列可行的船型方案,然后对这些方案进行技术、经济论证,即进行运输方式和营运情况的分析研究,可行技术方案的探讨,造价、营运费及收入的估算,各方案的经济评价等。进行船型技术经济论证的目的,是要改进船舶设计,选择技术上先进可行、营运上经济合理的船型方案,以提高船舶的运输效益。可见,船舶技术经济论证既是设计新船的前奏,又是船舶设计中一个重要组成部分,它涉及面广、影响因素多、技术政策性强。从某种意义上说,它对船舶设计的质量及成功与否起着决定性的作用。

船型技术经济论证的一般过程及内容包括:港口、航线、货源调查与运量预测;论证方案的设立;船型方案技术、营运及经济性计算;船型方案选优;敏感性分析和风险分析。

### 一、调查研究

原始资料中数据的准确性和分析判断的正确性是保证船型论证结果正确性的必要条

件,所以,调查研究是论证工作的重要环节,也是论证的首要工作。通过调查研究,应进一步弄清楚船舶使用任务,了解客观环境的各种限制条件及今后发展变化的趋势,并搜集供论证计算所需的有关基础数据。调查研究的主要范围是如下。

1. 货(客)流经济资料

对货船,应包括货物流向、流量、货种、批量、货物理化性质等,还要了解货源状况及发展趋势。对客船及客货船,应包括客流量、流向、旅客构成、季节和方向不平衡性等。

2. 航线资料

了解航线运距,停靠码头及航道水深、航道底质、宽度、曲率半径,水文(水流方向、流速、波浪)与气象(风向及风力等)资料,运河航道主要限制、跨河桥梁净空高度等。

3. 港口资料

了解泊位长度、前沿水深,码头标高、潮差、港口水域、码头和锚地作业条件,仓库堆场面积和疏运能力,码头装卸工艺及装卸效率,油码头的输油管径、长度,污油水处理能力及油泵效率等。

4. 船舶建造资料

了解各类船舶和主机的建造和修理能力,船台、船坞的数量和尺度以及发展规划,船舶造价、估算方法和支付方式,单件生产和批量生产的情况及对产品价格的影响,各类动力装置的技术经济指标及主要技术性能等。

5. 现有营运船舶资料

现有营运船舶的设计特点,主尺度、结构形式、布置要求、各项技术性能;现有营运船舶各项营运经济指标(营运率、航行率、载重量利用率、生产性和非生产性停泊时间、辅助作业时间,单位运输成本等);现有船舶船员配备及工资标准;各项费用(港口费、引水费、运河费、代理费等)的计算方法及单船成本分析资料;现有船舶的修理情况(如岁修、特检等修理周期,每次修理时间和修理费用)。

6. 技术政策、国际法规和科技成果

了解国家技术政策、能源政策、技术引进政策;航运和造船发展规划;船型和动力装置发展方向;国内外船舶科学技术新成果;各国际机构及我国的船舶检验等部门的有关公约、规范对船舶的要求和限制。

由于调查和分析资料繁多,因此,要有重点和针对性。通过调查和分析应该达到两个目的:弄清论证船型的使用目的和使用条件,为拟定船型技术方案提供可靠的依据;为计算营运指标、营运经济指标和投资效果指标提供准确的基础数据。

## 二、论证方案的设立

船型技术经济论证的基本方法是方案比较法,通过原始资料的调查、运量预测等工作之后,即可根据对船型选择的影响因素的分析,设立若干可行的技术方案,以便进行技术经济分析论证、选择合理设计方案。

论证方案主要是根据使用任务要求,货(客)流、航线、装卸等营运条件,并综合分析运距、港口装卸效率、造价、燃料价格等有关影响船型的因素,同时也参照现有同类船舶的水平和发展动向后设立的。

一般情况下,货物运输船舶设立由不同载重量、航速、动力装置组成的各种方案,客船和客货船还应考虑客位、班期以及客货比的方案。下面分别就载重吨位、航速、动力装置的选择进行叙述。

**(一) 载重量选择**

1. 选择载重量考虑的因素

一般规律是船舶载重量大,其经济效益好。因为,随着船舶载重量的增大,单位载重量的造价、主机功率、燃料费都将降低。所以,在其他条件允许情况下,尽量取大一些载重量,经济上是有利的。

货运量、客运量、货物批量充足时,载重量宜取大一些;反之,应取小一些。

船舶载重吨位往往受航线营运条件限制,航道及港口水深和航道曲率半径,船闸和桥梁跨度及净空,码头泊位长度和水工结构承载能力等对船舶主尺度和载重吨级的限制,决定了载重量的上限。一般情况下,在货源充足、批量大时,应充分利用航线条件,确定船舶载重吨位。

航线运距长,平均装卸定额高,宜取大吨位;反之,载重量宜小些。

此外,货源季节性波动大,运输低值大宗货物的船舶载重量应大些;运输批量小、高值货物的船舶载重量宜小些;预计到港口扩建计划时,为兼顾未来发展,载重量应取大一些;贷款利率高,船价上升比率高,而现有资金少时,船舶载重量应小些。

2. 合理载重量选择

在给定主机(或给定航速),主尺度又不受限制时,就一般情况而言,随着载重吨位的增加,船舶的年收入成正比规律增加,年营运费呈曲线规律上升,而单位运输成本逐渐下降,其最低点朝大吨位方向变化。如图 6-8 所示,单位运输成本最低点 $A$ 对应的载重吨位能获得最高利润(图中的 $A'B'$ 值),该载重吨位应是所选择的最大吨位。

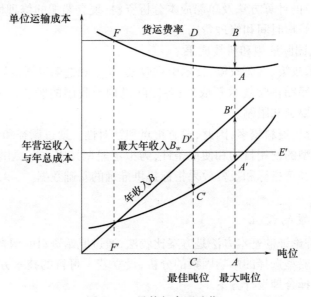

图 6-8 最佳与合理吨位

但是,船舶的主尺度和吨位常常受航道(如苏伊士运河和巴拿马运河航道等)尺度、港口水深、船闸宽度和深度、船台和船坞尺度、码头水工结构强度等限制,不能随意增大。

因此,在有客观条件限制的情况下,$A$ 点对应的载重吨位可能太大了,根据客观条件限制(也包括货源和货批量的限制),取 $C$ 点对应的载重吨位应是合理吨位。此时,船的最大年利润为 $C'D'$ 值。若脱离这些客观条件,超过合理吨位的任何吨位增加,只能增加费用(投资费用和营运费用),而收入不会改变。

**(二)航速选择**

1. 选择航速考虑的因素

航速与船舶类型、吨位、航距、装卸定额等有关,内河船舶还受航道水流流速的影响。一般来说,集装箱船航速比油船、散货船要高;远洋船舶航速比沿海船要高;运输贵重货物船航速比低值大宗货物船要高;燃料价格高,不宜采用高航速。根据节能和环保的要求,新建船舶的航速有下降的趋势,目前国外海上油船平均航速为 13~15kn,万吨级多用途船航速为 15~18kn,沿海集装箱船航速为 16~20kn,远洋大型集装箱船航速为 22~25kn,内河集装箱船航速为 9~15kn,沿海中小型滚装船航速为 16~18kn,远洋滚装船航速为 19~22kn,滚装船最大航速达 25kn。

2. 给定船舶吨位,选择最佳航速

为确定最佳航速,可假设一系列的航速,设计出一系列吨位相同、航速不同的方案。分别对每个方案进行经济计算,绘制出图 6-9 所示曲线。由图示曲线变化可见航速对船的营运经济性能有重要影响。航速提高,年航次数随之增加,因而年运量和年收入均增加,如果装卸定额高时,船舶停泊天数少,提高航速的效果显著。由于提高航速,动力装置重量和燃料消耗量随之也要增加,则保持载重吨位不变,航次载货量相应要减小。因此,年收入的增长率要比航速的增加率小。但是,由于主机功率与航速三次方成正比变化,航速提高使动力装置费用(造价)和燃料费增加较快,因而年营运成本随航速的增加而迅速增加。年收入减去年营运费用为年利润,图中年利润最大值对应的 $G$ 点航速为最佳航速。

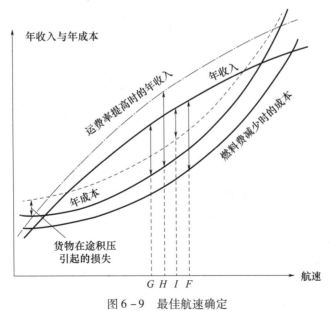

图 6-9 最佳航速确定

运输高档货物,货运费率高些,相应的最佳航速也高些,如图中 $H$ 点所示。

高档货物货源有限,批量小,但每一吨货物的利润大,可采用吨位较小、航速较高的船舶。

运输低值大宗货物所得每一吨货物利润较小,因而应采用吨位较大、航速较低的船舶。

燃料价格下降,营运费用将减少,最佳航速上升,如图中 $F$ 点所示。燃料价格上涨,则最佳航速将下降。

高值货物在运输期间不能使用,等于资金积压,如计在运输途中货物资金积压的损失,最佳航速将上升,如图中 $I$ 点所示。

### (三) 动力装置选择

现代运输船舶的动力装置主要有柴油机、汽轮机、燃汽轮机、核动力4种。

从实际应用情况来看,船舶动力装置大多数均为柴油机动力装置。汽轮机多用于大功率大吨位船上。至于燃汽轮机及核动力在民用运输船上使用尚不多。考虑到我国今后近期内新建运输船舶仍以柴油机动力装置为主,这里重点讨论柴油主机选型问题。

柴油机按其转速分低、中、高速3类。一般认为,转速在 250r/min 以下的列为低速柴油机;转速在 250~1000r/min 之间统称为中速柴油机;转速在 1000r/min 以上的则为高速柴油机。

影响柴油主机选型的因素如下。

1. 主机重量尺度指标对船舶技术经济性能的影响

主机重量对船舶载重量(或载货量)有影响。

主机重量增大,使空船重量增加,从而使船舶载重量(或载货量)减少。主机的重量与主机型式有关,中速机与低速机相比较,中速机既轻又小。中速柴油机单位功率重量轻,它仅为低速重型柴油机的30%~40%,中速柴油机动力装置重量占空船重量的比例也比低速柴油机动力装置要小。

主机尺度对船舶货舱舱容有影响。机舱长度增加能减小货舱长度,而货舱长度减小,货舱容积也相应减少。机舱长度主要取决于主机长度,当然也与机舱地位及机舱设备布置的合理性有关。中速柴油机重量轻、外形尺寸小,所需的机舱长度和高度均小,所以内河及沿海小型船舶用中速柴油机作主机较合适;对舱容要求高的运木船、滚装船也多数采用中速柴油主机。而油船、多用途船、散货船等对容积要求不那么突出的船舶,多以低速柴油机作主机。

2. 主机功率与转速

众所周知,螺旋桨的转速低,则船舶推进效率高,在相同的航速下,主机功率也随之减少,节省了燃料消耗,降低了营运费,在给定主机功率时,则能提高航速,增加年运量和年收入。为了提高船舶经济性,采取低转速主机,提高推进效率,节省燃料,则是选择机型应考虑的一个重要因素。在这一点上,低速长冲程柴油机作主机,可以实现直接传动,无须设减速设备,看来比中速柴油机作主机显得有利。

3. 燃润料费用

目前船舶的燃润料费已占营运费用的30%~40%。因此,节省燃润料,减少燃润料费,已成为选择机型的最重要因素。选用耗油率低、热效率高,且能烧劣质油的柴油机作主机,对降低燃料费、提高经济性有利。

4. 主机价格

动力装置造价在船舶造价中占据较大比例,一般情况下约占船舶总造价的20%~40%。因此,在动力装置选型时,应考虑造价因素,以使船舶初投资费用减少,营运经济性提高。

柴油机的造价通常以出厂价格和单位功率造价来衡量,它不仅取决于机型、重量、构造的复杂程度以及工作参数的高低等因素,而且还取决于生产厂的技术水平和管理水平。按现有生产条件,在低、中、高速3种机型中,造价较高的是低速柴油机,其次是中速柴油机,而小型高速柴油机造价较低。

5. 寿命与维修

主机使用寿命和维修不仅对船舶营运经济性,如折旧费用、修理费、使用年限等有相当影响,而且对轮机人员管理工作量也有直接影响。主机使用寿命与转速有关,一般来说低速柴油机的寿命比中速柴油机长,低速柴油机的维修工作量也比中速柴油机少。从这一点来看,低速柴油机比中速柴油机优越。

6. 振动与噪声

以往的造船实践说明,船舶选型和设计忽略振动会产生严重后果,严重的振动使船体、主机轴系、仪器设备被损坏,船舶被迫停航,造成巨大经济损失。

柴油主机激励(不平衡力和不平衡力矩)是引起船体振动的主要激振源之一。当船体梁的某一阶固有频率(垂向或水平振动)与主机激励频率相等时,整个船体处于共振状态。为了减少主机激励引起船体梁振动响应,防止发生有害振动,应设法避开共振区。其措施有改变船舶主要要素或更换主机型号,选择平衡性能良好的主机等。

柴油机在运转过程中,伴随着剧烈的振动,还会产生明显的噪声。明显的机舱噪声除使机舱内操作人员感觉疲劳和不舒服外,还会影响到机舱外其他舱室船员和旅客的工作与休息。采取有效措施消减船舶噪声,特别是机舱噪声非常重要。除了采用隔振隔声结构,设机舱控制室尽量离开主辅机噪声源等措施外,在选择主机时,对减振降噪也应多加考虑。就一般情况而言,中、高速柴油机的振动与噪声高于低速柴油机;直流扫气高于回流扫气;强化程度如增压压力与爆发压力高的柴油机其振动与噪声也较大;平衡性能差的发动机,其振动与噪声也很明显。

### 三、船型方案的技术、营运及经济性计算

船舶吨位、航速以及机型分析确定后,接下去的可行性研究属于运输船最佳设计方案选择的分析论证工作。首先根据运输需要和营运条件拟定一系列船型方案,对诸方案进行技术性能和经济性能计算;然后从技术性能、经济性能以及使用方面对诸方案进行评价;最后选择出技术上可行并先进,营运经济效果好的船型方案。

#### (一)船型方案的技术参数和技术性能计算

计算的主要内容包括排水量$\Delta$,主尺度和主要船型系数$L_{PP}$、$B$、$d$、$D$、$C_b$等,空船重量$LW$,载重量$DW$,载货量$W_c$,主机功率$BHP$,试航速度$v_t$及营运速度$v_s$,初稳性高度$\overline{GM}$,横摇固有周期$T_\theta$,船体振动固有频率等。

在具体计算之前首先要确定设计变量,约束条件,建立或选择论证所需有关数学模型。

设计变量：通常取主尺度 $L_{pp}$、$B$、$d$ 和 $C_b$ 作设计变量。

有关联的变量：例如各项重量与船舶主尺度、船型系数和主机功率的关系；船舶造价与船体钢料、舾装设备和机电设备重量的关系；船舶航速与主尺度、船型系数、主机功率和转速等参数的关系。

约束条件：包括对自变量的边界约束和性能约束。如 $165m < L_{pp} < 175m$，$B \geqslant 34m$，$L/B \leqslant 6.5$，初稳性高 $\overline{GM} \geqslant 0.5m$，横摇固有周期 $T_\theta > 9s$，航速 $v_t \geqslant 14kn$ 等。

建立或选择有关数学模型：载重量系数、空船重量、航速、主机功率、舱容等的计算式。船型技术性能和技术参数计算分析中对"非布置型"（载重量型）和"布置型"两类运输船舶的处理过程和方法有所不同，具体可参见有关章节，在此不再赘述。

### （二）船型方案的营运及经济性计算

营运计算的目的，是预估各船型方案在实际营运时所能达到的运输能力指标，即年货（客）运量 $Q_T$ 或年货（客）运周转量 $Q_{TM}$。为此，需先计算航次货（客）运量、航次时间、年航次数等。

经济性计算的主要内容，是估算各船型方案的造价和实际营运时年度总成本，据此可以进一步计算评价船型方案的经济指标并为最优船型方案的选择提供依据。

### 四、船型方案选优方法

在主要要素确定当中，待定要素很多，而可以确切写出的方程式只有浮性方程式一个，其余的各种关系式大都是不确定的或不等式，对应这样一组关系式的解显然是不确定的，因此，如果我们把满足船东要求的船舶主要要素方案叫做可行方案的话，则一条船的可行方案可以有很多。由船东提出的各项要求、由设计者制定的各项技术要求及由船舶规范规定的有关条款，实际上在设计空间中形成了一个可行域，在此区域中的任意一点都是满足要求的可行方案。图 6-10 是依据 5 万吨油船众多方案的计算结果绘制的可行域图。以船长为横坐标，船宽为纵坐标，绘出排水量 $\Delta$、货油舱和专用压载水舱总容积 $V_{cb}$ 及方形系数 $C_b$ 等值曲线，图中粗点划线表示航速为 16kn 的界限，粗点划线以左各方案航速均小于 16kn，粗点划线以右各方案航速均大于 16kn。

该油船设计任务书要求：试航速度 $v \geqslant 16kn$，方形系数 $C_b \geqslant 0.80$，总容积 $V_{bc} \geqslant 74500m^3$，垂线间长 $L_{pp} \leqslant 212m$。图 6-10 中阴影线部分为符合设计任务书要求的可行域，在该区域中，选择任何一点所对应的方案，都能符合设计要求。这就涉及如何从众多的可选方案中确定最佳设计方案的选择方法问题。

船舶设计方案的优劣是根据船型的技术性能、经济性能等多方面的指标综合衡量的，即这是一个多参数、多目标的设计方案选优和排序问题。目前已提出一些在船型技术经济论证领域行之有效的船型选优排序理论和方法。下面对其中一些方法作简要介绍。

### （一）参数分析法

参数分析法也称变值法或网格法。其做法是根据对船舶使用要求和对船舶主尺度要素限制条件的分析，在船舶主尺度要素允许变化范围内系列变化各设计变量，按照全组合的方式组成若干船型方案，对每个方案都进行技术经济性能计算，然后根据设计者选定的船型评价指标，在比较的基础上进行船型方案的排序择优。

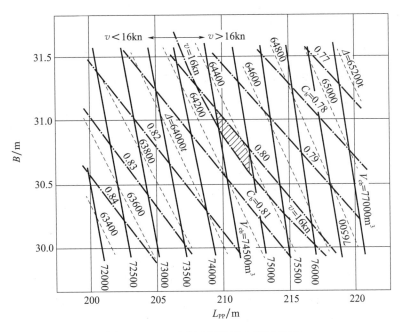

图 6-10 5 万吨油船设计方案可行域

参数分析法的优点是方法简单、直观,当变量少时,便于对诸方案进行对比分析,且只要网格划分得合理,所构造的船型方案中必有与最佳方案接近的方案;其缺点是当设计变量较多时,全组合后产生的方案数可能很多,如当设计变量数 $n=2$,每个变量取值数目 $m=5$ 时,可组成 $m^n=5^2=25$ 个方案,而当 $n=3$,$m=5$ 时,可组成 $m^n=5^3=125$ 个方案。方案数目过多,一方面有利于对船型方案进行细化分析,但另一方面也给最佳方案的选择带来不便。

**(二)模糊综合评判法**

在船舶设计中,按照同一设计要求,不同设计者可能做出不同的方案,同一设计者从不同的角度考虑,也会得出不同的方案。为了获得一个较理想的方案,设计者通常设计多个方案(例如用参数分析法产生系列方案),然后采用某种评判方法对这些方案进行考评、排序择优。在这一过程中,设计者的经验和观点、船东的要求和意愿等起着很重要的作用,而恰恰是这些因素往往具有模糊性。在船型方案选择中,如何把这种模糊性加以解析化和定量化,是船型评判中将定性分析和定量分析方法有效结合的关键问题,而本节介绍的模糊综合评判方法是处理此类问题的一种可行方法。

1. 定义方案集

由若干个被评判的船型方案(或设计方案)构成方案集 $Q=(Q_1,Q_2,Q_3,\cdots,Q_m)$。

2. 选择评定指标(因素)

选取表征船型方案(或设计方案)质量优劣的指标(因素),作为评判依据,组成指标集(或称因素集),记为 $U=(u_1,u_2,\cdots,u_n)$。

3. 对评定指标(因素)考评

船型方案(或设计方案)的每项指标,总是存在一个期望值 $n_i$ 和允许值 $m_i$。设在该

区间上定义一个相应于最优值的模糊子集 $A_i$，即

$$A_i = \int \frac{\mu_{A_i}(u_i)}{u_i} \qquad (6-48)$$

式中，$\mu_{A_i}(u_i)$ 为 $u_i$ 满意度函数，它表征着对相应评定指标的满意程度。

满意度随评定指标值单调增加的情况，$\mu_{A_i}(u_i)$ 的形式为

$$\mu_{A_i}(u_i) = \begin{cases} 0, & u_i \leq m_i \\ L_i(u_i), & m_i < u_i < n_i \\ 1, & u_i \geq n_i \end{cases} \qquad (6-49)$$

满意度随评定指标值单调下降的情况，$\mu_{A_1}(u_1)$ 的形式为

$$\mu_{A_i}(u_i) = \begin{cases} 1, & u_i \leq n_i \\ L_i(u_i), & n_i < u_i < m_i \\ 0, & u_i \geq m_i \end{cases} \qquad (6-50)$$

评定船型方案的每项评定指标可通过方案的技术与营运经济性能计算获得。获得一个评定指标值，经满意度曲线，就可给出一个模糊评定（或评分）。对每个船型方案，每项评定指标分别进行考评，可得评判矩阵：

$$\boldsymbol{R} = \begin{pmatrix} r_{11} & \cdots & r_{1m} \\ \vdots & & \vdots \\ r_{n1} & \cdots & r_{nm} \end{pmatrix} \qquad (6-51)$$

矩阵 $\boldsymbol{R}$ 中的每一行，是对船型方案某项评定指标的具体评定结果，是相对于某个统一标准的一个评分。矩阵 $\boldsymbol{R}$ 中的每一列，是对某船型方案各项评定指标的评分。因此，这个矩阵实际上是一个单因素评定表。

4. 进行综合评判

如前所述，船型方案确定，涉及若干互相制约的评定指标和许多复杂的影响因素，因此，完成了对各评定指标单因素评定后，尚需进行多因素的综合评判。这里引入重要度的概念来处理，假设第 $i$ 个评定指标的重要度为 $\omega_i, i=1,2,\cdots,n$，它表征着对船型方案各评定指标重要程度做出评定，它是指标集上的一个模糊子集，记为

$$W = (\omega_1, \omega_2, \cdots, \omega_n) \qquad (6-52)$$

将 $\omega_i$ 归一化，令 $\alpha_i = \dfrac{\omega_i}{\overline{W}}$，$\overline{W} = \sum_{i=1}^{n} \omega_i$，则，$A = (\alpha_1, \alpha_2, \cdots, \alpha_n)$ 就是归一化后的权向量，其中 $\alpha_i$ 为归一化后的第 $i$ 个指标的重要度。

确定了对各评定指标满意度和重要度的评定以后，综合评判问题归结为

$$\boldsymbol{B} = \boldsymbol{A} \cdot \boldsymbol{R} = \left( \frac{b_1}{Q_1}, \frac{b_2}{Q_2}, \cdots, \frac{b_m}{Q_m} \right) \qquad (6-53)$$

其中 $b_i = \alpha_1 r_{1i} + \alpha_2 r_{2i} + \cdots + \alpha_m r_{mi}, i = 1, 2, \cdots, m$。实际上 $b_i$ 是对第 $i$ 方案的一个综合评判结果，根据 $b_i$ 的大小，可以完成各方案的排序。

**例 6 – 7** 在对某 $DW = 35000\text{t}$ 油船进行方案论证时，用网格法获得 5 个较好方案，其相应的各项技术、经济衡准指标如表 6.7 所列，表中方案 6 为人为构造的坏方案。试用模糊综合评判法对其进行方案排序。

表 6.7  35000t 油船方案

| 方 案 | 1 | 2 | 3 | 4 | 5 | 6 |
|---|---|---|---|---|---|---|
| $L_{pp}$/m | 170 | 171 | 172 | 173 | 174 | — |
| B/m | 31.2 | 32 | 32 | 32 | 31.6 | — |
| D/m | 14.48 | 14.1 | 14 | 14 | 14 | — |
| d/m | 9.5 | 9.5 | 9.5 | 9.5 | 9.5 | — |
| 载重量 DW/t | 35000 | 35000 | 35000 | 35000 | 35000 | — |
| 排水量 $\Delta$/t | 43243 | 43360 | 43400 | 43440 | 43439 | — |
| 航速 v/kn | 13.88 | 14.31 | 14.39 | 14.47 | 14.40 | 13.8 |
| 净现值 NPV/万元 | 1833.76 | 2089.80 | 2089.80 | 2085.44 | 2019.39 | 1820.00 |
| 必需费率 RFR/(元/t) | 28.44 | 28.18 | 28.28 | 28.22 | 28.31 | 28.46 |
| 造价 P/万元 | 9067.00 | 9196.10 | 9246.10 | 9284.10 | 9283.20 | 9290.00 |
| 投贷回收期 PBP/年 | 12.07 | 11.67 | 11.69 | 11.72 | 11.86 | 12.10 |

假设,对 35000t 原油船各项评判指标的设计要求如下。

$v \geq 13.5 \text{kn}; NPV \in [1800, 2100]; RFR \in [28, 28.5]; P \in [9000, 93003]; PBP \leq 12.1$。我们注意到:$v, NPV$ 在容许范围内应尽可能取大值;而 $RFR、P、PBP$ 在容许范围内应尽可能取小值。

根据模糊综合评判方法原理,表 6.8 中各方案评判指标的满意度函数如表 6.8 所示。

表 6.8  各项指标满意度分布

| 评判指标 | 满意度模糊分布 |
|---|---|
| $u_1(v)$ | $u_1 = \begin{cases} 0, & v \leq 13.5 \\ 1-e^{-2(v-13.5)}, & v > 13.5 \end{cases}$ |
| $u_2(NPV)$ | $u_2 = \begin{cases} 0, & NPV \leq 1800 \\ \dfrac{NPV-1800}{300}, & 1800 < NPV < 2100 \\ 1, & NPV \geq 2100 \end{cases}$ |
| $u_3(RFR)$ | $u_3 = \begin{cases} 1, & RFR \leq 28 \\ \dfrac{28.5-RFR}{0.5}, & 28 < RFR < 28.5 \\ 0, & RFR \geq 28.5 \end{cases}$ |
| $u_4(P)$ | $u_4 = \begin{cases} 1, & P \leq 9000 \\ \dfrac{9300-P}{300}, & 9000 < P < 9300 \\ 0, & P \geq 9300 \end{cases}$ |
| $u_5(PBP)$ | $u_5 = \begin{cases} 1-e^{-10\left(\frac{12.1-PBP}{PBP}\right)}, & PBP \leq 12.1 \\ 0, & PBP > 12.1 \end{cases}$ |

表 6.7 中方案 1～方案 5 按表 6.8 进行满意度评定后的各性能指标评判矩阵为

$$R = \begin{pmatrix} 0.532 & 0.717 & 0.831 & 0.856 & 0.834 \\ 0.112 & 0.966 & 0.964 & 0.951 & 0.731 \\ 0.12 & 0.64 & 0.44 & 0.56 & 0.38 \\ 0.777 & 0.346 & 0.18 & 0.053 & 0.056 \\ 0.025 & 0.308 & 0.296 & 0.277 & 0.183 \end{pmatrix} \begin{matrix} (v) \\ (NPV) \\ (RFR) \\ (P) \\ (PBP) \end{matrix}$$

假设本例中各项衡准的重要度为:$v$ 较重要;$NPV$ 很重要;$RFR$,重要;$P$,一般;$PBP$,值得重视。则取方案中各指标的模糊综合评判重要度为:$v$,0.80;$NPV$,0.90;$RFR$,0.85;$P$,0.70;$PBP$,0.75。归一化后的权向量为

$$A = (0.2, 0.225, 0.2125, 0.175, 0.1875)$$

其综合评判向量为

$$B = A \cdot R = (0.298, 0.632, 0.563, 0.565, 0.456)$$

则,各方案排序为

方案 2 > 方案 4 > 方案 3 > 方案 5 > 方案 1

### (三) 层次分析方法

层次分析法(the analytic hierarchy process,AHP)是一种多准则决策方法,它把一个复杂问题表示为有序的递阶层次结构,通过人的判断并利用有关数学工具对决策方案的优劣进行排序。AHP 作为一种决策工具有明显的优点:首先是它的适用性。方法所需要的信息主要是决策者的选择与判断,这不仅反映了决策者对问题的认识,也容易掌握。其次,只需要掌握线性代数的基本知识就可以理解 AHP 的基本原理。另外,AHP 把决策过程中定性与定量因素有机地结合起来,用统一的方式进行处理,因此,它不仅能进行定量分析,也可以进行定性分析 AHP 把问题看成是一个系统,在研究系统各组成部分相互关系以及系统所处环境的基础上进行决策。

1. 建立递阶层次结构模型

将船型评判问题中所包含的因素划分为不同层次,如目标层、准则层、方案层等,用框图形式说明层次的递阶结构与因素的从属关系。运输船船型多方案选优排序的层次结构模型如图 6-11 所示。

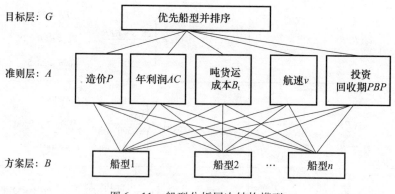

图 6-11 船型分析层次结构模型

## 2. 构造判断矩阵

判断矩阵是 AHP 法的信息基础,判断矩阵元素的值反映了问题中各因素相对重要性,一般采用 1~9 及其倒数的标度方法再通过元素的两两比较得到。在船型方案的各项技术、经济指标(准则层中的各要素)计算确定后,判断矩阵 $A-B$ 中各元素可通过船型相应的指标的两两比较得到。

层次分析法中建立判断矩阵各元素的 1~9 及其倒数标度方法的基本原则是建立在指标间的两两比较基础上的,如表 6.9 所示。

表 6.9  1~9 标度表

| 项　目 | 极端重要 | 很重要 | 重要 | 比较重要 | 相同 |
|---|---|---|---|---|---|
| 标度值 | 9 | 7 | 5 | 3 | 1 |

例如,图 6-11 中 $G-A$ 判断矩阵 $A$ 构造为 $A=(a_{ij})_{m \times n}$,其中 $m$ 为准则数,$a_{ij}$ 表示第 $i$ 项指标对第 $j$ 项指标的相对重要性。若第 $i$ 项指标与第 $j$ 项指标相比为重要,则根据表 6.9 有 $a_{ij}=5$,同理有,$a_{ji}=\dfrac{1}{a_{ij}}=0.2$。

重要性比较是介于两者之间的情况,可根据表 6.9 插值确定。判断矩阵 $A$ 为正的互反矩阵,具有以下的性质:①$(a_{ij})>0$;②$a_{ji}=\dfrac{1}{a_{ij}}$;③$(a_{ii})=1$。

## 3. 层次单排序及其一致性检验

建立了相应层次分析模型和判断矩阵后,问题即转化为层次中排序计算问题,采用排序向量的特征根方法,对 $A_1,A_2,\cdots,A_m$ 通过两两比较得到判断矩阵 $A$,然后求解判断矩阵 $A$ 的特征根

$$A\omega = \lambda_{\max}\omega \tag{6-54}$$

式中:$\lambda_{\max}$ 为 $A$ 的最大特征根,$\omega$ 为相应的特征向量,所得到的 $\omega$ 经正规化后作为元素 $A_1,A_2,\cdots,A_m$ 在准则 $G$ 下的排序权重。

应用层次分析时保持判断的一致性是非常重要的,判断一致性,即 $m$ 阶判断矩阵 $A$ 有如下关系

$$a_{ij} = \dfrac{a_{ik}}{a_{jk}} \quad (i,j,k=1,2,\cdots,m) \tag{6-55}$$

当 $A$ 不满足上述一致性条件时,相应于 $A$ 的特征根 $\lambda_{\max}$ 也将发生变化,从而影响层次排序结果。

为了进行层次单排序的一致性检验,需计算一致性指标 $CI=\dfrac{\lambda_{\max}-m}{m-1}$。当随机一致性比率 $CR=\dfrac{CI}{RI}<0.10$ 时,认为层次单排序的结果有满意的一致性,其中 $RI$ 为随机一致性指标。

## 4. 层次总排序及一致性检验

计算同一层次所有因素对最高层(目标层)相对重要性的排序权值,称为层次总排序。若上一层次 $A$ 包含 $m$ 个因素 $A_1,A_2,\cdots,A_m$,其层次总排序权值为 $a_1,a_2,\cdots,a_m$,下一层次 $B$

包含 $n$ 个因素 $B_1,B_2,\cdots,B_n$,它们对于因素 $A_j$ 的层次单排序权值分别为 $b_{1j},b_{2j},\cdots,b_{nj}$。此时 $B$ 层次总排序权值由表 6.10 给出。

表 6.10　$B$ 层次总排序权值

| 层次 | $A_1$ $A_2$ $\cdots A_m$ | | | $B$ 层次总排序权值 |
| --- | --- | --- | --- | --- |
| | $a_1$ | $a_2$ | $\cdots a_m$ | |
| $B_1$ | $b_{11}$ | $b_{12}$ | $\cdots b_{1m}$ | $\sum_{j=1}^{m} a_j b_{1j}$ |
| $B_2$ | $b_{21}$ | $b_{22}$ | $\cdots b_{2m}$ | $\sum_{j=1}^{m} a_j b_{2j}$ |
| $\cdots$ | $\cdots$ | $\cdots$ | $\cdots$ | $\cdots$ |
| $B_n$ | $b_{n1}$ | $b_{n2}$ | $\cdots b_{nm}$ | $\sum_{j=1}^{m} a_j b_{nj}$ |

层次总排序的一致性检验也是从高到低逐层进行的。如果 $B$ 层次某些因素对于 $A_j$,单排序的一致性指标为 $CI_j$,相应的平均随机一致性指标为 $RI_j$,则 $B$ 层次总排序随机一致性比率为

$$CR = \frac{\sum_{j=1}^{m} a_j CI_j}{\sum_{j=1}^{m} a_j RI_j} \tag{6-56}$$

当 $CR<0.10$ 时,认为层次总排序结果具有满意的一致性。

**例 6-8**　试用层次分析法对例 6-7 中的 6 个船型方案进行排序。

1. 建立层次结构模型

若采用与例 6-7 中相同的船型评判指标,则层次结构模型如图 6-12 所示。

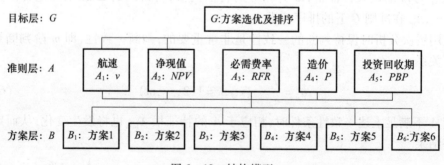

图 6-12　结构模型

2. 构造判断矩阵

选定图 6-12 中各项衡准的重要度为:$v$,较重要;$NPV$,很重要;$RFR$,重要;$P$,一般;$PBP$,值得重视。则判断矩阵 $A-C$(按 1~9 标度)如表 6.11 所列。

$C-P$ 层判断矩阵 $C_1-P,C_2-P,C_3-P,C_4-P$ 及 $C_5-P$ 分别按表 6.11 中各方案的相应数据建立,从略。

表6.11  $G-A$ 判断矩阵

| $G$ | $A_1$ | $A_2$ | $A_3$ | $A_4$ | $A_5$ |
|---|---|---|---|---|---|
| $A_1$ | 1.000 | 0.200 | 0.250 | 5.000 | 3.000 |
| $A_2$ | 5.000 | 1.000 | 3.000 | 9.000 | 7.000 |
| $A_3$ | 4.000 | 0.333 | 1.000 | 8.000 | 5.000 |
| $A_4$ | 0.200 | 0.111 | 0.125 | 1.000 | 0.333 |
| $A_5$ | 0.333 | 0.143 | 0.200 | 3.000 | 1.000 |

**3. 层次总排序及一致性检验**

计算结果如表6.12所列,因此各方案排序为

方案2 > 方案4 > 方案3 > 方案5 > 方案1 > 方案6

表6.12  方案总排序及其一致性检验计算结果

| $G-A$ | $A_1$ | $A_2$ | $A_3$ | $A_4$ | $A_5$ | $G-B$ |
|---|---|---|---|---|---|---|
|  | 0.1201 | 0.5044 | 0.2822 | 0.0317 | 0.0615 |  |
| $B_1$ | 0.0355 | 0.0267 | 0.0302 | 0.5954 | 0.0291 | 0.0469 |
| $B_2$ | 0.1429 | 0.2780 | 0.4259 | 0.1690 | 0.3251 | 0.3029 |
| $B_3$ | 0.2236 | 0.2780 | 0.1385 | 0.0886 | 0.2821 | 0.2263 |
| $B_4$ | 0.3191 | 0.2560 | 0.2569 | 0.0490 | 0.2346 | 0.2559 |
| $B_5$ | 0.2537 | 0.1347 | 0.1183 | 0.4900 | 0.1007 | 0.1395 |
| $B_6$ | 0.0252 | 0.0267 | 0.0302 | 0.0490 | 0.0284 | 0.0283 |

注:$CI = 0.0257$  $RI = 1.2600$  $CR = 0.0204$。

船型技术经济综合评判问题是一个多准则决策问题,既含有定量计算分析,又有对定性因素的处理问题。层次分析法把定性分析与定量分析有机地结合起来,将船型选优排序这一多目标问题的各种因素,通过划分相互联系的有序层次使之条理化,再根据对实际问题的分析,就每一层次的相对重要性构造出判断矩阵,利用排序权向量计算的特征根方法,确定表达每一层次的全部元素的相对重要性次序的权值,最后通过计算各层元素的组合权重确定层次总排序,给出综合指标最优的船型方案。

另外,计算实例也表明,AHP法具有简明、实用的特点,适合于对多方案、多目标系统作定量分析,是进行船型优选决策以确定船舶主尺度要素的一种有效方法。

**(四) 最优化方法**

最优化问题通常可以表达为以下的标准形式:

$$\begin{cases} \min \quad f(\boldsymbol{X}) \\ \text{s.t.} \quad g_i(X) \leq 0, \quad i=1,2,\cdots,m \\ \boldsymbol{X} \in \boldsymbol{R} \end{cases} \quad (6-57)$$

其中:$f(\boldsymbol{X})$为目标函数;$g_i(\boldsymbol{X})$为约束条件;$\boldsymbol{X}$为设计变量,$\boldsymbol{X} = (X_1, X_2, \cdots, X_n)^{\mathrm{T}}$。

**1. 设计变量**

如求解某运输船船型方案的最佳主尺度,吃水 $d$ 受航道水深限制取为定值,在主要要素中对性能影响较大的还有垂线间长 $L_{\mathrm{PP}}$、船宽 $B$ 和方形系数 $C_\mathrm{b}$,就取这3个量为设计变

量,即 $X = [L, B, C_b]^T$。主要要素中的其余量可按与设计变量的函数关系计算产生。

2. 目标函数

目标函数为评价方案优劣的标准,有技术性能和经济性能两方面的标准。只有一个目标函数的最优化问题,称单目标优化问题。以多个目标函数评价方案的最优化问题为多目标优化问题。对于单目标优化问题,可以根据问题的形式采用相应的最优化算法求解。但在船型优化问题中,多数都是具有多个目标函数的多目标优化问题。求解多目标优化问题的基本思路是将多目标优化问题转化为单目标优化问题来求解,如功效系数法,加权和、加权积法等。下面对常用的分层序列法的基本思想予以阐述。

对于多目标规划问题:

$$\begin{cases} V-\min \quad F(X) = (f_1(X), \cdots, f_p(X))^T \\ \text{s. t.} \quad g_i(X) \leq 0 \quad i=1,2,\cdots,m \end{cases} \quad (6-58)$$

其中

$$X = (X_1, \cdots, X_n)^T, p \geq 2$$

令

$$R = \{X | g_i(X) \leq 0, i=1,2,\cdots,m\}$$

将上述多目标规划的 $p$ 个目标,按重要性排序为 $f_1(x), \cdots, f_p(x)$,其中 $f_1(x)$ 是应当优先考虑的最重要的目标函数,而 $f_p(x)$ 是最不重要的目标函数。选取一组适当小的正数 $\varepsilon_1, \cdots, \varepsilon_p$,即宽容限度,它是按照各个目标函数的不同要求预先给定的相应目标函数最优值的允许误差,则上述的多目标规划问题可以修改为

$$\begin{cases} \min \quad f_j(X) \\ \text{s. t.} \quad X \in R_{j-1} = R_{j-2} \cap \{X | f_j(X) \leq f_j^* + \varepsilon_j\}, \quad j=2,3,\cdots,p_o \end{cases} \quad (6-59)$$

在对上述问题求解时,先求出问题

$$\begin{cases} \min \quad f_1(X) \\ \text{s. t.} \quad g_i(X) \leq 0, \quad i=1,2,\cdots,m \end{cases}$$

的最优解 $X^{(1)}$ 及最优值 $f_1^*$,则

$$\min_{X \in R} f_1(X) = f_1^*$$

其中

$$R = \{X | g_i(X) \leq 0, \quad i=1,2,\cdots,m\}$$

再求解问题

$$\begin{cases} \min \quad f_2(X) \\ \text{s. t.} \quad X \in R_1 \end{cases}$$

其中

$$R_1 = R \cap \{X | f_1(X) \leq f_1^*\}$$

设上面问题的最优解为 $X^{(2)}$,最优值为

$$f_2^* = \min_{X \in R_1} f_2(X)$$

如此继续下去,直到求出第 $p$ 个问题

$$\begin{cases} \min \quad f_p(X) \\ \text{s. t.} \quad X \in R_{p-1} \end{cases}$$

的最优解 $X^{(p)}$ 及最优值 $f_p^*$，其中

$$R_{p-1} = R_{p-2} \cap \{X | f_{p-1}(X) \leqslant f_{p-1}^*\}$$

这样求得的 $X^{(p)}$ 就是原问题在分层序列意义下的最优解，即 $X^* = X^{(p)}$，而

$$F^* = (f_1(X^*), \cdots, f_p(X^*))^T$$

为原问题的最优值。

可见，分层序列法的实质是将多目标优化问题变为单目标问题序列来求解。

3. 约束条件

约束条件有两类。一类是对自变量的边界约束和主尺度比的约束。例如，在某 3.5 万吨运煤船的主尺度分析选择时，要求满足下列要求：

$170\text{m} \leqslant L_{PP} \leqslant 185\text{m}, B \leqslant 34\text{m}, d \leqslant 9.5\text{m}, 0.80 \leqslant C_b \leqslant 0.835, L/B \leqslant 6.0, B/d > 3.0$。

由此可组成 8 个约束条件：

$g_1 = 170 - L_{PP} \leqslant 0; g_2 = L_{PP} - 185 \leqslant 0; g_3 = B - 34 \leqslant 0; g_4 = d - 9.5 \leqslant 0; g_5 = L/B - 6.0 \leqslant 0; g_6 = 3.0 - B/d \leqslant 0; g_7 = 0.80 - C_b \leqslant 0; g_8 = C_b - 0.835 \leqslant 0$。

另一类约束条件是对性能的约束，给出对技术指标或经济指标的约束。例如，在上述运煤船的主尺度分析选择时，要求满足下列要求：

初稳性高度 $\overline{GM} \geqslant 0.5\text{m}$；横摇周期 $T_\theta \geqslant 9\text{s}$；航速 $v \geqslant 14\text{kn}$；造价 $P \leqslant 3500$ 万元。

这又可组成下列 4 个约束条件：

$g_9 = 0.5 - \overline{GM} \leqslant 0; g_{10} = 9 - T_\theta \leqslant 0; g_{11} = 14 - v \leqslant 0; g_{12} = P - 3500 \leqslant 0$。

4. 求解

当最优化数学模型构造完毕后，就可以对问题进行计算求解。对于船型方案最优化问题，通常是将最优化求解方法与船型技术经济计算结合起来，在最优化算法中对优化计算结果是否达到最优解的精度要求进行判断，而船型技术经济计算对给定的一组主尺度方案进行排水量、载重量、载货量、舱容、航速、稳性、干舷、造价及营运经济性指标计算，为最优化计算提供寻优的基本数据。其具体步骤如下。

（1）选取初始方案 $X^{(0)}$，令 $k = 1$。

（2）船舶性能计算模块按 $X^{(k-1)}$ 点的设计变量值对该方案作全部技术经济性能计算并将计算所得目标函数值和约束条件值送到优化模块。

（3）优化模块判断 $X^{(k-1)}$ 点是否是最优点，若是最优解则计算结束，取最优解 $X^* = X^{(k-1)}$；否则，按最优化算法产生下一个计算点 $X^k, k = k + 1$，转回第（2）步。

## 五、敏感性分析

前面各节所介绍的船舶的技术经济分析，都是假设对所需设计、建造及营运信息有确切了解，因此可称为确定性分析方法。但是在船舶的设计、建造和营运过程中，由于各种各样的原因，许多因素都可能发生变化，如船舶重量，造船成本，燃料价格、装卸定额、货运费率、船员工资等。正是由于上述技术经济参数的不确定性，有可能使所做出的决策变得不尽合理，这就给投资带来一定的风险。敏感性分析的目的就在于，在船型方案决策时考虑到一些可变因素对某些目标函数（某些投资效果指标等）的影响，从而对所选择的船型方案做出更为确切的估计和评价。

**(一) 敏感性分析的基本步骤**

首先,选定欲进行敏感性分析的经济指标,它应与"确定性"决策时相一致;其次是确定有实际变化可能的某些原始变量;然后是计算自变量向不利方向变化的因变量值(即欲分析的经济指标值);最后,根据计算结果绘制曲线,分析变化幅度及其规律,对船型方案做出确切估计和评价并选出最优方案。

**(二) 敏感性分析的基本内容和方法**

(1) 计算各自变量在一定范围变动时,对因变量(各经济指标)产生影响的敏感度 $\varepsilon$。

$$\varepsilon = \frac{|x'-x|}{x} \times 100(\%) \qquad (6-60)$$

式中:$x'$ 为自变量向不利方向变动某一百分数后的因变量值;$x$ 为自变量未变化的因变量值。

决策者按敏感度 $\varepsilon$ 大小对自变量进行排列,找出影响方案经济性的最关键因素(敏感度最大的自变量),以便做更深入的分析判断。

(2) 分析各自变量的允许变化范围,并据以判断方案的优劣程度。这里最好通过绘制因变量随自变量变化的曲线图进行分析。图 6-13 所示为工资、年燃润料费、投资、运价、收益利率这几个自变量变化时净现值指数 $NPVI$ 的变化规律(相对值)。从图中各曲线的变化趋势可看出各自变量变化所引起的 $NPVI$ 变化幅度的大小,还可确定表明方案失败的因变量临界值(如 $NPV$ 及 $NPVI$ 指标临界值为零,$RFR$ 指标的临界值为现行运价,$IRR$ 指标临界值为基准收益率等),所对应的自变量临界值。从图 6-13 可以看出,当船舶造价提高 77.7% 时,$NPVI$ 指标为零,如造价原值为 2943.33 万元,则造价临界值为 5232.65 万元。根据从自变量原值(此图中原点)至临界值的范围,即自变量允许变化范围,来判断方案的优劣程度。允许变化范围大的方案,因适应不确定性影响能力强,则此方案的经济性就比较好。

(3) 分析各个方案的敏感度值,区别敏感度大或小的方案,选取敏感度小的,即受不确定性影响小的方案;而敏感度大的方案表明它容易受自变量不确定性的影响,所以可靠性差。

(4) 在多方案比较中,分析自变量变化到什么程度,其投资效果指标将发生重大变化,以致使原来的最优方案失去优势地位,最终被其他方案所代替。例如,当燃料价格上涨到一定程度时,高航速方案将会被稍低的航速方案所取代。

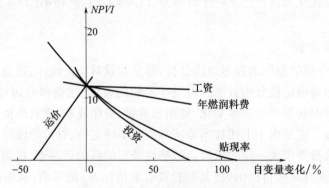

图 6-13 各自变量变化时的 $NPVI$ 值

## 习 题

1. 为什么民用运输船船设计中越来越重视船舶经济性?
2. 民用运输船单船技术经济分析主要包含哪些内容?
3. 船价与造船成本有什么不同?
4. 造船成本估算可用哪些方法,各有什么特点?
5. 如何计算船舶运输成本?
6. 年营运费与年运输成本有什么不同?
7. 计算折旧费有哪些主要方法? 不同的计算方法对船舶营运经济性有什么影响?
8. 如何计算税前利润和税后利润?
9. 航次时间如何计算?
10. 船型技术经济分析的基本步骤是什么? 每一步骤中有哪些主要内容?
11. 载重量对船舶经济性有什么影响?
12. 从经济性出发,船的航速选择与哪些因素有关?
13. 在船型论证时,船型方案评判择优有哪些主要方法?
14. 参数分析法优缺点是什么?
15. 试述模糊综合评判方法的基本步骤及包含的主要内容?
16. 试述层次分析方法的基本步骤及包含的主要内容?
17. 敏感性分析的目的和作用是什么?
18. 甲、乙两货船,其初始投资(船价)不同,营运年限不同,服役期内各自年营运收入、支出相同。试问,用下列哪一种经济指标来衡量它们的经济效果较为恰当? 并回答该指标的含义。

(1) $NPV$;(2) $NPVI$;(3) $AAC$;(4) $IRR$;(5) $RFR$。

19. 一艘沿海货船,船价为 1100 万元,全部由银行贷款。在交船时一次付清,贷款年利率为 15%。航运公司计划每年等额还本付息一次,10 年还清,然后将船出售得残值 275 万元。问船的残值在该船的经济核算中所占的比重是多少?

20. 某新建船舶,船价为 2000 万元,建造期一年。在签合同时付 600 万元,一年后建造时付 600 万元,交船时付 400 万元,交船一年后再付 400 万元,均在当年年初付款。假设交船后立即投入营运,服务期为 15 年,其中每年营运收益为 300 万元,船报废后卖报废船得 160 万元。试分析该船能否获得 10% 的投资收益率。

# 参 考 文 献

[1] 刘寅东. 船舶设计原理[M]. 2版. 北京:国防工业出版社,2019.
[2] 刘寅东. 船舶设计原理[M]. 北京:国防工业出版社,2010.
[3] 王世连,刘寅东. 船舶设计原理[M]. 大连:大连理工大学出版社,2000.
[4] 李树范,纪卓尚,王世连. 船舶设计原理[M]. 大连:大连理工大学出版社.1988.
[5] 李树范,纪卓尚,王世连. 运输船舶可行性分析[M]. 大连:大连理工大学出版社,1990.
[6] 王世连,李树范. 船舶设计数学模型[M]. 大连:大连理工大学出版社,1995.
[7] 顾敏童. 船舶设计原理[M]. 上海:上海交通大学出版社,2003.
[8] 谢云平,陈悦,张瑞瑞,等. 船舶设计原理[M]. 北京:国防工业出版社,2015.
[9] 中国船舶工业集团公司,等. 船舶设计实用手册[M]. 3版. 北京:国防工业出版社,2013.
[10] 长江船舶设计院. 内河船舶设计手册[M]. 北京:人民交通出版社,1989.
[11] 中华人民共和国海事局. 船舶与海上设施法定检验规则:国际航行船舶法定检验技术规则[M]. 北京:人民交通出版社,2020.
[12] 中国船级社. 极地船舶指南[M]. 北京:人民交通出版社,2017.
[13] 中国船级社. 钢质海船入级规范[M]. 北京:人民交通出版社,2023.
[14] 中国船级社. SOLAS2009分舱与破舱稳性要求实施指南[M]. 北京:人民交通出版社,2009.
[15] 王世连,刘寅东. 近海航区车客滚装渡船的设计[J]. 船舶工程,1995,94(1):12-17.
[16] 王世连,刘寅东,李铁骊. 近海航区车客滚装渡船主要船型要素的确定[J]. 船舶工程,1995,94(3):16-19.
[17] LACKENBY H. On the systematic geometrical variation of ship form[J]. Trans. INA. ,1950(92),289-315.
[18] 夏安福. 横剖面面积曲线修正的一种新方法[J]. 中国造船,1989,30(1):48-52.
[19] 应文烨. 船舶设计可视化技术[M]. 哈尔滨:哈尔滨工程大学出版社,2005.
[20] JOURNéE J M J. Experiments and calculations on four wigley hull forms:Report 0909[R]. Delft University of Technology,1992.
[21] 李干洛,罗淮龙,谭政生,等. 节能船型设计[M]. 北京:国防工业出版社,1990.
[22] 龙范宜,沈剑鸣. 双尾船型的试验研究[J]. 中国造船,1983,24(4):17-22.
[23] 李世谟. 双尾节能船型[J]. 中国造船.1988,29(1):69-75.
[24] 薛中川. 平头涡尾船型原理与设计[M]. 武汉:华中工学院出版社,1985.
[25] 于建中. 船舶美学与艺术设计[M]. 大连:大连理工大学出版社.1994.
[26] 盛振邦,刘应中. 船舶原理[M]. 上海:上海交通大学出版社,2014.
[27] 哈瓦尔特. 船舶阻力与推进[M]. 黄鼎良,张忠业,王言英,译. 大连:大连理工大学出版社,1989.
[28] 张德洪. 运输船舶船型技术经济论证方法[M]. 北京:人民交通出版社.1980.